本仕様書は、設計者にとっては設計のつど、仕様書を作成する手間と経費を削減し、また建築主にとっては、工事を安心して施工者に任せることができるよう、フラット35技術基準のほか、標準的な仕様をまとめ、広く皆様にお使いいただけるように作成したものです。なお、本仕様書は、2020年10月1日現在の関係規格等を勘案して作成しています。

①工事請負契約書に添付する仕様書として

発注者（建築主）と請負業者（施工者）間の工事請負契約時には、配置図、平面図、立面図等の設計図面のほかに仕様書を契約図書として用意することが必要です。

本仕様書は、さまざまな標準的仕様を列挙しているものですので、ご自分の工事内容にあわせて採用する仕様項目を選択し、あるいは、適宜添削してご利用ください（3頁参照）。

本仕様書を工事請負契約等に添付して使用する場合には、氏名欄に記入した名前の右横にそれぞれ押印してください。

②フラット35の設計検査提出書類の一部として

フラット35を利用し、適合証明検査機関に設計検査を申請する場合には、申請住宅がフラット35技術基準に適合していることを確認できる設計図書の提出が必要です。

本仕様書には、フラット35技術基準に関係する仕様について整理した「フラット35技術基準適合仕様確認書」が添付されており、この確認書を活用することにより、ご自分の設計仕様がフラット35技術基準に適合しているかどうかを確認できるとともに、設計検査のための申請書類としてもご活用いただけるものとなっています。

また、フラット35Sの申請の際にもご利用いただけるように、「フラット35S（金利Bプラン）技術基準適合仕様確認書」および「フラット35S（金利Aプラン）技術基準適合仕様確認書」が添付されています。設計検査申請の際に、ご自身の設計仕様が各基準に適合しているかどうかをご確認いただけるとともに、設計検査のための申請書類としてもご活用いただけるものとなっています。

さらに、機構財形住宅融資に係る技術基準にも対応していますので、同融資の設計検査のための申請書類としてもご活用いただけます。

なお、設計検査申請書類として、本仕様書にほかの独自の特記仕様書を添付することや、本仕様書以外の別の仕様書を用いることも可能です。

本仕様書の構成及びフラット35技術基準等との関係

本仕様書は、建築基準法に基づく告示等及びフラット35技術基準に基づく仕様を掲載しています。

本仕様書に掲載されている事項のうち、建築基準法に関連する部分は、原則として告示等により示された仕様を記載しています。構造計算による場合及び国土交通大臣の認定を受けた仕様による場合は、本仕様書によらないことができますので、違法建築物とならないことをよくお確かめのうえ、該当部分を添削してご利用ください。

工事仕様書の「3.土工事・基礎工事」、「4.躯体工事」において、平成13年国土交通省告示第1540号の第1から第8及び同告示第1541号の第1から第2に該当する箇所は、次表のとおりアンダーライン「＿＿＿＿」「＿＿＿＿」を付して表現しています。告示第1540号の第9、第10の規定または告示第1541号の第3の規定に基づく構造計算による場合、国土交通大臣の認定を受けた仕様等による場合は、本仕様書によらないことができますので、違法建築物とならないことをよくお確かめのうえ該当部分を添削してご使用ください。

フラット35技術基準に該当する箇所は、次表のとおりアンダーラインを付して表現しています。

本仕様書の本文中アンダーライン「＿＿＿＿」「＿＿＿＿」の部分は、フラット35技術基準に該当する仕様ですので、訂正（添削）するとフラット35、フラット35Sがご利用いただけない場合があります。「＿＿＿＿」の部分は、フラット35を利用するすべての住宅に適用となる事項です。「＿＿＿＿」の部分は、住宅の構造、フラット35Sの利用の有無に応じて適用となる事項です。

基　準	記　載　内　容	表　記　方　法
告示	告示本文に係る事項	該当箇所を＿＿＿＿で表示
	告示ただし書き等に対応する事項	該当箇所を‥‥‥‥‥で表示
フラット35技術基準	すべての住宅に適用となる事項	該当箇所を＿＿＿＿で表示
	住宅の構造、フラット35Sの種類に応じて適用となる事項*	該当箇所を＿＿＿＿で表示

＊具体的に適用する事項については、4〜14頁の「フラット35技術基準適合仕様確認書」、「フラット35S技術基準適合仕様確認書」によりご確認ください。

【仕様書本文の工事内容にあわせた使用例】

①本仕様書の内容から選択する場合

選択できる項目には、☐（チェックボックス）が付いていますので、選択した項目に ☑（チェック）を入れてください。

3.4 平屋建又は2階建の基礎工事

3.4.1 一般事項

1. 基礎は、1階の外周部耐力壁及び内部耐力壁の<u>直下に設ける。</u>
2. 基礎の構造は地盤の長期許容応力度に応じて、次のいずれかとする。ただし、1階の内部耐力壁直下の基礎は床ばりに代えることができる。

   イ．☐ 布基礎（長期許容応力度　$30kN/m^2$ 以上）

   ロ．☐ 腰壁と一体になった布基礎（長期許容応力度　$30kN/m^2$ 以上）

   ハ．☑ べた基礎（長期許容応力度　$20kN/m^2$ 以上）

   ニ．☐ 基礎ぐいを用いた構造（長期許容応力度　$20kN/m^2$ 以上）

---

②本仕様書の内容によらず、図面へ記載または独自の特記仕様書を用いる場合

☐（チェックボックス）が付いている場合

「～特記による。」と記載されている項目に ☑（チェック）を入れ、図面へ記載するか、または独自の特記仕様書を添付してください。

4.3.2 床枠組

床枠組による和室と廊下・洋室等との段差の解消方法は、次のいずれかによる。

   イ．☐ すべての範囲の床下張りを同一レベルで張り、和室以外の部分を二重床にする。

   ロ．☐ 1階に限り、和室の床根太とその他の部分の床根太の寸法型式を変え、床仕上げ面の段差を解消する。

   ハ．☑ その他、水平構面の剛性に十分配慮した方法で、特記による。

☐（チェックボックス）が付いていない場合

その項目を削除し、「特記による。」と記載したうえで、図面へ記載するか、または独自の特記仕様書を添付してください。

5.3 金属板ぶき

5.3.1 材料

1. 金属板の品質は、次のいずれかの規格に適合するもの又はこれらと同等以上の性能を有するものとする。

   イ．☐ JIS G 3312（塗装溶融亜鉛めっき鋼板及び鋼帯）の屋根用

   ロ．☐ JIS G 3318（塗装溶融亜鉛－5％アルミニウム合金めっき鋼板及び鋼帯）の屋根用

   ハ．☐ JIS G 3321（溶融55％アルミニウム－亜鉛合金めっき鋼板及び鋼帯）の屋根用

   ニ．☐ JIS G 3322（塗装溶融55％アルミニウム－亜鉛合金めっき鋼板及び鋼帯）の屋根用

   ホ．☐ JIS G 3320（塗装ステンレス鋼板及び鋼帯）の屋根用

   ヘ．☐ JIS K 6744（ポリ塩化ビニル被覆金属板及び金属帯）の屋根用

   ト．☐ JIS H 3100（銅及び銅合金の板並びに条）の屋根用

特記による。

フラット35技術基準適合仕様確認書

【本確認書の使い方】

- 本確認書は、本仕様書の内容のうち、フラット35技術基準に該当する仕様項目を整理した表です。
- 「住宅の構造」欄には、構造ごとに実施しなければならない仕様項目について、○印で示してあります。つまり、○印を付した該当項目について、仕様書本文中にあるアンダーライン「〰〰〰」「＿＿＿」部分が、遵守しなければならない基準となります。
- 選択した住宅の構造に☑（チェック）を入れてください。
- フラット35技術基準に適合していることをこの確認書の仕様項目に基づき確認し、実施する仕様の「適合確認欄」のチェックボックスに☑（チェック）を記入してください。
- 仕様書によらずその性能を確保する場合、「特記欄」に「特記」と記入し、その内容について特記仕様書等を作成してください。
- ☑（チェック）を記入した仕様項目について、仕様書の該当部分を添削した場合には、「特記欄」に「添削」と記入してください。また、添削をした場合には、その箇所がアンダーライン部分でないことを確認してください。アンダーライン部分を訂正すると、フラット35がご利用いただけない場合があります。

基 準 項 目		仕 様 書		住宅の構造		適合確認欄 ☑	特記欄
		仕 様 項 目	ページ	木造（耐久性）☐	準耐火・耐火 ☐		
基礎の高さ		Ⅱ-3.4.2、3.4.3	27、28	○		☐	
床下換気 1)	いずれかを選択	Ⅱ-3.4.9	29	○		☐	
基礎断熱工法 2)		Ⅱ-3.5	30	○		☐	
床下防湿		Ⅱ-3.4.13	30	○		☐	
土台の防腐・防蟻措置		Ⅱ-4.4.1	35	○	○	☐	
土台以外の木部の防腐・防蟻措置		Ⅱ-4.4.2	36	○		☐	
床下地面の防蟻措置		Ⅱ-4.6	37	○		☐	
浴室等の防水措置		Ⅱ-4.7	38	○		☐	
住戸間の界壁（連続建てに限る）		Ⅱ-4.10.14	56	○	○	☐	
小屋裏換気（または屋根断熱）		Ⅱ-4.13.1	68	○		☐	
点検口の設置（給排水設備）		Ⅱ-6.1.1	79	○	○	☐	
断熱工事 3)	施工部位	Ⅱ-9.2	83	○	○	☐	
	断熱性能	Ⅱ-9.3	83	○	○	☐	
	防湿材の施工	Ⅱ-9.4.3	89	○		☐	
換気設備の設置（浴室等）		Ⅱ-13.4.1	115	○	○	☐	
省令準耐火構造 4)		Ⅱ-14	117			☐	
45分準耐火構造 4)		Ⅱ-16.1	130		○	☐	
1時間準耐火構造 4)		Ⅱ-16.2	135			☐	
耐火構造		Ⅱ-17	139			☐	

注1）玄関周りなど一部が土間コンクリート床の場合、その他の部分に床下換気孔が適切に設置されている必要があります。
  2）基礎断熱工法とは、床に断熱材を施工せず、住宅全周の基礎の外側、内側または両側に地面に垂直に断熱材を施工し、床下換気孔を設けない工法をいいます。
  3）断熱工事の地域の区分については、仕様書の付録1を参照してください。
  4）「住宅の構造」を準耐火とする場合は、仕様書のⅡ-14、Ⅱ-16.1、Ⅱ-16.2のいずれかの仕様とする必要があります。

フラット35S（金利Bプラン）技術基準適合仕様確認書

　　フラット35Sとは、フラット35をお申込みのお客様が、省エネルギー性、耐震性などに優れた住宅を取得される場合に、フラット35のお借入金利を一定期間引き下げる制度です。

　　フラット35Sは、お申込みの受付期間及び募集枠に制限があります。詳細は「フラット35サイト（www.flat35.com）」にてご確認ください。

　　フラット35S（金利Bプラン）をご利用いただく場合は、フラット35の技術基準に加えて次表の1〜4のいずれか1つ以上の基準を満たす住宅であることが必要です。

フラット35S（金利Bプラン）の技術基準（※1）

1　省エネルギー性	断熱等性能等級4の住宅、かつ、一次エネルギー消費量等級4以上の住宅 　　又は 建築物エネルギー消費性能基準に適合する住宅（※2）
2　耐　震　性	耐震等級（構造躯体の倒壊等防止）2以上の住宅 　　又は 免震建築物（※3）
3　バリアフリー性	高齢者等配慮対策等級3以上の住宅
4　耐久性・可変性	劣化対策等級3の住宅、かつ、維持管理対策等級2以上の住宅 （共同住宅等の場合は、一定の更新対策（※4）が必要）

※1　各技術基準（建築物エネルギー消費性能基準に適合する住宅を除く。）は、「住宅の品質確保の促進等に関する法律」に基づく住宅性能表示制度の性能等級等と同じです。なお、住宅性能評価書を取得しなくても、所定の物件検査に合格すれば、フラット35S（金利Bプラン）をご利用いただけます。
※2　建築物エネルギー消費性能基準とは、「建築物のエネルギー消費性能の向上に関する法律（平成27年法律第53号）（通称　建築物省エネ法）」第2条第1項第3号に定める基準です。
※3　免震建築物は、評価方法基準第5の1-3に適合しているものを対象とします。
※4　一定の更新対策とは、躯体天井高の確保（2.5m以上）及び間取り変更の障害となる壁又は柱がないことです。

【本確認書の使い方】

・本確認書は、本仕様書の内容のうち、フラット35S（金利Bプラン）の各基準に該当する仕様項目を整理した表です。
・フラット35Sをご利用される場合は、本確認書を「フラット35技術基準適合仕様確認書」とあわせてお使いください。
・各仕様項目において、仕様書本文中にあるアンダーライン「＿＿＿＿」部分が、遵守しなければならない基準となります。
・フラット35Sの技術基準に適合していることを、この確認書の仕様項目に基づき確認し、実施する仕様の「適合確認欄」のチェックボックスに☑（チェック）を記入してください。
・仕様書によらずその性能を確保する場合、「特記欄」に「特記」と記入し、その内容について特記仕様書等を作成してください。
・☑（チェック）を記入した仕様項目について、仕様書の該当部分を添削した場合には、「特記欄」に「添削」と記入してください。また、添削をした場合には、その箇所がアンダーライン「＿＿＿＿」部分でないことを確認してください。アンダーライン部分を訂正すると、フラット35Sがご利用いただけない場合があります。
・表中の「評価方法基準項目番号」欄には、住宅の品質確保の促進等に関する法律（平成11年法律第81号）に基づく評価方法基準（平成13年国土交通省告示第1347号）の項目番号を記載しています。

フラット35S（金利Bプラン）技術基準適合仕様確認書

1. 省エネルギー性に関する基準

　フラット35S（金利Bプラン）の省エネルギー性をご利用いただく場合は、「1-1. 省エネルギー性に関する基準①（断熱等性能等級4）」かつ「1-2. 省エネルギー性に関する基準②（一次エネルギー消費量等級4）」を満たす住宅、又は「1-3. 建築物エネルギー消費性能基準」（建築物のエネルギー消費性能の向上に関する法律（平成27年法律第53号）（通称 建築物省エネ法））第2条第1項第3号を満たす住宅であることが必要です。

1-1. 省エネルギー性に関する基準①（断熱等性能等級4）

項　　目		評価方法 基準項目番号	仕　様　書		適合 確認欄 ☑	特記欄
			仕　様　項　目	ペー ジ		
断熱構造とする部分		5-1(3)ただし書き	Ⅲ-1-1.2（施工部位）	144	☐	
躯体の断熱性能等	断熱材の熱抵抗値又は厚さ	5-1(3)ただし書き	Ⅲ-1-1.3（断熱性能）	145	☐	
	防湿材の施工	5-1(3)ハ①a	Ⅲ-1-1.4.3（防湿材の施工）の2	150	☐	
	屋根通気	5-1(3)ハ①b	〈屋根を断熱構造とする場合〉 Ⅲ-1-1.4.9（屋根の施工）の2、3	152	☐	
	外壁通気	5-1(3)ハ①b	Ⅲ-1-1.4.7（壁の施工）の5、6	151	☐	
開口部の断熱性能等	断熱性能	5-1(3)ただし書き	Ⅲ-1-1.7（開口部の断熱性能）	157	☐	
	日射遮蔽措置	5-1(3)ただし書き	Ⅲ-1-1.8（開口部の日射遮蔽措置）	158	☐	

　注）開口部の断熱性能及び日射遮蔽措置において、開口部比率の区分に応じて仕様を決定する場合は、あらかじめ開口部比率を求める必要があります。

1-2. 省エネルギー性に関する基準②（一次エネルギー消費量等級4）

仕　様　項　目	仕様書ページ	適合 確認欄 ☑	特記欄
住宅の品質確保の促進等に関する法律（平成11年法律第81号）に基づく住宅性能表示制度における評価方法基準第5の5-2に定める一次エネルギー消費量等級における等級4の基準に適合	160	☐	

1-3. 建築物エネルギー消費性能基準

仕　様　項　目	仕様書ページ	適合 確認欄 ☑	特記欄
建築物のエネルギー消費性能の向上に関する法律（平成27年法律第53号）（通称 建築物省エネ法）第2条第1項第3号に定める基準に適合	—	☐	

フラット35S（金利Bプラン）技術基準適合仕様確認書

2. 耐震住宅に関する基準（耐震等級（構造躯体の倒壊等防止）2）

〈使い方〉
- 枠組壁工法の建築物における基準（壁量計算等）、保有水平耐力計算等または限界耐力計算により、住宅性能表示制度「耐震等級（構造躯体の倒壊等防止）2」以上の耐震性能が確保できることを確認したうえで、その設計内容をもとに必要事項を記入してください。
- 記入内容が複数ある場合は、カッコ内にそれぞれ併記してください。
- 項目欄に※印のあるものについては、該当する内容を〇で囲ってください。

項　　　　目		評価方法 基準項目番号	仕様書		ページ	適合 確認欄 ☑	特記欄
			仕　様　項　目				
a.土台・柱	土台の寸法型式	1-1(3)へ③	平屋／2階建	Ⅱ-4.8.1（土台の寸法型式等）	38	☐	
			3階建	Ⅱ-15.3.1（土台の寸法型式等）	123	☐	
	アンカーボルト		平屋／2階建	Ⅱ-3.4.8（アンカーボルト）	28	☐	
			3階建	Ⅱ-15.2.4（アンカーボルト）	122	☐	
b.耐力壁	仕様全般	1-1(3)へ③		Ⅲ-2.3（耐力壁）	161	☐	
	耐力壁枠組の寸法型式・間隔		平屋／2階建	Ⅱ-4.10.1（耐力壁）	47	☐	
				Ⅱ-4.10.17.2（たて枠）	57	☐	
			3階建	Ⅱ-15.5.1（耐力壁）	125	☐	
	耐力壁の型式		平屋／2階建	Ⅱ-4.10.1（耐力壁）	47	☐	
				Ⅱ-4.10.17.4（耐力壁）	57	☐	
			3階建	Ⅱ-15.5.1（耐力壁）	125	☐	
			平屋／2階建	Ⅱ-4.10.11（筋かい）	55	☐	
			3階建	Ⅱ-15.5.9（筋かい）	126	☐	

項目		評価方法 基準項目番号	仕様項目					適合確認欄	特記欄
c.壁量	※検討方法		壁量計算・許容応力度計算・その他（　　　　　）					☐	
	最大壁線間隔	1-1(3)へ③	（　　　　　　　　　m）					☐	
			階数	方向	必要壁量 (A)	存在壁量 (B)	充足率 (B/A)	―	
	建築基準法で定める壁量	1-1(3)へ①	1階	X方向	cm	cm	％	☐	
				Y方向	cm	cm	％	☐	
			2階	X方向	cm	cm	％	☐	
				Y方向	cm	cm	％	☐	
			3階	X方向	cm	cm	％	☐	
				Y方向	cm	cm	％	☐	
	性能表示で定める壁量		1階	X方向	cm	cm	％	☐	
				Y方向	cm	cm	％	☐	
			2階	X方向	cm	cm	％	☐	
				Y方向	cm	cm	％	☐	
			3階	X方向	cm	cm	％	☐	
				Y方向	cm	cm	％	☐	

フラット35S（金利Bプラン）技術基準適合仕様確認書

d.床組等	床枠組	1-1(3)へ①	平屋／2階建	Ⅱ-4.9（平屋建又は2階建の床枠組（最下階以外の床枠組））	39	☐	
			3階建	Ⅱ-15.4（床枠組）	123	☐	
	小屋組		平屋／2階建	Ⅱ-4.12（平屋建又は2階建の小屋組）	59	☐	
			3階建	Ⅱ-15.6（小屋組）	127	☐	
	※検討結果		2階	適合　・　不適合		☐	
			3階	適合　・　不適合		☐	
			屋根・小屋	適合　・　不適合		☐	
e.接合部	金物の品質	1-1(3)へ③	Ⅱ-4.2.4（諸金物）		34	☐	
	たて枠上下端の接合部	1-1(3)へ①b(ⅰ)	Ⅲ-2.5（接合部）		161	☐	
	※検討方法		簡易計算法・許容応力度計算・その他（　　　）			☐	
f.基礎	仕様一般		Ⅲ-2.2（基礎）		161	☐	
	根入れ深さ		深さ（　　　　　　　　　　mm）			☐	
	※基礎の形式及び仕様	1-1(3)へ②	布基礎・べた基礎・その他（　　　）			☐	
			平屋／2階建	Ⅱ-3.4.2（布基礎）	27	☐	
			3階建	Ⅱ-15.2.2.1（布基礎）	122	☐	
			平屋／2階建	Ⅱ-3.4.3（べた基礎・基礎ぐい）	28	☐	
			3階建	Ⅱ-15.2.2.2（べた基礎・基礎ぐい）	122	☐	
	※検討方法		スパン表・許容応力度計算・その他（　　　）			☐	
g.横架材	たる木	1-1(3)へ②	（　　　　　　　　　　　　）			☐	
	屋根ばり		（　　　　　　　　　　　　）			☐	
	3階外壁まぐさ		（　　　　　　　　　　　　）			☐	
	3階内壁まぐさ		（　　　　　　　　　　　　）			☐	
	2階外壁まぐさ		（　　　　　　　　　　　　）			☐	
	2階内壁まぐさ		（　　　　　　　　　　　　）			☐	
	1階外壁まぐさ		（　　　　　　　　　　　　）			☐	
	1階内壁まぐさ		（　　　　　　　　　　　　）			☐	
	※検討方法		スパン表・許容応力度計算・その他（　　　）			☐	

3. 免震住宅に関する基準（地震に対する構造躯体の倒壊等防止及び損傷防止）

項　目	評価方法基準項目番号	仕　様　書		適合確認欄 ☑	特記欄
		仕　様　項　目	ページ		
告示第2009号第2に規定された免震建築物	1-3(3)イ	Ⅲ-3.2（基礎）	162	☐	
		Ⅲ-3.3（免震層）	163	☐	
		Ⅲ-3.4（上部構造）	163	☐	
		Ⅲ-3.5（下部構造）	163	☐	
免震層及び免震材料の維持管理	1-3(3)ロ	Ⅲ-3.6（維持管理等に関する事項）	164	☐	

フラット35S（金利Bプラン）技術基準適合仕様確認書

4. バリアフリー性に関する基準（高齢者等配慮対策等級3）

項　目	評価方法基準項目番号	仕様項目	ページ	適合確認欄 ☑	特記欄
①部屋の配置	9-1（3）ハ①	Ⅲ-4.2.1（部屋の配置）	165	☐	
②段差	9-1（3）ハ②	Ⅲ-4.3.1（段差の解消）	165	☐	
③階段	9-1（3）ハ③	Ⅲ-4.4.1（住戸内階段の勾配）	166	☐	
		Ⅲ-4.4.2（住戸内階段の構造）の2	166	☐	
④手すり	9-1（3）ハ④	Ⅲ-4.5.1（手すりの設置箇所）（2のロにおいては（イ）に限る。）	167	☐	
⑤通路及び出入口の幅員	9-1（3）ハ⑤	Ⅲ-4.6.1（廊下及び出入口の幅員の確保）	168	☐	
⑥寝室、便所及び浴室の規模	9-1（3）ハ⑥a	Ⅲ-4.7.1（寝室、便所及び浴室の規模）の1	169	☐	
	9-1（3）ハ⑥b	Ⅲ-4.7.1（寝室、便所及び浴室の規模）の2	169	☐	
	9-1（3）ハ⑥c	Ⅲ-4.7.1（寝室、便所及び浴室の規模）の3	169	☐	

5. 耐久性・可変性に関する基準（劣化対策等級3及び維持管理対策等級2など）

項　目		評価方法基準項目番号	仕様項目	ページ	適合確認欄 ☑	特記欄
外壁の枠組等		3-1（3）イ①a	Ⅲ-5.5.2（外壁の枠組の防腐・防蟻措置）	171	☐	
		3-1（3）イ①a	Ⅲ-5.5.3（外壁下地材の防腐・防蟻措置）	172	☐	
土台		3-1（3）イ①b	Ⅲ-5.5.1（土台の防腐・防蟻措置）	171	☐	
浴室及び脱衣室		3-1（3）イ①c	Ⅲ-5.7（浴室等の防水措置）	172	☐	
地盤		3-1（3）イ①d	Ⅲ-5.6（床下地面の防蟻措置）	172	☐	
基礎		3-1（3）イ①e	Ⅲ-5.2（基礎工事）	171	☐	
床下		3-1（3）イ①f	Ⅲ-5.3（床下換気）	171	☐	
			Ⅲ-5.4（床下防湿）	171	☐	
小屋裏		3-1（3）イ①g	Ⅲ-5.8（小屋裏換気）	173	☐	
専用配管	コンクリート内への埋込み禁止	4-1（3）イ①	Ⅲ-5.9（専用配管）の1	173	☐	
	地中埋設管	4-1（3）イ②	Ⅲ-5.9（専用配管）の2	173	☐	
	排水管の内面	4-1（3）イ④	Ⅲ-5.9（専用配管）の3	173	☐	
共用配管等	コンクリート内への埋込み禁止	4-2（3）イ①	Ⅲ-5.10（共用配管等）の1	173	☐	
	地中埋設管	4-2（3）イ②	Ⅲ-5.10（共用配管等）の2	173	☐	
	掃除口	4-2（3）イ③	Ⅲ-5.10（共用配管等）の3	173	☐	
	開口	4-2（3）イ④	Ⅲ-5.10（共用配管等）の4	173	☐	
	排水管の内面	4-2（3）イ⑤	Ⅲ-5.10（共用配管等）の5	173	☐	
	他の住戸専用部内設置禁止	4-2（3）イ⑦	Ⅲ-5.10（共用配管等）の6	173	☐	
更新対策	躯体天井高	4-4（3）イ	Ⅲ-5.11（更新対策（住戸専用部））の1	173	☐	
	住戸専用部の構造躯体	4-4（3）ロ	Ⅲ-5.11（更新対策（住戸専用部））の2	173	☐	

フラット35S（金利Aプラン）技術基準適合仕様確認書

　フラット35Sとは、フラット35をお申込みのお客様が、省エネルギー性、耐震性などに特に優れた住宅を取得される場合に、フラット35のお借入金利を一定期間引き下げる制度です。

　フラット35Sは、お申込みの受付期間及び募集枠に制限があります。詳細は「フラット35サイト（www.flat35.com）」にてご確認ください。

　フラット35S（金利Aプラン）をご利用いただく場合は、フラット35の技術基準に加えて次表の1〜4のいずれか1つ以上の基準を満たす住宅であることが必要です。

フラット35S（金利Aプラン）の技術基準（※1）

1	省エネルギー性	一次エネルギー消費量等級5の住宅（※2）（※3）
2	耐　震　性	耐震等級（構造躯体の倒壊等防止）3の住宅
3	バリアフリー性	高齢者等配慮対策等級4以上の住宅
4	耐久性・可変性	長期優良住宅（※4）

※1　各技術基準（長期優良住宅を除く。）は、「住宅の品質確保の促進等に関する法律」に基づく住宅性能表示制度の性能等級と同じです。なお、住宅性能評価書を取得しなくても、所定の物件検査に合格すれば、フラット35S（金利Aプラン）をご利用いただけます。
※2　都市の低炭素化の促進に関する法律（平成24年法律第84号）の規定により低炭素建築物新築等計画が認定された住宅又は、同法の規定により集約都市開発事業計画が認定された住宅も該当します。
※3　建築物のエネルギー消費性能の向上に関する法律（平成27年法律第53号）（通称 建築物省エネ法）の規定により建築物エネルギー消費性能向上計画が認定された住宅も該当します。
※4　長期優良住宅の普及の促進に関する法律（平成20年法律第87号）の規定により長期優良住宅建築等計画が認定された住宅です。

【本確認書の使い方】

・本確認書は、本仕様書の内容のうち、フラット35S（金利Aプラン）の各基準に該当する仕様項目を整理した表です。
・フラット35Sをご利用される場合は、本確認書を「フラット35技術基準適合仕様確認書」とあわせてお使いください。
・各仕様項目において、仕様書本文中にあるアンダーライン「＿＿＿＿」部分が、遵守しなければならない基準となります。
・フラット35Sの技術基準に適合していることを、この確認書の仕様項目に基づき確認し、実施する仕様の「適合確認欄」のチェックボックスに ☑（チェック）を記入してください。
・仕様書によらずその性能を確保する場合、「特記欄」に「特記」と記入し、その内容について特記仕様書等を作成してください。
・☑（チェック）を記入した仕様項目について、仕様書の該当部分を添削した場合には、「特記欄」に「添削」と記入してください。また、添削をした場合には、その箇所がアンダーライン「＿＿＿＿」部分でないことを確認してください。アンダーライン部分を訂正すると、フラット35Sがご利用いただけない場合があります。
・表中の「評価方法基準項目番号」欄には、住宅の品質確保の促進等に関する法律（平成11年法律第81号）に基づく評価方法基準（平成13年国土交通省告示第1347号）の項目番号を記載しています。

フラット35S（金利Aプラン）技術基準適合仕様確認書

1. 省エネルギー性に関する基準（認定低炭素住宅）

仕 様 項 目	ページ 仕様書	適合確認欄 ☑	特記欄
都市の低炭素化の促進に関する法律（平成24年法律第84号）の規定に基づく低炭素建築物新築等計画に係る認定書を取得（予定を含む。）	177	☐	

2. 省エネルギー性に関する基準（一次エネルギー消費量等級5）

仕 様 項 目	ページ 仕様書	適合確認欄 ☑	特記欄
住宅の品質確保の促進等に関する法律（平成11年法律第81号）に基づく住宅性能表示制度における評価方法基準第5の5-2に定める一次エネルギー消費量等級における等級5の基準に適合	178	☐	

3. 省エネルギー性に関する基準（性能向上計画認定住宅（建築物省エネ法））

仕 様 項 目	ページ 仕様書	適合確認欄 ☑	特記欄
建築物のエネルギー消費性能の向上に関する法律（平成27年法律第53号）の規定により建築物エネルギー消費性能向上計画に関する認定書を取得（予定を含む。）	179	☐	

4. 耐震性に関する基準（耐震等級（構造躯体の倒壊等防止）3）

〈使い方〉
- 枠組壁工法の建築物における基準（壁量計算等）、保有水平耐力計算等または限界耐力計算により、住宅性能表示制度「耐震等級（構造躯体の倒壊等防止）3」以上の耐震性能が確保できることを確認したうえで、その設計内容をもとに必要事項を記入してください。
- 記入内容が複数ある場合は、カッコ内にそれぞれ併記してください。
- 項目欄に※印のあるものについては、該当する内容を○で囲ってください。

項　　目		評価方法基準項目番号	仕 様 書 仕 様 項 目	ページ	適合確認欄 ☑	特記欄
a.土台・柱	土台の寸法型式	1-1(3)ヘ③	平屋／2階建　Ⅱ-4.8.1（土台の寸法型式等）	38	☐	
			3階建　Ⅱ-15.3.1（土台の寸法型式等）	123	☐	
	アンカーボルト		平屋／2階建　Ⅱ-3.4.8（アンカーボルト）	28	☐	
			3階建　Ⅱ-15.2.4（アンカーボルト）	122	☐	

フラット35S（金利Aプラン）技術基準適合仕様確認書

b.耐力壁	仕様全般			Ⅳ-4.3（耐力壁）		180	☐	
	耐力壁枠組の寸法型式・間隔	1-1(3)へ③	平屋／2階建	Ⅱ-4.10.1（耐力壁）		47	☐	
				Ⅱ-4.10.17.2（たて枠）		57	☐	
			3階建	Ⅱ-15.5.1（耐力壁）		125	☐	
	耐力壁の型式		平屋／2階建	Ⅱ-4.10.1（耐力壁）		47	☐	
				Ⅱ-4.10.17.4（耐力壁）		57	☐	
			3階建	Ⅱ-15.5.1（耐力壁）		125	☐	
			平屋／2階建	Ⅱ-4.10.11（筋かい）		55	☐	
			3階建	Ⅱ-15.5.9（筋かい）		126	☐	

			階数	方向	必要壁量(A)	存在壁量(B)	充足率(B/A)		
c.壁量	※検討方法		壁量計算・許容応力度計算・その他（　　）					☐	
	最大壁線間隔	1-1(3)へ③	（　　　　m）					☐	
								—	
	建築基準法で定める壁量	1-1(3)へ①	1階	X方向	cm	cm	%	☐	
				Y方向	cm	cm	%	☐	
			2階	X方向	cm	cm	%	☐	
				Y方向	cm	cm	%	☐	
			3階	X方向	cm	cm	%	☐	
				Y方向	cm	cm	%	☐	
	性能表示で定める壁量		1階	X方向	cm	cm	%	☐	
				Y方向	cm	cm	%	☐	
			2階	X方向	cm	cm	%	☐	
				Y方向	cm	cm	%	☐	
			3階	X方向	cm	cm	%	☐	
				Y方向	cm	cm	%	☐	

d.床組等	床枠組	1-1(3)へ①	平屋／2階建	Ⅱ-4.9（平屋建又は2階建の床枠組（最下階以外の床枠組））	39	☐	
			3階建	Ⅱ-15.4（床枠組）	123	☐	
	小屋組		平屋／2階建	Ⅱ-4.12（平屋建又は2階建の小屋組）	59	☐	
			3階建	Ⅱ-15.6（小屋組）	127	☐	
	※検討結果		2階	適合　・　不適合		☐	
			3階	適合　・　不適合		☐	
			屋根・小屋	適合　・　不適合		☐	

e.接合部	金物の品質	1-1(3)へ③	Ⅱ-4.2.4（諸金物）		34	☐	
	たて枠上下端の接合部	1-1(3)へ① b(ⅰ)	Ⅳ-4.5（接合部）		180	☐	
	※検討方法		簡易計算法・許容応力度計算・その他（　　）			☐	

f.基礎	仕様一般	1-1(3)へ②	Ⅳ-4.2（基礎）		180	☐	
	根入れ深さ		深さ（　　　　mm）			☐	
	※基礎の形式及び仕様		布基礎・べた基礎・その他（　　）			☐	
			平屋／2階建	Ⅱ-3.4.2（布基礎）	27	☐	
			3階建	Ⅱ-15.2.2.1（布基礎）	122	☐	
			平屋／2階建	Ⅱ-3.4.3（べた基礎・基礎ぐい）	28	☐	
			3階建	Ⅱ-15.2.2.2（べた基礎・基礎ぐい）	122	☐	
	※検討方法		スパン表・許容応力度計算・その他（　　）			☐	

フラット35S（金利Aプラン）技術基準適合仕様確認書

g.横架材	たる木		( )		☐	
	屋根ばり		( )		☐	
	3階外壁まぐさ		( )		☐	
	3階内壁まぐさ	1-1(3)へ②	( )		☐	
	2階外壁まぐさ		( )		☐	
	2階内壁まぐさ		( )		☐	
	1階外壁まぐさ		( )		☐	
	1階内壁まぐさ		( )		☐	
	※検討方法		スパン表・許容応力度計算・その他（ ）		☐	

5. バリアフリー性に関する基準（高齢者等配慮対策等級4）

項　　目		評価方法基準項目番号	仕　様　書		適合確認欄 ☑	特記欄
			仕　様　項　目	ページ		
部屋の配置		9-1(3)ロ①	Ⅳ-5.2.1（部屋の配置）	181	☐	
段差		9-1(3)ロ②	Ⅳ-5.3.1（段差の解消）	181	☐	
階段		9-1(3)ロ③	Ⅳ-5.4.1（住戸内階段の勾配）	182	☐	
			Ⅳ-5.4.2（住戸内階段の構造）の2、3	183	☐	
手すり		9-1(3)ロ④	Ⅳ-5.5.1（手すりの設置箇所）	183	☐	
通路及び出入口の幅員		9-1(3)ロ⑤	Ⅳ-5.6.1（廊下及び出入口の幅員の確保）	184	☐	
寝室、便所及び浴室の規模		9-1(3)ロ⑥a	Ⅳ-5.7.1（寝室、便所及び浴室の規模）の1、3	184	☐	
		9-1(3)ロ⑥b	Ⅳ-5.7.1（寝室、便所及び浴室の規模）の2	184	☐	

6. 耐久性・可変性に関する基準（長期優良住宅）

仕　様　項　目	仕様書ページ	適合確認欄 ☑	特記欄
長期優良住宅の普及の促進に関する法律（平成20年法律第87号）に基づく長期優良住宅建築等計画に係る認定通知書を取得（予定を含む。）	186	☐	

（参考）

項　　目		評価方法基準項目番号	仕　様　書		特記欄
			仕　様　項　目	ページ	
a.構造躯体等の劣化対策	外壁の枠組等	3-1(3)イ①a	Ⅳ-6.2.7.2（外壁の枠組の防腐・防蟻措置）	187	
			Ⅳ-6.2.7.3（外壁下地材の防腐・防蟻措置）	187	
	土台	3-1(3)イ①b	Ⅳ-6.2.7.1（土台の防腐・防蟻措置）	187	
	浴室及び脱衣室	3-1(3)イ①c	Ⅳ-6.2.8（浴室等の防水措置）	187	
	地盤	3-1(3)イ①d	Ⅳ-6.2.2（床下地面の防蟻措置）	186	
	基礎	3-1(3)イ①e	Ⅳ-6.2.1（基礎工事）	186	

フラット35S（金利Aプラン）技術基準適合仕様確認書

a.構造躯体等の劣化対策	床下	3-1（3）イ①f	Ⅳ-6.2.3（床下換気）及び、Ⅳ-6.2.4（床下防湿）	186	
	小屋裏	3-1（3）イ①g	Ⅳ-6.2.9（小屋裏換気）	187	
	点検口		Ⅳ-6.2.5（点検口の設置）	186	
	床下空間		Ⅳ-6.2.6（床下空間高さ）	186	
b.耐震性	□イ.耐震等級（構造躯体の倒壊等防止）2以上とする場合		Ⅳ-6.3.2（耐震）	187	
	□ロ.限界耐力計算による場合				
	□ハ.免震建築物とする場合		Ⅳ-6.3.3（免震）	188	
c.可変性（一戸建以外の場合のみ）	躯体天井高		Ⅳ-6.4.1（躯体天井高）	188	
d.維持管理・更新の容易性	専用配管 コンクリート内への埋込み禁止	4-1（3）イ①	Ⅳ-6.5.2（専用配管）の1	188	
	地中埋設管	4-1（3）イ②	Ⅳ-6.5.2（専用配管）の2	188	
	他の住戸専用部内への設置禁止	4-1（3）イ③	Ⅳ-6.5.2（専用配管）の6	189	
	排水管内面	4-1（3）イ④	Ⅳ-6.5.2（専用配管）の3	188	
	掃除口	4-1（3）イ⑤	Ⅳ-6.5.2（専用配管）の4	188	
	接合部開口	4-1（3）イ⑥	Ⅳ-6.5.2（専用配管）の5	189	
	共用配管 □適用範囲外 コンクリート内への埋込み禁止	4-2（3）イ①	Ⅳ-6.5.3（共用配管）の1	189	
	地中埋設管	4-2（3）イ②	Ⅳ-6.5.3（共用配管）の2	189	
	掃除口	4-2（3）イ③	Ⅳ-6.5.3（共用配管）の3	189	
	接合部開口	4-2（3）イ④	Ⅳ-6.5.3（共用配管）の4	189	
	排水管内面	4-2（3）イ⑤	Ⅳ-6.5.3（共用配管）の5	189	
	横主管	4-2（3）イ⑥	Ⅳ-6.5.3（共用配管）の6	189	
	設置位置	4-2（3）イ⑦	Ⅳ-6.5.3（共用配管）の7	189	
	共用排水管 □適用範囲外 コンクリート内への埋込み禁止	4-3（3）イ①a	Ⅳ-6.5.4（共用排水管）の1	189	
	地中埋設管	4-3（3）イ①b	Ⅳ-6.5.4（共用排水管）の2	189	
	横主管	4-3（3）イ①c	Ⅳ-6.5.4（共用排水管）の3	189	
	設置位置	4-3（3）イ①d	Ⅳ-6.5.4（共用排水管）の4	189	
	更新等の措置	4-3（3）イ①e及びf	Ⅳ-6.5.4（共用排水管）の5	190	
e.省エネルギー対策	省エネルギー対策		Ⅳ-6.6（省エネルギー対策）	190	
f.その他	維持保全の期間		Ⅳ-6.7.1（維持保全の期間）	190	
	維持保全計画		Ⅳ-6.7.2（維持保全計画）	190	
	まちなみ・景観への配慮		Ⅳ-6.7.3（まちなみ・景観への配慮）	190	
	住戸床面積		Ⅳ-6.7.4（住戸床面積）	190	

〔第Ⅰ章〕 工 事 概 要

（設計図面に記載した場合は、ここに記入する必要はありません。）

1. 工事内容

```
(1) 構      造：(耐火構造、準耐火構造、省令準耐火構造、その他_____)
(2) 階      数：(平屋建、2階建、3階建)
(3) 床  面  積：1階_____ m²、2階_____ m²、3階_____ m²、計_____ m²
(4) 戸 建 型 式：(一戸建て、連続建て、重ね建て)
(5) 付帯設備工事：(電気、給排水、衛生、ガス、その他_____)
(6) 別 途 工 事：_____
```

2. 外部仕上表

各 部 名 称	仕 上 げ	備 考
基 礎		
外 壁		
屋 根		
軒 裏		
ひ さ し		
と い		
塗 装　木部 鉄部		

3. 内部仕上表

室　　名	床	幅　木	壁	天　井	備　　考
玄　　関					
居住室					
押　　入					
台　　所					
便　　所					
洗面・脱衣室					
浴　　室					
廊　　下					
階　　段					

注1）塗装仕上げは、それぞれの欄に記入すること。
　2）備考欄には、設計に含まれているもの（システムキッチン、浴槽、便器、手洗い器、洗面台など）を記入すること。

4. 建築設備表

室　　名	電　灯	スイッチ	コンセント	水　栓	ガス栓	電話用配管	電　話
玄　　関	灯	個	個			個	個
居住室	灯	個	個		個	個	個
	灯	個	個		個	個	個
	灯	個	個		個	個	個
	灯	個	個		個	個	個
	灯	個	個		個	個	個
	灯	個	個		個	個	個
	灯	個	個		個	個	個
台　　所	灯	個	個	個	個	個	個
便　　所	灯	個	個	個			
洗面・脱衣室	灯	個	個	個	個	個	個
浴　　室	灯			個	個		
廊　　下	灯	個	個			個	個
階　　段	灯	個	個				
	灯	個	個	個	個	個	個
	灯	個	個	個	個	個	個
	灯	個	個	個	個	個	個

注）電灯欄は、直付け、埋込み、コード吊り、ブラケットなど、それぞれ記入のこと。

〔第Ⅱ章〕 工 事 仕 様 書

〔第Ⅲ章〕 フラット35S（金利Bプラン）工事仕様書

〔第Ⅳ章〕 フラット35S（金利Aプラン）工事仕様書

1. 一般事項

1.1 総則

1.1.1 基本原則

設計者、工事施工者及び工事監理者は、相互の協力のもと、住宅を長期にわたり良好な状態で使用するための措置を、その構造及び設備に講じるよう努める。

1.1.2 範囲

本仕様書は、平成13年国土交通省告示第1540号（枠組壁工法又は木質プレハブ工法を用いた建築物又は建築物の構造部分の構造方法に関する安全上必要な技術的基準を定める件。以下、「告示第1540号」という。）の第1から第8及び平成13年国土交通省告示第1541号（構造耐力上主要な部分である壁及び床版に、枠組壁工法により設けられるものを用いる場合における技術的基準に適合する当該壁及び床版の構造方法を定める件。以下「告示第1541号」という。）の第1から第2までの内容に基づいている。告示第1540号の第9、第10の規定又は告示第1541号の第3の規定に基づいて構造計算によって構造耐力上安全であることが確かめられた場合は、本仕様書のうち、告示第1540号第1及び第3から第7の規定に基づく部分については、本仕様書によらず特記とする。

1.1.3 工事範囲

工事範囲は、本仕様書及び図面の示す範囲とし、特記のない限り、電気工事については引込み口までの工事、給水・ガス工事については本管接続までの工事、排水工事については流末接続までの工事とする。

1.1.4 用語の定義

1. 「設計図書」とは、設計図、仕様書（特記仕様書、仕様書）をいう。
2. 「工事監理者」とは、工事請負契約書に監理者として記名捺印した者又はその代理人をいう。
3. 「施工者」とは、工事請負契約書に施工者として記名捺印した者又はその代理人をいう。
4. 「特記」とは、仕様書以外の設計図書に指定された事項をいう。

1.1.5 疑義

図面と仕様書との記載内容が相違する場合、明記のない場合又は疑義の生じた場合は、建築主又は工事監理者と協議する。

1.1.6 軽微な設計変更

現場のおさまり、取合せその他の関係で、材料の取付け位置又は取付け工法を多少変えるなどの軽微な変更は、建築主又は工事監理者の指示により行う。

1.1.7 別契約の関連工事

別契約の関連工事については、関係者は相互に協議のうえ、工事完成に支障のないように処理する。ただし、工事監理者がいる場合は、その指示による。

1.2 施工一般

1.2.1 材料等

1. 躯体工事に用いる材料は、建築基準法及びそれに基づく告示等による。
2. 各工事に使用する材料等で、日本産業規格（JIS）又は日本農林規格（JAS）の制定されている品目については、その規格に適合するもの又はこれらと同等以上の性能を有するものを使用する。また、優良木質建材等認証（AQ）として認証の対象となっている品目については、AQマーク表示又はこれと同等以上の性能を有するものを

使用する。
3. 各工事に使用する材料等について品質又は等級の明記のないものは、それぞれ中等品とする。
4. クロルピリホスを添加した材料は使用しない。
5. 内装仕上材、下地材等の室内空気への影響が高い部分には、ホルムアルデヒド及び揮発性の有害化学物質を放散しない材料若しくは放散量の少ない材料を使用することとし、特記による。なお、特記のない場合は、F☆☆☆☆の材料を使用することとする。
6. 建築部品、仕上材の材質、色柄などで建築主又は工事監理者と打合せを要するものは、見本を提出し、十分打合せを行うものとする。

1.2.2 養生

工事中に汚染や損傷のおそれのある材料及び箇所は、適当な方法で養生する。

1.2.3 解体材、発生材等の処理

1. 解体材及び発生材等の処理は、資源の有効な利用の促進に関する法律、建設工事に係る資材の再資源化等に関する法律、廃棄物の処理及び清掃に関する法律等の関連法令に従って適正に処理する。
2. 解体材のうち、耐久年限を考慮したうえで現場において再利用を図るものは、特記による。
3. 解体材、発生材のうち、耐久年限を考慮したうえで再生資源としての利用を図るものは、分別を行い、所定の再資源化施設等に搬入する。
4. 2及び3以外の解体材、発生材については、場外処分とする。

1.2.4 注意事項

1. 工事の施工に必要な諸届・諸手続きで請負者が処理すべき事項は、速やかに処理する。
2. 工事現場の管理は関係法令等に従い、危険防止、災害防止に努め、特に火災には十分注意する。また、石綿を含む建材の解体作業にあたっては、法令等に従い、石綿ばく露防止対策等を徹底する。
3. 工事現場はつねに整理し、清潔を保ち、工事完了に際しては建物内外を清掃する。
4. 工程表及び工事チェックリストを作成し、各段階ごとに検査を行う。

2. 仮設工事

2.1 なわ張り等

2.1.1 地なわ張り

建築主又は工事監理者の立会いのもとに、敷地境界など敷地の状況を確認のうえ、図面に基づき建築位置のなわ張りを行う。

2.1.2 ベンチマーク

木ぐい、コンクリートぐいなどを用いて移動しないよう設置し、その周囲を養生する。ただし、移動のおそれのない固定物がある場合は、これを代用することができる。なお、工事監理者がいる場合は、その検査を受ける。

2.1.3 やりかた

やりかたは、適切な材料を用い、建物のすみ部その他の要所に正確に、かつ、堅固に設け、建物の位置、水平の基準その他の墨出しを行う。なお、工事監理者がいる場合は、その検査を受ける。

2.2 足場・仮囲い・設備

2.2.1 足場・仮囲い

足場及び仮囲いは、関係法令等に従い、適切な材料、構造とする。

2.2.2 設備

工事用水道、工事用電力などの関係法令等に基づく手続き及び設置は、施工業者が行う。

3. 土工事・基礎工事

3.1 土工事

3.1.1 地盤

　　イ. 敷地地盤の状態については、工事計画上支障のないように、地盤調査を実施するか、あるいは近隣の地盤に関する情報資料等により検討する。

　　ロ. 地盤調査の結果に基づき、地盤改良を行う場合は、特記による。

3.1.2 根切り

根切りの幅及び深さは、やりかたに従い正確に行う。なお、必要がある場合は、のり面をつけるか土留めを設ける。根切り底の仕上げは平滑に施工し、工事監理者が確認を行う。

3.2 地業

3.2.1 割栗地業

割栗地業は、次による。ただし、地盤が比較的良好な場合は、割栗によらず砕石による地業とすることができる。また、地盤が特に良好な場合は、これらを省略できる。

　　イ. 割栗石は、硬質なものを使用する。なお、割栗石の代用として玉石を使用する場合も同様とする。

　　ロ. 目つぶし砂利は、切り込み砂利、切り込み砕石又は再生砕石とする。

　　ハ. 割栗石は、原則として、一層小端立てとし、すき間のないようにはり込み、目つぶし砂利を充填する。

　　ニ. 締固めは、割栗地業の場合はランマー3回突き以上、砂利地業の場合はソイルコンパクター2回締め以上又は振動ローラー締めとし、凹凸部は、目つぶし砂利で上ならしする。

3.2.2 砕石地業

砕石地業は、次による。

　　イ. 砕石は、硬質なものを使用する。

　　ロ. 締固めは、ソイルコンパクター2回締め以上、振動ローラー等を用いた後、凹凸部は比較的細かい砕石を使って平たんにする。

3.2.3 くい打ち地業

くい打ち地業を必要とする場合は、特記による。

3.3 地下室の基礎壁

3.3.1 一般事項

地下室の各部の仕様は、特記による。

3.3.2 地階の壁

1. 地下室の壁（以下、「地階の壁」という。）は、基礎と一体の鉄筋コンクリート造（部材相互を緊結したプレキャストコンクリート造を含む。）とする。ただし、地上階数2以下の場合は、直接土に接する部分及び地面から30cm以内の外周の部分以外の壁を、木造の壁とすることができる。

2. 外周部基礎壁沿いには、結露防止のため厚さ25mm以上の発泡プラスチック系断熱材を基礎天端から貼り付ける。凍上のおそれのある場合の断熱材の厚さは50mm以上とし、凍結深度よりも深い位置から貼り付ける。

3.3.3 地階の壁の一部を木造の壁とする場合

1. 本章3.3.2（地階の壁）のただし書きにより一部を木造の壁とする場合の地階の壁の構造は、別途構造計算により安全を確かめる。
2. 木造の壁の構成等は、次による。
   - イ．土台（下枠兼用）、たて枠、上枠及び頭つなぎには、すべて寸法型式206以上の製材又は集成材を用いる。なお、たて枠の間隔は、500mm以内とする。
   - ロ．アンカーボルトは、本章3.4.8（アンカーボルト）の1及び2の項によるほか、埋込み位置は、住宅の隅角部付近、土台の継手付近、開口部の両端部150mm内外とし、その他の部分は間隔1,370mm以内とする。
   - ハ．隅角部及び開口部の両端部は、土台とたて枠とをかど金物で緊結する。
3. 木造の壁に開口部を設ける場合は、次による。
   - イ．隅角部から900mm以内は、次の5による構造用合板を張った壁とする。
   - ロ．たて枠、土台、上枠及び頭つなぎは切断しない。
   - ハ．開口部を連続して設ける場合、その幅の合計を1m以下とする。
   - ニ．一の壁面に設けることができる開口部の幅の合計は、当該壁面の長さの30%以下とする。
4. 木造の壁の頭つなぎと1階の床枠組との緊結は、次による。
   - イ．側根太、添え側根太及び端根太から、CN75を250mm以内に斜め打ちする。
   - ロ．端根太ころび止めから、床根太相互間に2本のCN75を斜め打ちする。
5. 木造の壁には、厚さ9mm以上の構造用合板（特類）を土台、側根太又は端根太まで張りつめる。くぎ打ちは、CN50を用い、合板の外周部及び頭つなぎ又は上枠に対しては100mm間隔以下、中間部は200mm間隔以下とする。

3.4 平屋建又は2階建の基礎工事

3.4.1 一般事項

1. 基礎は、1階の外周部耐力壁及び内部耐力壁の直下に設ける。
2. 基礎の構造は地盤の長期許容応力度に応じて、次のいずれかとする。ただし、1階の内部耐力壁直下の基礎は、床ばりに代えることができる。
   - イ．□ 布基礎（長期許容応力度　30kN/m² 以上）
   - ロ．□ 腰壁と一体になった布基礎（長期許容応力度　30kN/m² 以上）
   - ハ．□ べた基礎（長期許容応力度　20kN/m² 以上）
   - ニ．□ 基礎ぐいを用いた構造（長期許容応力度　20kN/m² 以上）

3.4.2 布基礎

布基礎の構造は、次による。

1. 布基礎の構造は、一体の鉄筋コンクリート造（部材相互を緊結したプレキャストコンクリート造を含む。）とする。
2. 地面から基礎上端まで又は地面から土台下端までの高さは、400mm以上とする。
3. 布基礎の立上りの厚さは、150mm以上とする。底盤の厚さは150mm以上、幅は450mm以上とする。また、根入れ深さは、地面より240mm以上とし、かつ、建設地域の凍結深度よりも深いもの、若しくは、凍結を防止するための有効な措置を講ずるものとする。
4. 基礎の配筋は、次による。
   - イ．立上り部分の上・下主筋はD13以上とし、補助筋と緊結させる。
   - ロ．立上り部分の補助筋はD10以上とし、間隔は300mm以下とする。
   - ハ．底盤部分の主筋はD10以上、間隔は300mm以下とし、底盤の両端部のD10以上の補助筋と緊結させる。
   - ニ．換気孔を設ける場合は、その周辺にD10以上の補助筋で補強する。

3.4.3 べた基礎・基礎ぐい

べた基礎の構造又は基礎ぐいを用いた構造は、次による。

1. べた基礎の構造及び基礎ぐいを用いた場合の基礎ばりの構造は、一体の鉄筋コンクリート造（部材相互を緊結したプレキャストコンクリート造を含む。）とする。
2. 地面から基礎上端まで又は地面から土台下端までの高さは、400 mm以上とする。
3. べた基礎の基礎底盤には、施工中の雨水等を排水するための水抜き孔を設置する。なお、工事完了後は、当該水抜き孔は適切にふさぐ。
4. その他の構造方法については、構造計算によるものとし、特記による。

3.4.4 腰壁

1. 1階の浴室まわり（当該浴室に浴室ユニットを使用した場合を除く。）には、鉄筋コンクリート造による腰壁を設けるか、又は壁枠組に対して防水上有効な措置を講じるものとする。
2. 鉄筋コンクリート造腰壁の構造方法は、特記による。

3.4.5 土間コンクリート床

1. 外周部布基礎沿いには、結露防止のため厚さ25 mm以上の発泡プラスチック系断熱材を布基礎天端（基礎の内側に施工する場合は、土間コンクリートの下端）から下方へ、底盤の上端まで施工する。ただし、温暖地等においては、断熱材を省略できる。
2. 凍上のおそれのある場合は、上記1の断熱材の厚さを50 mm以上とし、凍結深度以上貼り付ける。
3. 土間コンクリートの床の下層の盛土については、地盤面より2層に分けて行い、それぞれ十分突き固める。なお、盛土に使用する土は、有機性の土、活性の粘土及びシルト類を避け、これら以外のものを使用する。
4. 盛土の上に目つぶし砂利を厚さ50 mm以上敷き詰め十分突き固める。その上にJIS A 6930（住宅用プラスチック系防湿フィルム）、JIS Z 1702（包装用ポリエチレンフィルム）、若しくはJIS K 6781（農業用ポリエチレンフィルム）に適合するもの、又はこれらと同等以上の効力を有する防湿フィルムで厚さ0.1 mm以上のものを全面に敷く。
5. 土間コンクリート床は、厚さ120 mm以上とし、その中央部にワイヤーメッシュ（径4 mm以上の鉄線を縦横に間隔150 mm以内に組み合わせたもの）を配する。

3.4.6 コンクリートの調合及び強度等

基礎に用いるコンクリートの調合及び強度等は、次による。

1. コンクリートは、JIS A 5308（レディーミクストコンクリート）に規定されたレディーミクストコンクリートとする。
2. 呼び強度及びスランプは、特記による。特記がない場合のスランプは18 cmとし、呼び強度は24N/mm²とする。

3.4.7 鉄筋材料

1. 異形鉄筋は、JIS G 3112（鉄筋コンクリート用棒鋼）のJIS規格品とし、その種類、径などは、特記による。
2. 鉄筋の径（d）は、異形鉄筋では呼び名に用いた数値とする。

3.4.8 アンカーボルト

1. アンカーボルト及び座金は、品質及び性能が明示された良質なものとする。
2. アンカーボルトの寸法は直径12 mm以上で、長さは35 cm以上とする。
3. アンカーボルトの埋設位置は、次による。
   イ. 住宅の隅角部付近、土台の継手付近とし、その他の部分は間隔2.0 m以内とする。ただし、3階建の場合は、上記以外に1階の床に達する開口部（以下、「掃出窓」

という。）のたて枠から150mm以内の位置に配置する。
- ロ．1階床を土間コンクリート床で構成する場合で、掃出窓を設けた場合は、イのほか、まぐさ受けが取り付くたて枠の150mm以内の部分。
4. アンカーボルトの心出しは、型板を用いて基準墨に正しく合わせ、適切な機器などで正確に行う。
5. アンカーボルトのコンクリートへの埋込み長さは250mm以上とし、アンカーボルトの先端は、土台の上端よりナットの外にねじが3山以上出るように固定する。
6. アンカーボルトの保持は、型板を用いるなどして正確に行い、移動、下部の揺れなどのないように、十分固定する。
7. アンカーボルトの保持及び埋込み工法の種別は、特記による。特記がない場合は、アンカーボルトを鉄筋などを用いて組み立て、適切な補助材で型枠の類に固定し、コンクリートの打込みを行う。
8. アンカーボルトは、衝撃などにより有害な曲がりを生じないように取り扱う。また、ねじ部の損傷、さびの発生、汚損を防止するために布、ビニルテープなどを巻いて養生を行う。

3.4.9 床下換気

1. 床下空間が生じる場合の床下換気措置は、次のイ、ロのいずれかによる。ただし、本章3.5（基礎断熱工事）により基礎の施工を行う場合は、床下換気孔を設置しないこととする。
   - イ．☐外周部の基礎には、有効換気面積300cm²以上の床下換気孔を間隔4m以内ごとに設ける。
   - ロ．☐ねこ土台を使用する場合は、外周部の土台の全周にわたって、1m当たり有効面積75cm²以上の換気孔を設ける。
2. 外周部の床下換気孔には、ねずみ等の侵入を防ぐため、スクリーンなどを堅固に取り付ける。
3. 外周部以外の室内の布基礎には、適切な位置に通風と点検に支障のない寸法の床下換気孔を設ける。

3.4.10 配管スリーブ

1. 基礎を貫通して設ける配管スリーブは、必要に応じて補強筋を設け、雨水が流入しない位置に設ける。
2. 基礎を貫通するスリーブと配管とのすき間には、防蟻性のある材料を充填する等、防蟻上有効な措置を施す。

3.4.11 養生

1. コンクリート打込み終了後は、直射日光、寒気、風雨などを避けるため、シートなどを用いて養生する。
2. 普通ポルトランドセメントを用いる場合の型枠の存置期間は、気温15℃以上の場合は3日間以上、5℃以上15℃未満の場合は5日間以上とする。なお、やむを得ず寒冷期に施工する場合は、気温に応じて適切な養生を行うとともに、工事監理者がいる場合は、その指示を受ける。
3. コンクリート打込み後1日間は、その上を歩行したり、重量物を載せてはならない。

3.4.12 天端ならし

やりかたを基準にして陸墨を出し、布基礎の天端をあらかじめ清掃、水湿し、セメント、砂の調合が容積比にして1：3のモルタルなどを水平に塗り付ける。ただし、セルフレベリング材を用いて天端ならしを行う場合は、特記による。

3.4.13 床下防湿

床下防湿措置は、次の1、2のいずれか又は両方による。ただし、基礎の構造をべた基礎とした場合は、この限りではない。

1. ☐防湿用のコンクリートを施工する場合
   - イ．床下地面全面に、厚さ60 mm以上のコンクリートを打設する。
   - ロ．コンクリート打設に先立ち、床下地面は盛土し、十分突き固める。
2. ☐防湿フィルムを施工する場合
   - イ．床下地面全面にJIS A 6930（住宅用プラスチック系防湿フィルム）、JIS Z 1702（包装用ポリエチレンフィルム）、若しくはJIS K 6781（農業用ポリエチレンフィルム）に適合するもの、又はこれらと同等以上の効力を有する防湿フィルムで厚さ0.1mm以上のものを敷き詰める。
   - ロ．防湿フィルムの重ね幅は150 mm以上とし、防湿フィルムの全面を乾燥した砂、砂利又はコンクリート押えとする。

3.5 基礎断熱工事

3.5.1 一般事項

1. 基礎断熱工法に係る仕様は、この項による。
2. 本項でいう基礎断熱工法とは、床に断熱材を施工せず、基礎の外側、内側又は両側に地面に垂直に断熱材を施工し、床下換気孔を設けない工法をいう。

3.5.2 基礎における断熱材の施工

1. 断熱材は吸水性を有しない材料を使い、基礎の底盤上端から基礎天端まで打込み工法により施工する。
2. 断熱材の継目は、すき間がでないように施工する。型枠脱型後、すき間が生じているときは現場発泡断熱材などで補修する。
3. 基礎の屋外側に設ける断熱材が外気に接しないよう、外装仕上げを行う。
4. 基礎天端と土台との間には、すき間が生じないようにする。
5. ポーチ、テラス、ベランダ等の取合い部分で断熱欠損が生じないよう施工する。

3.5.3 断熱材の施工位置

基礎に施工する断熱材の施工位置は、次のいずれかとする。
- イ．☐基礎の内側
- ロ．☐基礎の外側
- ハ．☐基礎の両側（内側と外側両方）

3.5.4 断熱材の熱抵抗値又は厚さ

1. 基礎に施工する断熱材の熱抵抗値又は厚さは、地域の区分及び断熱材の種類（本章9（断熱工事）における地域の区分及び断熱材の種類）に応じ、次表に掲げる数値以上とする。ただし、使用する断熱材に、その断熱材の熱抵抗値が表示されている場合には、必要な熱抵抗値に適合していること。

地域の区分	必要な熱抵抗値 (m²・K/W)	断熱材の種類・厚さ (mm)						
		A-1	A-2	B	C	D	E	F
1・2	1.2	65	60	55	50	45	35	30
3・4・5・6・7	0.6	35	30	30	25	25	20	15
8								

2. 1地域、2地域、3地域及び4地域において基礎を鉄筋コンクリート造のべた基礎とし、断熱材を基礎の内側に施工する場合には、次の部分について、吸水性を有しない断熱材により断熱補強の施工（長さ450 mm程度以上、厚さ20 mm程度以上）を行う。
   - イ．布基礎の立上り部分とべた部分の取合い部において、住宅内部に向かう部分（水

　　　平に施工）
　　ロ．間仕切り壁下部の布基礎において、外周部から住宅内部に向かう部分の両側（垂直に施工）

3.5.5 床下防湿・防蟻措置

床下地面には、次のいずれかの措置を講ずる。ただし、床下地面の防蟻措置が必要な地域（北海道、青森県、岩手県、秋田県、宮城県、山形県、福島県、新潟県、富山県、石川県及び福井県以外の地域）に建設する場合は、3又は4に限る。

1. ☐床下全面にJIS A 6930（住宅用プラスチック系防湿フィルム）、JIS Z 1702（包装用ポリエチレンフィルム）、若しくはJIS K 6781（農業用ポリエチレンフィルム）に適合するもの、又はこれらと同等以上の効力を有する防湿フィルムで厚さ0.1 mm以上のものを敷き詰める。なお、防湿フィルムの重ね幅は300 mm以上とし、防湿フィルムの全面をコンクリート又は乾燥した砂等で押さえ、押えの厚さは50 mm以上とする。

2. ☐床下全面に厚さ100 mm以上のコンクリートを打設する。

3. ☐鉄筋コンクリート造のべた基礎（厚さ100 mm以上で防湿コンクリートを兼ねる。）とする。

4. ☐布基礎と鉄筋により一体となって基礎の内周部の地盤上に一様に打設されたコンクリート（厚さ100 mm以上で防湿コンクリートを兼ねる。）でおおう。

3.6 埋戻し・地ならし

3.6.1 埋戻し

埋戻しは、根切り土のうち良質な土を利用し、厚さ300 mm以内ごとにランマーなどで突き固める。

3.6.2 地ならし

建物の周囲1 mまでの部分は、水はけをよくするように地ならしをする。

4. 躯体工事

4.1 一般事項

4.1.1 範囲

躯体工事に係わる仕様は、本項による。ただし、告示第1540号の第9、第10の規定又は告示第1541号の第3の規定により行う構造計算によって構造耐力上安全であることが確かめられた場合は、本項のうち、告示第1540号第1及び第3から第7の規定に基づく部分については、本項によらず特記による。

4.1.2 耐力壁の量

各階の張り間方向及びけた行方向に配置する耐力壁の量については、告示第1540号第5第5号の規定(壁量計算)によるものとし、特記による。

4.2 材料

4.2.1 構造材及び筋かい等

1. 構造耐力上主要な部分に用いる枠組材は、下表に掲げる規格に適合するものとする。なお、国土交通大臣がその樹種、区分及び等級等に応じてそれぞれ許容応力度及び材料強度の数値を指定したものについては、当該材料を使用することができ、特記による。

材料の規格

	構造部材の種類		規　　格
(1)	土台、端根太、側根太、まぐさ、たる木及びむな木		甲種枠組材の特級、1級、2級、若しくはMSR製材 化粧ばり構造用集成柱 構造用単板積層材の特級、1級、2級 甲種たて継ぎ材の特級、1級、2級 構造用集成材
(2)	床根太及び天井根太		(1)に掲げる規格 JIS G 3302(溶融亜鉛めっき鋼板及び鋼帯)の鋼板及び鋼帯 JIS G 3312(塗装溶融亜鉛めっき鋼板及び鋼帯)の鋼板及び鋼帯 JIS G 3321(溶融55%アルミニウムー亜鉛合金めっき鋼板及び鋼帯)の鋼板及び鋼帯 JIS G 3322(塗装溶融55%アルミニウムー亜鉛合金めっき鋼板及び鋼帯)の鋼板及び鋼帯 JIS G 3353(一般構造用溶接軽量H形鋼)の形鋼(鋼材の厚さが2.3 mm以上6 mm以下のものに限る)(以下「軽量H形鋼」という)の規格
(3)	壁の上枠及び頭つなぎ	耐力壁	(1)に掲げる規格 甲種枠組材の3級 乙種枠組材のコンストラクション、スタンダード 甲種たて継ぎ材の3級 乙種たて継ぎ材のコンストラクション、スタンダード
		耐力壁以外	(2)に掲げる規格(ただし、軽量H形鋼の規格を除く) 甲種枠組材の3級 乙種枠組材のコンストラクション、スタンダード 甲種たて継ぎ材の3級 乙種たて継ぎ材のコンストラクション、スタンダード
(4)	壁のたて枠	耐力壁	(3)の耐力壁に掲げる規格(構造用集成材規格の非対称異等級構成集成材を除く) たて枠用たて継ぎ材
		耐力壁以外	(3)の耐力壁以外に掲げる規格 たて枠用たて継ぎ材
(5)	壁の下枠	耐力壁	(3)の耐力壁に掲げる規格 乙種枠組材のユーティリティ 乙種たて継ぎ材のユーティリティ
		耐力壁以外	(3)の耐力壁以外に掲げる規格 乙種枠組材のユーティリティ 乙種たて継ぎ材のユーティリティ
(6)	筋かい		(3)の耐力壁に掲げる規格(構造用集成材規格の非対称異等級構成集成材を除く)下地用製材の1級

注1) 上記の材料の規格に係る表記は、国土交通省告示第1540号(平成13年10月15日制定)に基づくものである。

　2) 厚さ2.3 mm未満の鋼板又は鋼帯を床根太、天井根太、耐力壁以外の壁の上枠、頭つなぎ、耐力壁以外の壁のたて枠及び耐力壁以外の壁の下枠に用いる場合は、当該鋼板又は鋼帯の厚さを0.4 mm以上のものとし、かつ、冷間成形による曲げ部分(当該曲げ部分の内のりの寸法を当該鋼板又は鋼帯の厚さの数値以上とする。)又はかしめ部分を有するものとする。

2. 耐力壁の下張りに用いる製材は、製材のJASの下地用製材1級に適合するものとする。

3. 構造材は、含水率19 %以下の乾燥材又は含水率25 %以下の未乾燥材とする。

4.2.2 各種ボード類

1. 構造用合板、化粧ばり構造用合板及び構造用パネルの品質は、それぞれのJASに適合するものとする。

2. パーティクルボード、ハードボード、硬質木片セメント板、フレキシブル板、シー

ジングボード、せっこうボード、ラスシート、ミディアムデンシティファイバーボード（MDF）、火山性ガラス質複層板等の品質は、それぞれのJISに適合するものとする。

3. 各ボード類のホルムアルデヒドの発散量に関する品質については、特記による。

4.2.3 くぎとねじ

1. 構造用枠組材を取り付けるくぎは、品質及び性能が明示された良質なものとする。JISで規定するくぎの種類は、以下のものがある。

くぎの種類及び寸法

(単位：mm)

くぎの種類	長　さ	胴部径	頭部径	備　　考
CN50	50.8	2.87	6.76	
CN65	63.5	3.33	7.14	
CN75	76.2	3.76	7.92	
CN90	88.9	4.11	8.74	
CNZ50	50.8	2.87	6.76	
CNZ65	63.5	3.33	7.14	
CNZ75	76.2	3.76	7.92	
CNZ90	88.9	4.11	8.74	JIS A 5508
BN50	50.8	2.51	6.76	
BN65	63.5	2.87	7.54	
BN75	76.2	3.25	7.92	
BN90	88.9	3.43	8.74	
GNF40	38.1	2.34	7.54	
SF45	45.0	2.45	5.60	
SN40	38.1	3.05	11.13	

注）くぎの種類の欄に掲げる記号は、JIS A 5508-2005に規定する規格を表すものとする。

2. くぎ打ちは、木口打ち（E）、斜め打ち（T）、平打ち（F）とし、木口打ちにはCN90（又はCNZ90、BN90）を、斜め打ちにはCN75（又はCNZ75、BN75）を、平打ちで材料が厚さ38 mmの場合にはCN90（又はCNZ90、BN90）、筋かいの場合にはCN65（又はCNZ65、BN65）を用いることを原則とする。なお、BNくぎを使用する場合のくぎの種類、本数、間隔は付録2（BNくぎ）による。

3. 耐力壁となるせっこうボードを取り付けるねじの品質は、JIS B 1112（十字穴付き木ねじ）又はJIS B 1125（ドリリングタッピンねじ）に適合するものとし、その種類は下表による。

ねじの種類

ねじの種類	
WSN	JIS B 1112（十字穴付き木ねじ）に定めるもののうち、呼び径3.8 mmで長さ32 mm以上のもの
DTSN	JIS B 1125（ドリリングタッピンねじ）に定めるもののうち、頭部の形状がトランペットで呼び径4.2 mm、長さ30 mm以上のもの

4. くぎ又はねじについて特記がない場合は、そのくぎ又はねじの長さは打ち付ける板厚の2.5倍以上とする。

5. くぎ打ち等には、打ち付ける板等に割れが生じないよう適当な端あき及び縁あきを設ける。

4.2.4 諸金物

諸金物（接合金物）は、品質及び性能が明示された良質なものとする。

4.2.5 その他

1. 直交集成板のJASに適合する直交集成板については、本工事各項にかかわらず特記による。

2. 国土交通大臣が認定した材料である、木質接着成形軸材料、木質複合軸材料、木質

断熱複合パネル及び直交集成板については、本工事各項にかかわらず当該認定の範囲で使用するものとし、特記による。

4.3 断面寸法等

4.3.1 製材及び集成材の断面寸法

製材及び集成材は、表面調整を施したものとし、その寸法型式と寸法は、下表のとおりとする。

製材又は集成材の寸法型式及び寸法　　　　　　　　　　（単位：mm）

区　分	寸法型式	未乾燥材（含水率25%以下）厚さ×幅	乾燥材（含水率19%以下）厚さ×幅	備　　考
製　材	104	20×90	19×89	
	106	20×143	19×140	
製　材及び集成材	203	40×65	38×64	許容誤差は±1.5mm
	204	40×90	38×89	
	204W	―	76×89	
	205	40×117	38×114	
	206	40×143	38×140	
	208	40×190	38×184	
	210	40×241	38×235	
	212	40×292	38×286	
	304	65×90	64×89	
	306	65×143	64×140	
	404	90×90	89×89	
	405	90×117	89×114	
集成材	406	―	89×140	
	408	―	89×184	
	410	―	89×235	
	412	―	89×286	
	414	―	89×336	
	416	―	89×387	
	606	―	140×140	
	610	―	140×235	
	612	―	140×286	

注1）上記寸法は、JASの格付け時の寸法を表しており、現場搬入時での実寸法は乾燥の度合い等で若干の誤差がある。
　2）集成材の含水率は、15%以下とする。
　3）204Wとは、寸法型式204を2枚合わせにした寸法のものである。

4.3.2 継手及び仕口

継手及び仕口は、突付け又は胴付けとし、乱に配置する。

4.4 木部の防腐・防蟻措置

4.4.1 土台の防腐・防蟻措置

1. 土台の防腐・防蟻措置（北海道及び青森県にあっては防腐措置のみ。以下、4.4において同じ。）は、次のいずれかによる。

　　イ．□ ヒノキ、ヒバ、ベイヒ、ベイヒバ、クリ、ケヤキ、ベイスギ、タイワンヒノキ、コウヤマキ、サワラ、ネズコ、イチイ、カヤ、ウェスタンレッドシーダー、インセンスシーダー又はセンペルセコイヤを用いた枠組壁工法構造用製材、若しくは、これらの樹種を使用した構造用集成材、構造用単板積層材、又は枠組壁工法構造用たて継ぎ材を用いる。

　　ロ．□ 枠組壁工法構造用製材及び枠組壁工法構造用たて継ぎ材のJASに定める保存処理性能区分K3相当以上の防腐・防蟻処理材（北海道及び青森県にあってはK2相当以上の防腐処理材）を用いる。

2. 土台に接する外壁の下端には、水切りを設ける。

4.4.2 土台以外の木部の防腐・防蟻措置

1. 地面からの高さが1m以内の外壁の枠組(土台を除く。)の防腐・防蟻措置は、次のいずれかによる。

   イ. □枠組に、ヒノキ、ヒバ、ベイヒ、ケヤキ、タイワンヒノキ、スギ、カラマツ、ベイスギ、クリ、ダフリカカラマツ、ウェスタンレッドシーダー、ベイヒバ、コウヤマキ、サワラ、ネズコ、イチイ、カヤ、クヌギ、ミズナラ、ベイマツ(ダグラスファー)、アピトン、ウェスタンラーチ、カプール、ケンパス、セランガンバツ、タマラック、パシフィックコーストイエローシーダー、サイプレスパイン、ボンゴシ、イペ、ジャラ、インセンスシーダー又はセンペルセコイヤを用いた枠組壁工法構造用製材、若しくは、これらの樹種を使用した化粧ばり構造用集成柱、構造用集成材、構造用単板積層材、又は枠組壁工法構造用たて継ぎ材を用いる。

   ロ. □外壁内に通気層を設け、壁体内通気を可能とする構造とし、その仕様は、特記による。特記のない場合は、本章4.10.10(外壁内通気措置)による。

   ハ. □次の(イ)又は(ロ)の薬剤処理を施した枠組壁工法構造用製材、化粧ばり構造用集成柱、構造用集成材、構造用単板積層材、又は枠組壁工法構造用たて継ぎ材を用いる。

   (イ) □本章4.4.3(薬剤の品質等)の1に掲げる防腐・防蟻処理材として工場で処理したもの

   (ロ) □本章4.4.3(薬剤の品質等)の2に掲げる防腐・防蟻薬剤を、現場で塗布、吹付け又は浸漬したもの

2. 地面からの高さが1m以内の外壁下地材の品質は、次のいずれかにより、本章4.4.3(薬剤の品質等)の1に掲げる防腐・防蟻処理材として工場で処理したもの、若しくは、本章4.4.3(薬剤の品質等)の2に掲げる防腐・防蟻薬剤を、現場で塗布、吹付け又は浸漬したものを用いる。ただし、外壁内に通気層を設け、壁体内通気を可能とする構造とした場合は、この限りでない。

   イ. □合板のJASに適合する構造用合板

   ロ. □構造用パネルのJASに適合する構造用パネル

   ハ. □JIS A 5908に適合するパーティクルボードの耐水2(Pタイプ)

   ニ. □JIS A 5905に適合するミディアムデンシティファイバーボード(MDF)のPタイプ

4.4.3 薬剤の品質等

1. 防腐・防蟻薬剤を用いて工場で処理した防腐・防蟻処理材を用いる場合は、次による。

   イ. 枠組壁工法構造用製材等のJASの保存処理(K1を除く。)の規格に適合するものとする。

   ロ. JIS K 1570(木材保存剤)に定める加圧注入用木材保存剤を用いてJIS A 9002(木質材料の加圧式保存処理方法)による加圧式保存処理を行った木材とする。

   ハ. 公益社団法人日本木材保存協会(以下、「木材保存協会」という。)認定の加圧注入用木材防腐・防蟻剤を用いてJIS A 9002(木質材料の加圧式保存処理方法)による加圧式保存処理を行った木材とする。

   ニ. イ、ロ又はハ以外とする場合は、防腐・防蟻に有効な薬剤が、塗布、加圧注入、浸漬、吹き付けられたもの又は防腐・防蟻に有効な薬剤を混入した接着剤を用いた防腐・防蟻処理材とし、特記による(ただし、集成材においては接着剤に混入されたものを除く。)。

2. 薬剤による現場処理を行う場合の防腐・防蟻薬剤の品質は、次による。

   イ. 木部の防腐措置に使用する薬剤の品質は、特記による。特記のない場合は、木材保存協会認定の薬剤又はJIS K 1571(木材保存剤―性能基準及びその試験方法)によって試験し、その性能基準に適合する表面処理用薬剤とする。

   ロ. 木部の防腐措置及び防蟻措置に使用する薬剤の品質は、特記による。特記がな

い場合は、公益社団法人日本しろあり対策協会（以下、「しろあり協会」という。）、又は木材保存協会認定の防腐・防蟻剤とする。

3. 薬剤による現場処理を行う場合の木材の処理方法は、特記による。特記がない場合は、次による。
   イ．塗布、吹付け、浸漬に使用する薬剤の量は、木材及び合板の表面積 1 m² につき 300 mℓ を標準とする。
   ロ．処理むらが生じることのないよう、イの薬剤の範囲内の量で、十分に木材に吸収されるよう、入念に処理する。
   ハ．木材の木口、仕口、継手の接合箇所、き裂部分、コンクリート及び束石などに接する部分は、特に入念な処理を行う。

4. 2のロの薬剤を使用する場合の処理方法は、特記による。特記がない場合は、しろあり協会制定の標準仕様書に準ずる。

5. 現場の加工、切断、穿孔箇所等は3に準じて、塗布あるいは吹付け処理を行う。

4.5 薄板軽量形鋼又は軽量H形鋼の防錆措置

構造耐力上主要な部分に薄板軽量形鋼又は軽量H形鋼を用いる場合の表面仕上げは、JIS G 3302（溶融亜鉛めっき鋼板及び鋼帯）に規定するめっきの付着量表示記号Z27相当以上の有効なさび止め及び摩損防止のための措置を講じたものとしなければならない。ただし、次に掲げる場合にあっては、この限りでない。
   イ．薄板軽量形鋼又は軽量H形鋼を屋外に面する部分（防水紙等で有効に防水されている部分を除く。）及び湿潤状態となるおそれのある部分以外に使用する場合
   ロ．薄板軽量形鋼又は軽量H形鋼に床材、壁材又は屋根下地材等による被覆、その他これに類する有効な摩損防止のための措置を講じた場合

4.6 床下地面の防蟻措置

4.6.1 適用

床下地面に講じる防蟻措置は、次のいずれかによる。ただし、北海道、青森県、岩手県、秋田県、宮城県、山形県、福島県、新潟県、富山県、石川県及び福井県においては、地面に講ずる防蟻措置を省略することができる。
   イ．□鉄筋コンクリート造のべた基礎
   ロ．□地面を一様に打設したコンクリート（布基礎と鉄筋により一体となったものに限る。）でおおう。
   ハ．□本章4.6.2（薬剤による土壌処理）の1に掲げる薬剤を用い、布基礎内周部及び束石の周囲の土壌処理を行う。

4.6.2 薬剤による土壌処理

1. 薬剤による土壌処理を行う場合は、次のいずれかによる。
   イ．□土壌の防蟻措置に使用する薬剤の品質は、特記による。特記がない場合は、しろあり協会又は木材保存協会認定の土壌処理剤、又はこれと同等の効力を有するものとする。
   ロ．□土壌処理と同等の効力があるものとして、防蟻効果を有するシートを床下の土壌表面に敷設する工法、樹脂皮膜を形成する方法等を採用する場合は、特記による。

2. 薬剤を使用する場合の処理方法は、特記による。特記がない場合は、しろあり協会制定の標準仕様書に準ずる。

3. 給排水用の塩化ビニル管の接する部分に防腐・防蟻措置を講ずる場合は、薬剤によって損傷しないよう管を保護する。

4.7 浴室等の防水措置

1. 浴室の壁の枠組等（木質の下地材・室内側に露出した部分を含む。）、床組（地上2階以上の階にある場合は下地材を含む。）及び天井は、次のいずれかの防水措置を行う。ただし、1階の浴室まわりを鉄筋コンクリート造の腰壁又はコンクリートブロック造の腰壁とした部分は除く。

 イ．☐浴室ユニットとする。

 ロ．☐浴室の壁の枠組等、床組及び天井に対して、防水上有効な仕上げを行う。

 ハ．☐浴室の壁の枠組等、床組及び天井に対して、本章4.4.2（土台以外の木部の防腐・防蟻措置）の1のイからハのいずれか及び2による防腐・防蟻措置を行う。

2. 脱衣室の壁の枠組等（木質の下地材・室内側に露出した部分を含む。）及び床組（地上階数2以上の階にある場合は下地材を含む。）は、次のいずれかの防水措置を行う。

 イ．☐脱衣室の壁の枠組等及び床組に対して、防水紙、ビニル壁紙、シージングせっこうボード、ビニル床シート又は耐水合板（普通合板1類、構造用合板特類又は1類）を用いる。

 ロ．☐脱衣室の壁の枠組等及び床組に対して、本章4.4.2（土台以外の木部の防腐・防蟻措置）の1のイからハのいずれか及び2による防腐・防蟻措置を行う。

4.8 平屋建又は2階建の土台及び最下階の床組

4.8.1 土台の寸法型式等

1. 土台の寸法は、寸法型式204、205、206、208、304、306、404、406若しくは408に適合するもの又は厚さ38mm以上、幅89mm以上で国土交通大臣による基準強度の指定を得たものであって、かつ、土台と基礎若しくは床根太、端根太若しくは側根太との緊結に支障がないものとする。
なお、座金ぼりは、寸法型式404、406又は408の場合のみである。

2. 土台が基礎と接する面には、防水紙、その他これに類するものを敷く等の防腐措置を講ずる。

4.8.2 土台の継手、仕口

寸法型式204、205、206、208、304、306、404、406若しくは408の土台の隅角部又はT字部の仕口及び継手には、寸法型式204、205、206、208、304及び306にあっては2本のCN65を、寸法型式404、406又は408にあっては3本のCN75を斜め打ちする。

4.8.3 大引き、束を用いた床組

1. 最下階の床枠組に根太を用いる場合の床枠組は、本章4.9（平屋建又は2階建の床枠組（最下階以外の床枠組））による。

2. 最下階の床組を大引き、束、床根太を用いて構成する場合は、次による。

 イ．土台には寸法型式404、床根太には寸法型式204以上、大引きには寸法型式404を用い、床根太相互の間隔は500mm以内、大引き相互の間隔は1,370mm以内とする。

 ロ．土台には、座金ぼりを行う。

 ハ．土台と大引きとの仕口は、土台を30mm欠き込み大入れとし、3本のCN75を斜め打ちする。なお、土台と大引きとの仕口を大入れとしない場合は、土台と大引きを突付けとし、3本のCN75を斜め打ちした後、大引きの両面から根太受け金物を用いて取り付ける。

 ニ．大引きの継手は、束の上で相欠き継ぎを行い、両面からそれぞれ2本のCN90を平打ちする。

 ホ．束は、寸法型式404を大引き間隔に準じて入れ、大引きより4本のCN75を斜め打ちする。根がらみは寸法型式104を用い、すべての束に2本のCN65を平打ちする。

 ヘ．プラスチック束、又は鋼製束を用いる場合は、特記による。

3. 最下階の床組を床根太を用いず、大引き、束で構成する場合は、次による。ただし、次によらない場合は、長期の応力に対する許容応力度計算によって安全性を確認し、特記による。
   イ．土台及び大引きには寸法型式404を用い、大引きの相互間隔は910mm以下で束上に設置し、束の間隔は1,370mm以内とする。
   ロ．2のロ、ハ及びニにより、土台と大引きを緊結する。
4. 大引き、束及び根がらみは、本章4.4（木部の防腐・防蟻措置）による防腐・防蟻措置を講ずる。

4.8.4 大引き、束を用いた床組の床下張り

1. 床下張材は、本章4.9.9（床下張り）による。
2. 最下階の床枠組に根太を用いない場合の床下張りは、次による。ただし、次によらない場合は、長期の応力に対する許容応力度計算によって安全性を確認し、特記による。
   イ．床下張材は、JASに適合する厚さ24mm又は28mmの構造用合板を用いる。なお、本章4.8.3（大引き、束を用いた床組）の3のイにおける大引きの相互間隔が455mm以下の場合は、JASに適合する厚さ15mm、24mm又は28mmの構造用合板を用いる。
   ロ．上記のホルムアルデヒドの放散量に関する品質については、特記による。
   ハ．合板へのくぎ打ちはCN65又はCN75などを用い、間隔は外周部で150mm間隔以内、中間部で200mm以内とする。

4.8.5 土間コンクリート床の土台

1. 土間コンクリート床の場合には、土台を壁枠組の下枠と兼ねることができる。
2. 土台を下枠として使用する場合の土台の継手は、たて枠の中央で行い、寸法型式204、206又は208の土台を用いる場合は、土台から4本のCN90を木口打ち又はたて枠から4本のCN65を斜め打ちとし、寸法型式404の土台を使用する場合は、たて枠から4本のCN75を斜め打ちとする。

4.9 平屋建又は2階建の床枠組（最下階以外の床枠組）

4.9.1 床根太等

1. 床根太、端根太及び側根太の寸法は、寸法型式206、208、210、212若しくは306に適合するもの又は厚さ38mm以上、幅140mm以上で国土交通大臣による基準強度の指定を得たものであって、かつ、床根太、端根太若しくは側根太と土台、頭つなぎ（本章4.10.3（耐力壁の頭つなぎ）の4により頭つなぎを省略する場合にあっては、上枠。以下、本項において同じ。）若しくは床材との緊結に支障がないものを縦使いする。
2. 床根太相互の間隔は、本章4.9.11（50cmを超える床根太間隔）による場合を除き、500mm以内とする。
3. 床根太の断面は、構造計算による。
4. 床根太のくぎ打ちは、土台、頭つなぎ、床ばりなどに対して、2本のCN75を斜め打ちする。ただし、1,100N以上の短期許容せん断耐力を有するくぎ打ちは、特記による。
5. 次の場合は、構造計算に基づき、特記による。
   イ．床根太に、木質接着成形軸材料、木質複合軸材料、薄板軽量形鋼又は軽量H形鋼を使用する場合
   ロ．床版に、木質断熱複合パネル又は直交集成板を使用する場合

4.9.2 床根太の継手

1. 床根太の継手は、土台、頭つなぎ又は床ばりの上で行う。

2. 床根太の継手は、次のいずれかによるものとし、床根太と同寸のころび止めを入れる。
   イ. □重ね合わせて継ぐ場合は、床根太を100 mm以上重ね、3本のCN90を平打ちする。
   ロ. □添え木を用いて継ぐ場合は、床根太と同寸で長さは400 mm以上とし、くぎは6本以上のCN90を平打ちする。
   ハ. □金物を用いて継ぐ場合は、帯金物を用い、くぎは6本のZN40を平打ちする。
   ニ. □厚さ12 mm以上の構造用合板又は構造用パネル3級以上を用いて継ぐ場合は、床根太と同せいで長さ400 mm以上とし、くぎは6本以上のCN65を平打ちする。
3. 床根太の継手部分には、それぞれの床根太から、土台、頭つなぎ又は床ばりに対して2本のCN75を斜め打ちする。

4.9.3 側根太と端根太

1. 側根太には、同寸の添え側根太を添え付け、くぎ打ちは、CN75を両端部2本、中間部300 mm間隔以内に千鳥に平打ちする。
2. 端根太と側根太、添え側根太及び床根太との仕口は、それぞれ3本のCN90を木口打ちする。
3. 端根太部には、床根太間及び床根太と添え側根太の間に端根太と同寸のころび止め（以下、「端根太ころび止め」という。）を設け、それぞれ4本のCN75を平打ちする。ただし、耐力壁線で囲まれる部分の床面積が40 m²以下の場合で、かつ、床下張材を端根太の外側まで張りつめる場合、端根太ころび止めを省略することができる。この場合、端根太から土台又は頭つなぎへCN75を150 mm間隔以内で斜め打ちする。
4. 土台又は頭つなぎに対するくぎ打ちは、次による。
   イ. 側根太及び端根太からは、CN75を間隔250 mm以内に斜め打ちする。
   ロ. 添え側根太からはCN75を間隔500 mm以内に、端根太ころび止めからは1本のCN75を斜め打ちする。
5. 側根太と添え側根太の継手は、500 mm内外離して配置し、継手の両側200 mm内外の範囲内にそれぞれ3本のCN75を平打ちする。
6. 端根太の継手は、床根太間に設け、端根太と端根太ころび止めとのくぎ打ちは、継手の両側にそれぞれ3本のCN75を平打ちする。

4.9.4 ころび止め

1. 床根太に、寸法型式212に適合するもの又は辺長比（当該床根太に使用する製材の厚さに対する幅の比をいう。）が286を38で除した数値より大きい数値の製材を使用する場合にあっては、3.0 m以下ごとにころび止めを設けなければならない。ただし、当該床根太を2以上緊結して用いる場合又は床根太の支点間の距離を4.5 m未満とする場合は、ころび止めを省略することができる。
2. 居住室の間仕切り壁とその直上の床根太が直交する場合、又は平行するが間仕切り壁の直上に床根太（床根太と同寸のころび止めを含む。）が配置されない場合は、床根太と同寸のファイヤーストップ材を間仕切り壁直上に設ける。
3. 床根太と同寸若しくは1サイズ小さい寸法のころび止め、又は床根太と同寸のファイヤーストップ材のくぎ打ちは、3本のCN75を斜め打ちするか、3本のCN90を木口打ちする。

4.9.5 床開口部

4.9.5.1 一般事項

1. 床開口部を設ける場合の開口部の幅及び長さは、2.73 m以下とし、床開口部の補強等はこの項による。ただし、これによらない場合は、別途、構造計算により安全を確かめる。
2. 床に矩形の開口部を設ける場合の開口部まわりの構成は、次による。
   イ. 開口部端根太

ロ．開口部側根太

ハ．尾根太（開口部端根太に直交する床根太）

3. 開口部を補強する開口部端根太及び開口部側根太は、これを構成する床根太と同寸以上の寸法型式のものとする。

4.9.5.2 開口部端根太

1. 開口部端根太は、開口部の幅により、下表に示す寸法型式以上のものとする。

開口部の幅	寸法型式
1.2 m以下	206
1.82 m以下	2-208
2.73 m以下	2-210

2. 2枚開口部端根太のくぎ打ちは、本章4.9.7（床ばり）の3と同様とする。

3. 開口部端根太と尾根太との取付けは、次による。

    イ．尾根太の長さが1.82 m以下の場合は、開口部端根太から尾根太に3本のCN90を木口打ちした後、尾根太から開口部端根太へ2本のCN75を斜め打ちする。

    ロ．尾根太の長さが1.82 mを超える場合は、本章4.9.7（床ばり）の5の床ばりと床根太の仕口と同様の手法で、尾根太を開口部端根太に取り付ける。

4. 1枚開口部端根太と開口部側根太との取付けは、次による。

    イ．開口部端根太に取り付く尾根太の長さが1.82 m以下の場合は、開口部側根太から開口部端根太に3本のCN90を木口打ちした後、開口部端根太から開口部側根太へ2本のCN75を斜め打ちする。

    ロ．開口部端根太に取り付く尾根太の長さが1.82 mを超える場合は、本章4.9.7（床ばり）の5の床ばりと床根太の仕口と同様の手法で、開口部端根太を開口部側根太に取り付ける。

5. 2枚合わせ開口部端根太は、開口部側根太にはり受け金物を用いて取り付ける。ただし、耐力壁又は鉛直力を支持する壁（以下、「支持壁」という。）を次により設ける場合は、開口部側根太から開口部端根太へ1枚につき3本のCN90を木口打ちすることができる。

    イ．開口部端根太の端部に、耐力壁又は支持壁を設ける。

    ロ．耐力壁又は支持壁の端部のたて枠を合わせたて枠（3枚合わせとするか、又は寸法型式404にもう1枚たて枠を添えたもの）とし、開口部端根太及び開口部側根太を支持する。この場合、合わせたて枠のくぎ打ちは、CN90を上下端2本、中間部300 mm間隔以内に千鳥に平打ちする。

4.9.5.3 開口部側根太

1. 開口部側根太は、開口部の幅及び支点（耐力壁等）間の距離により、下表に示す寸法型式以上のものとする。

開口部の幅	支点間距離	寸法型式
0.5 m以下	—	206
0.91 m以下	2.73 m以下	2-208
	3.64 m以下	2-210
1.82 m以下	1.82 m以下	2-208
	2.73 m以下	3-208
	3.64 m以下	2-210
2.44 m以下	1.82 m以下	2-208
	2.73 m以下	2-210
	3.64 m以下	3-210
2.73 m以下	開口部端根太の端部がすべて耐力壁又は支持壁で支持される場合	206

2. 2枚又は3枚合わせ開口部側根太のくぎ打ちは、本章4.9.7（床ばり）の3による。

4.9.5.4 外壁に接する開口部端根太、開口部側根太

開口部を外壁に接して設ける場合の外壁面の補強は、次のいずれかによる。

イ. ☐外壁上にくる開口部の幅又は長さにより、外壁上にくる開口部端根太又は開口部側根太の枚数は、下表による。

外壁上にくる開口部の幅又は長さ	外壁上にくる開口部端根太又は開口部側根太の枚数
1.82 m以下	2枚合わせ
1.82 mを超え2.73 m以下	3枚合わせとするか、寸法型式408又は410の集成材

ロ. ☐開口部に接する外壁を、本章4.10.13(階段、スキップフロアーまわり等の壁構成)の手法による長いたて枠とする。

4.9.6 床枠組の補強

4.9.6.1 一般事項
耐力壁のずれ等による床枠組の補強等は、この項による。なお、この項によらない場合は、別途、構造計算等により安全を確かめる。

4.9.6.2 耐力壁が一致している場合
床枠組上部の耐力壁と床枠組下部の耐力壁又は土台が一致している場合(以下、「耐力壁が一致している場合」という。)の床枠組上部の耐力壁線直下の床枠組の補強は、次のいずれかによる。

イ. ☐耐力壁線に平行する直下の床根太は2枚合わせ以上とし、頭つなぎ又は土台にそれぞれCN75を250 mm以内の間隔で斜め打ちする。

ロ. ☐耐力壁線に直交する直下の床根太の間には、本章4.9.4(ころび止め)により床根太と同寸のころび止めを設け、頭つなぎ又は土台に3本のCN75を斜め打ちする。

4.9.6.3 根太と同せいのずれ
床枠組上部耐力壁と床枠組下部耐力壁又は土台が床枠組の床根太と同寸以内の範囲でずれて配置される場合(以下、「床根太と同せいのずれ」という。)の床枠組の補強は、次のいずれかによる。

イ. ☐床枠組の上部耐力壁に平行する直下の床根太は、2枚合わせ以上とする。また、床枠組の下部の耐力壁等に平行する直上の床根太の補強は、本章4.9.6.2(耐力壁が一致している場合)のイと同様とする。

ロ. ☐床枠組の上部耐力壁線に直交する直下の床根太の間には、本章4.9.4(ころび止め)により床根太と同寸のころび止めを設ける。また、床枠組の下部耐力壁線等に直交する直上の床根太の補強は、本章4.9.6.2(耐力壁が一致している場合)のロと同様とする。

4.9.6.4 オーバーハング
1. 床枠組上部の外壁が床枠組下部の外壁の位置より床根太のせい以上室外側に張り出す場合(以下、「オーバーハング」という。)の張出し幅は、910 mm以内とし、床枠組下部の外壁開口部まぐさ等の断面は、構造計算による。
2. オーバーハングした場合の床枠組の補強等は、次による。

イ. 床枠組下部の外壁に平行する直上の床根太は、2枚合わせ以上とし、それぞれ頭つなぎ及び床ばりにCN75を250 mm以内の間隔で斜め打ちする。

ロ. 床枠組下部の外壁に直交の床根太の間には、本章4.9.4(ころび止め)により床根太と同寸のころび止めを設け、頭つなぎに3本のCN75を斜め打ちする。

3. 2の床枠組の隅角部は、帯金物で補強する。

4.9.6.5 セットバック
1. 床枠組上部の外壁が床枠組下部の外壁の位置より床根太のせい以上室内側に後退し、かつ床枠組上部の外壁の下部に耐力壁線がない場合(セットバック)の床枠組等の構成は、次のイ又はロによる。この場合、床ばり又は床根太の断面は、構造計算による。

イ. 床根太と上部耐力壁線が平行の場合は床ばりを設けることとし、その仕様は本

章4.9.7（床ばり）による。

　　　ロ．床根太と上部耐力壁線が直交する場合は、本章4.9.6.4（オーバーハング）の2により床枠組の補強等を行う。

　2. 床枠組上部の外壁の下部に床ばりを設ける場合の床枠組等の構成は、次による。

　　　イ．床枠組（床下張材を含む。）は、下屋部分の外壁までのばし、下屋部分の外壁との緊結は、本章4.9.3（側根太と端根太）の4による。

　　　ロ．下屋部分の小屋は、床下張材を張りつめたあと、たる木が取り付く外周部に設けた補足上枠を用いて構成する。

　　　ハ．補足上枠は、寸法型式204とし、CN90を間隔250mm以内に平打ちする。

　　　ニ．下屋部分をバルコニーとすることができる。

4.9.6.6 下屋付き構造

　　床枠組上部の外壁が床枠組下部の外壁の位置より床根太のせい以上室内側に後退し、かつ床枠組上部の外壁の下部に耐力壁線を設ける場合（下屋付き構造）の床枠組等の構成は、次による。この場合、耐力壁線開口部まぐさの断面は、構造計算による。

　　　イ．床枠組と下部耐力壁との緊結は、本章4.9.3（側根太と端根太）の4と同様とする。

　　　ロ．下屋部分の天井部は、天井根太又はたる木による構成とすることができる。

　　　ハ．下屋部分の天井根太を床根太とし、バルコニーとすることができる。

4.9.7　床ばり

　1. 床根太を支える床ばりは、寸法型式208、210及び212のそれぞれ2枚合わせ若しくは3枚合わせ又は集成材の寸法型式408、410及び412とする。なお、集成材は寸法型式412を超える規格も用いることができる。

　2. 床ばりの断面は、構造計算による。

　3. 2枚合わせ床ばりのくぎ打ちは、両面からCN75を両端部2本、中間部200mm間隔以内に千鳥に平打ち、又はCN90を両端部2本、中間部200mm間隔以内に千鳥に平打ちする。3枚合わせ床ばりのくぎ打ちは、床ばりの両面からCN90を両端部2本、中間部400mm間隔以内に千鳥に平打ちする。

　4. 床ばりの両端部の支持は、次のいずれかによるものとし、支点への掛かりは、89mm以上とする。

　　　イ．□床ばりを耐力壁及び支持壁の上で支持する場合は、床ばりの下部に、床ばりの合わせ枚数と同数のたて枠又は床ばりと同じ幅のたて枠を床ばりの支持材として設ける。側根太は、2本の帯金物で補強し、くぎはそれぞれ6本のZN40を平打ちする。合わせたて枠による床ばりの受け材のくぎ打ちは、CN90を上・下端2本、中間部300mm間隔以内に千鳥に平打ちする。

　　　ロ．□床ばりを耐力壁及び支持壁の中で支持する場合は、壁の頭つなぎ及び上枠を床ばりの幅だけ欠き込んでおさめる。

　　　　頭つなぎ及び上枠は帯金物で補強し、くぎはそれぞれ6本のZN40を平打ちする。ただし、床ばりをおさめるために欠き込んだ上枠又は頭つなぎを、外壁下張材に構造用合板を用いて、つなぐように張る場合には、帯金物を省略することができる。

　　　　床ばりの直下の耐力壁内には、床ばりの合わせ枚数と同数のたて枠又は床ばりと同じ幅のたて枠を床ばりの支持材として設け、さらに床ばりの受け材の両側から添えたて枠を床ばりを抱くように設ける。

　　　　合わせたて枠で構成される床ばりの支持材及び補助たて枠のくぎ打ちは、CN90を上・下端2本、中間部300mm間隔に千鳥に平打ちする。

　5. 床ばりと床根太の仕口は、本章4.9.1（床根太等）の4によるほかは、次のいずれかによる。

　　　イ．□根太受け材を用いる場合は、寸法型式204の2つ割り（38mm×40mm以上）の根太受け材から床ばりへ3本のCN90を平打ちし、床根太を欠き込んで根太受け材にのせかける。床根太から床ばりへのくぎ打ちは、3本のCN75を斜め打

ちする。

  ロ. □金物を用いる場合は、床ばりに根太受け金物を取り付ける。

  ハ. □添え木を用いて継ぐ場合は、寸法型式204の2つ割り（38mm×40mm以上）
の根太受け材から床ばりへ3本のCN90を平打ちし、床根太を欠き込んで根太
受け材及び床ばりにのせかける。床根太の継手部分は、床ばり上に長さ400
mm以上の添え木を用い、4本のCN65を平打ちする。

6. 床ばりに鉄骨ばりを用いる場合は、特記による。ただし、この場合には構造耐力上
安全であることを確認する。

4.9.8 床根太の欠き込みと穴あけ

4.9.8.1 一般事項

  床根太を欠き込む場合は、この項による。なお、この項によらない場合は、別途、構造
計算等により安全を確かめる。

4.9.8.2 欠き込み

1. 欠き込みできる範囲は、床根太の支点位置からスパンの両端1/3以内とする。
2. 上下端の欠き込み深さ及び幅は、床根太せいのそれぞれ1/6以下、1/2以下とする。
ただし、床根太の端部支点で上端を欠き込む場合は、欠き込み幅を床根太のせい以
下とし、その深さを床根太のせいの1/3以下とすることができる。
3. 上下端とも欠き込む場合は、床根太のせい以上離して欠き込む。

4.9.8.3 穴あけその他

1. 床根太に穴をあける場合は、床根太の上下端よりそれぞれ50mm以上離して行い、
穴の最大径を床根太せいの1/3以内とする。
2. 連続して穴あけを行う場合又は穴あけと欠き込みを連続して行う場合は、穴相互間
又は穴と欠き込み部との距離はそれぞれ床根太のせいの長さ以上とする。
3. 便器などを取り付けるために、太管を配置する場合は、床根太と同じ寸法型式の製
材を管のまわりに設け、床根太との仕口は3本のCN90を木口打ちする。

4.9.9 床下張り

1. 床下張材の品質は、次のいずれかによる。

  イ. □合板のJASに適合する構造用合板で、厚さ12mm以上のもの

  ロ. □JIS A 5908（パーティクルボード）に適合するもののうち、18M若しくは
18Pタイプ、13M若しくは13Pタイプ、24−10M若しくは24−10Pタイプ、
17.5−10.5M若しくは17.5−10.5Pタイプ、又は30−15M若しくは30−15Pタ
イプで、厚さ15mm以上のもの

  ハ. □構造用パネルのJASに適合するもので1級、2級又は3級のもの（床根太相互
又は床根太と側根太の間隔が31cmを超える場合は1級又は2級のもの）

  ニ. □JIS A 5404（木質系セメント板）に適合する硬質木片セメント板で、厚さ18
mm以上のもの（ただし、床根太の間隔が31cm以下の場合に限る。）

  ホ. □JIS A 5905（繊維板）に適合するMDFで、30タイプ（Mタイプ、Pタイプ）
のもの

  ヘ. □JIS A 5440（火山性ガラス質複層板（VSボード））に適合するもののうち、H
Ⅲのもの

2. 上記のホルムアルデヒドの発散量に関する品質については、特記による。
3. 構造用合板は、表面繊維方向が床根太方向と直交するように張り、パーティクルボ
ード、構造用パネル、硬質木片セメント板、MDF及び火山性ガラス質複層板は、
長手方向が床根太方向と直交するように張る。
4. 床下張りは、千鳥張りとし、3本以上の床根太に掛かるようにする。
5. 接着剤を用いて床下張りを行う場合は、JIS A 5550（床根太用接着剤）に適合するも
ののうち、構造用一類のもの又はこれと同等以上の性能を有するものを、床根太部
分及び受け材部分又は本ざね部分のよごれ、付着物を除去したうえで塗布する。な

お、この場合の床根太の断面は、構造計算による。

6. 床下張材の突合せ部分には、寸法型式204の2つ割り（38 mm×40 mm以上）の受け材を入れる。ただし、次のいずれかによる場合には省略することができる。

 イ．□床根太間隔を310 mm以下とし、厚さ15 mm以上の構造用合板又は構造用パネルの2級を用いる。

 ロ．□床根太間隔を500 mm以下とし、厚さ18 mm以上の構造用合板又は構造用パネルの1級を用いる。

 ハ．□床根太間隔を310 mm以下とし、厚さ12 mm以上の構造用合板で、「日合連」、「カナダ林産業審議会」（以下、「COFI」（Council of Forest Industries Canada）という。）若しくは「APA－エンジニアード・ウッド協会」（以下、「APA」という。）で定める継手（本ざね）加工の規格に適合するもの、又はこれらと同等以上のものを用いる。ただし、各連続する床面において、異なる規格を混在して使用してはならない。

 ニ．□床根太間隔を310 mm以下とし、構造用パネル3級（厚さ11 mm以上）で、「APA」で定める継手（本ざね）加工の規格に適合するもの、又はこれらと同等以上のものを用いる。

 ホ．□床根太間隔を500 mm以下とし、厚さ15 mm以上の構造用合板で、「日合連」、「COFI」若しくは「APA」で定める継手（本ざね）加工の規格に適合するもの、又はこれらと同等以上のものを用いる。ただし、各連続する床面において、異なる規格を混在して使用してはならない。

 ヘ．□床根太間隔を500 mm以下とし、構造用パネル2級（厚さ15 mm以上）で、「APA」で定める継手（本ざね）加工の規格に適合するもの、又はこれらと同等以上のものを用いる。

 ト．□床根太間隔500 mm以下とし、厚さ15 mm以上のパーティクルボードで、日本繊維板工業会で定める継手加工の規格に適合するもの、又はこれらと同等以上のものを用いる。

 チ．□床根太間隔を500 mm以下とし、厚さ12 mm以上の構造用合板で、「日合連」、「COFI」若しくは「APA」で定める継手（本ざね）加工の規格に適合するもの、又はこれらと同等以上のものを用い、前号で定める床根太用接着剤を床根太部分及び本ざね部分に塗布する。ただし、各連続する床面において、異なる規格を混在して使用してはならない。

7. 床下張材のくぎ打ちは、次による。

 イ．CN50を周辺部150 mm間隔以内、中間部200 mm間隔以内で床根太又は床ばり及び受け材に平打ちする。ただし、MDF及び火山性ガラス質複層板のくぎ打ちは、特記による。

 ロ．短期許容せん断耐力が周辺部2,800N/m、中間部2,100N/m以上を有するくぎ打ちは、特記による。

8. 床下張材に湿潤によるふくらみ等のおそれのある材料を用いる場合は、突付け部分を2〜3 mmあけ、かつ、適切な防水措置を施す場合は、次のいずれかによる。

 イ．□タール系のペイント又は油性ペイントで、木口全面を塗布する。

 ロ．□目地の部分に防水テープを張る。

 ハ．□床養生シートを張る。

4.9.10 40 m²を超える区画

4.9.10.1 一般事項

平屋建又は2階建の住宅で、耐力壁線で囲まれた部分の床面積を40 m²を超え72 m²以下のもの（以下、「40 m²を超える区画」という。）とする場合の当該床枠組は、この項による。ただし、この項に掲げる事項に該当しないものについては、前各項による。

4.9.10.2 形状比

40 m²を超える区画で囲まれた床の形状は矩形とし、長辺（L）と短辺（D）の長さの比は、

次による。
    イ．40 m²を超え、60 m²以下の区画で囲まれた床の長辺（L）の長さは、短辺（D）の
      長さの3倍以下とする。
    ロ．60 m²を超え、72 m²以下の区画で囲まれた床の長辺（L）の長さは、短辺（D）の
      長さの2倍以下とする。

4.9.10.3 床枠組の緊結
1. 土台又は頭つなぎとの緊結は、次による。
    イ．側根太、添え側根太及び端根太からCN75を間隔250 mm以内に斜め打ちする。
    ロ．端根太ころび止めから、2本のCN75を斜め打ちする。
2. 40 m²を超える区画が建物の内部にある場合の土台又は頭つなぎとの緊結は、次によ
   る。
    イ．耐力壁線に平行する直下の床根太は、2枚合わせ以上とし、それぞれCN75を
      250 mm以内の間隔で斜め打ちする。
    ロ．耐力壁線に直交する直下の床根太の間に、本章4.9.4（ころび止め）による床根太
      と同寸の2枚合わせのころび止めを設け、それぞれCN75を床根太間に2本斜め
      打ちをする。
3. 床根太と同せいのずれの床枠組と壁枠組との緊結は、次による。
    イ．床枠組の上部耐力壁に平行する直下の床根太は、2枚合わせ以上とする。また、
      床枠組の下部の耐力壁等に平行する直上の床根太の補強は、2のイと同様とする。
    ロ．床枠組の上部耐力壁に直交する直下の床根太の間には、本章4.9.4（ころび止め）
      の項による床根太と同寸の2枚合わせのころび止めを設ける。また、床枠組の
      下部耐力壁等に直交する直上の床根太の補強は、2のロと同様とする。
4. オーバーハングした場合の床枠組と壁枠組との緊結は、次による。
    イ．1階耐力壁線直上の床根太が耐力壁と平行する場合は、床根太を2枚合わせとし、
      それぞれ頭つなぎ及び床ばりにCN75を250 mm間隔以内で斜め打ちする。
    ロ．1階耐力壁線直上の床根太が耐力壁と直交する場合は、床根太間に本章4.9.4（こ
      ろび止め）による2枚合わせの床根太と同寸のころび止めを設け、それぞれ
      CN75を床根太間に2本斜め打ちする。

4.9.10.4 床下張り
本章4.9.9（床下張り）によるほか、40 m²を超える区画の耐力壁線上のくぎ打ち間隔は、
100 mm以下とする。ただし、同項5の接着張りと併用する場合は、その間隔を150
mm以下とすることができる。

4.9.11 50 cmを超える床根太間隔

4.9.11.1 一般事項
1. 床根太間隔を50 cmを超え65 cm以下とする場合（以下、「50 cmを超える床根太間隔」
   という。）の床枠組は、この項による。ただし、この項に掲げる事項に該当しないも
   のについては、本章4.9（平屋建又は2階建の床枠組（最下階以外の床枠組））及び本章
   4.9.10（40 m²を超える区画）による。
2. 床根太の断面は、構造計算による。

4.9.11.2 端根太ころび止め
端根太ころび止めから土台又は頭つなぎに対するくぎ打ちは、3本のCN75を斜め打ち
とする。

4.9.11.3 床枠組の補強
本章4.9.10.3（床枠組の緊結）の2のロによるころび止めから頭つなぎ又は土台に対する
くぎ打ちは、それぞれCN75を床根太間に3本斜め打ちする。

4.9.11.4 床開口部
床開口部の補強は、本章4.9.5（床開口部）によるほか、構造上有効な補強を行う。

4.9.11.5 床下張り
1. 床下張材の品質は、次のいずれかによる。

イ．□合板のJASに適合する構造用合板で、厚さ15 mm以上のもの

ロ．□JIS A 5908（パーティクルボード）に適合するもののうち、18M若しくは18Pタイプ、13M若しくは13Pタイプ、24−10M若しくは24−10Pタイプ、17.5−10.5M若しくは17.5−10.5Pタイプ、又は30−15M若しくは30−15Pタイプで、厚さ18 mm以上のもの

ハ．□構造用パネルのJASに適合するもので1級のもの

2. 上記のホルムアルデヒドの発散量に関する品質については、特記による。

4.9.12 バルコニー

4.9.12.1 跳出しバルコニー

跳出しバルコニーとする場合の仕様は、次による。

1. 外壁心からの跳出し長さは、1.365 m以下とする。
2. 跳出し部分には同一階の床根太を直接持ち出し、その寸法は寸法型式210以上とする。
3. 床下張りは、本章4.9.9（床下張り）による。
4. FRP塗膜防水仕上げの下地は、次による。

イ．床下地板はJASに適合する普通合板の1類、若しくは構造用合板の1類又は特類、構造用パネルとする。

ロ．下地板を受ける根太間隔が350 mm以下では、下地板は厚さ12 mmを2枚張りとする。

ハ．下地板を受ける根太間隔が500 mm以下では、下地板は厚さ15 mmと12 mmの2枚張りとする。

ニ．専用の勾配付き断熱材を用いる場合は、下地板は厚さ12 mmを1枚張りとする。

ホ．イからニによらない場合の下地板張りは、特記による。

5. 下地板は1/50以上の勾配を設け、溝部分では1/200以上の勾配を設ける。2枚以上重ねる場合は継目が重ならないようにし、目違い、段差及び不陸が生じないようにする。
6. バルコニーの立上り壁の仕様は両面を外壁外側の仕様とし、外壁内通気を行う場合は本章4.10.10（外壁内通気措置）による。その他の仕様とする場合は、特記による。

4.9.12.2 その他のバルコニー

方づえ式バルコニー、既製金物等によるバルコニー、又はルーフバルコニー等は、特記による。

4.10 平屋建又は2階建の壁枠組

4.10.1 耐力壁

1. 耐力壁の幅はその高さの1/3以上とし、耐力壁線相互の間隔は12 m以下とする。
2. 耐力壁の下枠、たて枠及び上枠の寸法は、寸法型式204、205、206、208、304、306、404、405、406、408若しくは204Wに適合するもの又は厚さ38 mm以上、幅89 mm以上で国土交通大臣による基準強度の指定を得たものであって、かつ、下枠、たて枠若しくは上枠と床版の枠組材、頭つなぎ（本章4.10.3（耐力壁の頭つなぎ）の4により頭つなぎを省略する場合にあっては、上枠。以下、本項において同じ。）、まぐさ受け若しくは筋かいの両端部との緊結及び下枠若しくは上枠とたて枠との緊結に支障がないものとする。
3. たて枠相互の間隔は、本章4.10.17（50 cmを超えるたて枠間隔）による場合を除き500 mm以内とし、寸法型式204若しくは205に適合するもの又は厚さ38 mm以上、かつ、幅89 mm以上140 mm未満で国土交通大臣による基準強度の指定を得たものを多雪区域で用いる場合は350 mm以内とする。ただし、構造計算による場合には、350 mmを超え500 mm以内とすることができる。
4. 1、2階の耐力壁は、原則として、同じ耐力壁線上に設ける。なお、これらによらない場合の補強は、本章4.9.6（床枠組の補強）による。
5. 耐力壁の種類は、次表による。

耐力壁の種類と倍率

材料	断面	くぎ	くぎの間隔又は本数	倍率
構造用合板 化粧ばり構造用合板 (合板のJASに規定する特類で1級又は2級のもの) 構造用パネル (構造用パネルのJASに規定する 1級、2級又は3級のもの)	厚さ12 mm以上	CN65 CNZ65	外周部分5 cm以下 その他の部分20 cm以下	4.8
構造用パーティクルボード (JIS A 5908-2015に規定するもの) 構造用MDF (JIS A 5905-2014に規定するもの)	―	CN50 CNZ50		
構造用合板 化粧ばり構造用合板 (合板のJASに規定する特類で1級又は2級のもの)	厚さ12 mm以上	CN65 CNZ65	外周部分7.5 cm以下 その他の部分20 cm以下	4.5
構造用合板 化粧ばり構造用合板 (合板のJASに規定する特類で1級又は2級のもの) 構造用パネル (構造用パネルのJASに規定する 1級、2級、3級又は4級のもの)	厚さ9 mm以上	CN50 CNZ50	外周部分5 cm以下 その他の部分20 cm以下	3.7
構造用合板 化粧ばり構造用合板 (合板のJASに規定する特類で1級又は2級のもの) 構造用パネル (構造用パネルのJASに規定する 1級、2級又は3級のもの)	厚さ12 mm以上	CN65 CNZ65	外周部分10 cm以下 その他の部分20 cm以下	3.6
構造用合板 化粧ばり構造用合板 (合板のJASに規定する特類で1級のもの)	厚さ9 mm以上	CN50 CNZ50	外周部分10 cm以下 その他の部分20 cm以下	3.5
構造用合板 化粧ばり構造用合板 (合板のJASに規定する特類で1級のもの)	厚さ7.5 mm以上			
構造用合板 化粧ばり構造用合板 (合板のJASに規定する特類で2級のもの)	厚さ9 mm以上			
ハードボード (JIS A 5905-1994に規定するハードファイバー ボードの35タイプ又は45タイプのもの)	厚さ7 mm以上			
パーティクルボード (JIS A 5908-1994に規定する18タイプ、 13タイプ、24-10タイプ、17.5-10.5タイプ又は 30-15タイプのもの)	厚さ12 mm以上	CN50 CNZ50	外周部分10 cm以下 その他の部分20 cm以下	3.0
構造用パーティクルボード (JIS A 5908-2015に規定するもの)	―			
構造用MDF (JIS A 5905-2014に規定するもの)	―			
構造用パネル (構造用パネルのJASに規定する 1級、2級、3級又は4級のもの)	―			
構造用合板 化粧ばり構造用合板 (合板のJASに規定する特類で2級のもの)	厚さ7.5 mm以上	CN50 CNZ50	外周部分10 cm以下 その他の部分20 cm以下	2.5
ハードボード (JIS A 5905-1994に規定するハードファイバー ボードの35タイプ又は45タイプのもの)	厚さ5 mm以上			
硬質木片セメント板	厚さ12 mm以上			
フレキシブル板 (JIS A 5430-2001に規定するもの)	厚さ6 mm以上	GNF40 SF45	外周部分15 cm以下 その他の部分30 cm以下	2.0
構造用せっこうボードA種 (JIS A 6901-2005に規定するもの)	厚さ12 mm以上	GNF40、SF45 WSN、DTSN	外周部分10 cm以下 その他の部分20 cm以下	1.7

構造用せっこうボードB種 (JIS A 6901-2005に規定するもの)	厚さ12 mm以上	GNF40、SF45 WSN、DTSN	外周部分10 cm以下 その他の部分20 cm以下	1.5
製材（斜め張り）	厚さ13 mm以上 ×幅210 mm以上	CN50 CNZ50	下枠、たて枠及び 上枠2本	
強化せっこうボード (JIS A 6901-2005に規定するもの)	厚さ12 mm以上	GNF40、SF45 WSN、DTSN	外周部分10 cm以下 その他の部分20 cm以下	1.3
せっこうボード (JIS A 6901-2005に規定するもの)	厚さ12 mm以上	GNF40、SF45 WSN、DTSN		1.0
ラスシート	角波亜鉛鉄板部分 厚さ0.4 mm以上 メタルラス部分厚さ 0.6 mm以上	CN50 CNZ50	外周部分10 cm以下 その他の部分20 cm以下	
シージングボード (JIS A 5905-1994に規定するもの)	厚さ12 mm以上	SN40		
筋かい	厚さ18 mm以上 ×幅89 mm以上	CN65 CNZ65	下枠、たて枠及び 上枠2本	0.5
製材（横張り）	厚さ13 mm以上 ×幅210 mm以上	CN50 CNZ50		

備考1) 壁下張りを両面に張った場合の倍率は、それぞれの倍率の和とすることができるが、加算した場合の倍率は5.0を限度とする。
2) 表以外には、国土交通省告示第1541号に定めるもの及び建築基準法施行規則第8条の3に基づき国土交通大臣が個別に認定しているものがある。なお、一般材料として指定されているMDFと火山性ガラス質複層板についても、耐力壁に使用する場合には大臣認定が必要であり、倍率及び留付けは同認定による。

6. 耐力壁として用いる前表材料のホルムアルデヒドの発散量に関する品質については、特記による。
7. 通常の耐力壁の下枠の下端から頭つなぎの上端までの寸法は、2,450 mmを標準とする。
8. 片流れ屋根、切妻屋根等の矢切り部分及び吹抜け部分に長いたて枠を用いる場合のたて枠の高さの限度は、寸法型式204にあっては3.8 m、寸法型式206にあっては6.0 mまでとし、構造計算等によって決定する。

4.10.2 耐力壁の上枠及び下枠

1. 上枠及び下枠は、それぞれの壁面ごとに一体のものを用いる。やむを得ず、中途において継ぐ場合は、次のいずれかによる。
   イ. □上枠及び下枠の継手をたて枠の中央で行う場合は、たて枠にそれぞれCN90を4本木口打ちする。この場合、上枠の継手は、はりをおさめる場合を除いて、T字部には設けない。
   ロ. □上枠及び下枠の継手をたて枠相互間の中間位置で行う場合は、上枠の継手位置には添え上枠を設け、たて枠から1本のCN90を木口打ちした後、継手部分の上枠から4本のCN90を平打ちする。下枠の継手部分は下枠から4本のCN90を平打ちする。
      この場合、上枠と下枠は同一面材内では継がない。
2. 上枠とたて枠の仕口は、上枠側から2本のCN90を木口打ちとする。また、下枠とたて枠の仕口は、下枠側から2本のCN90を木口打ちするか、たて枠から3本のCN75を斜め打ちする。ただし、1,000N以上の短期許容せん断耐力を有するくぎ打ちは、特記による。

4.10.3 耐力壁の頭つなぎ

1. 頭つなぎは、上枠と同寸の寸法型式のものとし、なるべく長尺材を用い、継手は上枠の継手位置より600 mm以上離す。
2. 隅角部及びT字部での頭つなぎの仕口は、上枠と頭つなぎが、相互に交差し重なるようにおさめる。
3. 頭つなぎと上枠との接合は、次のいずれかによる。

イ． □本章4.10.1（耐力壁）の4による耐力壁で、外壁下張材が頭つなぎにくぎ打ちされる場合の接合は、頭つなぎから上枠へCN90を端部は2本、中間部は500mm間隔以内に平打ちとする。ただし、1,600N/m以上の短期許容せん断耐力を有するくぎ打ちは、特記による。

ロ． □本章4.10.1（耐力壁）の4による耐力壁で、外壁下張材が上枠にくぎ打ちされる場合の接合は、頭つなぎから上枠にCN90を端部は2本、中間部は250mm間隔以内に平打ちとする。

4. 上枠と同寸法以上の床版の枠組材（床根太、端根太又は側根太）又は小屋組の部材（たる木、天井根太又はトラス）を、当該上枠と構造耐力上有効に緊結する場合は、1から3によらず頭つなぎを省略することができることとし、留付け方法は特記による。

4.10.4 耐力壁のすみ柱

1. 耐力壁のすみ柱は、3本以上のたて枠で構成する。ただし、寸法型式204Wに適合する製材を1本使用したときは、寸法型式204に適合する製材を2本使用したものとみなし、寸法型式405に適合する製材を1本使用したときは、寸法型式204に適合する製材を3本使用したものとみなす。また、たて枠を寸法型式206以上とし、その間隔を一般地で50cm以下、多雪区域、垂直積雪量1.0m以下の区域で45cm以下、垂直積雪量1.0mを超え2.0m以下の区域で35cm以下とする場合、すみ柱のたて枠を2本とすることができる。

2. 耐力壁がL字型に接合する場合は、次のいずれかによる。

イ． □隅角部に開口部がない場合は、2本のたて枠の間に、たて枠と同寸で長さ300〜400mmのかい木を上、中、下部の3箇所に入れ、合わせたて枠をつくり、両側のたて枠からそれぞれ3本のCN90を千鳥に平打ちし、取り付く耐力壁の端部たて枠（以下、「取り付くたて枠」という。）と合わせたて枠の接合は、CN90をかい木のある部分に2本、その他の部分は300mm間隔以内に平打ちする。又は3本のたて枠を相互にCN90を300mm間隔以内に平打ちする。

ロ． □隅角部に開口部がある場合は、2本のたて枠の間に、厚さ12mmの構造用合板でたて枠と同じ幅、長さ300〜400mmのかい木を上、中、下部の3箇所に入れ、合わせたて枠をつくり、両側のたて枠からそれぞれ3本のCN90を千鳥に平打ちする。取り付くたて枠と合わせたて枠との接合は、CN90を上・下端それぞれ2本、中間部300mm間隔以内に千鳥に平打ちする。

3. 耐力壁がT字部に接合する場合は、次のいずれかによる。

イ． □T字部分に開口部がない場合で、T字部に壁下張材の目地部分がこない場合は、たて枠を平使いで用い、両側のたて枠からCN90を300mm間隔以内に平打ちする。壁と壁との接合には、取り付くたて枠からCN90を上・下端に2本、中間部300mm間隔以内に千鳥に平打ちする。また、T字部に壁下張材の目地がくる場合は、通常のたて枠と交差部側に2本の平使いのたて枠を用い、取り付くたて枠からCN90を300mm間隔以内で平打ちする。

ロ． □T字部に開口部がある場合は、2のロに準ずる。

4. 耐力壁が十字型に接合する場合は、次のいずれかによる。

イ． □十字部に開口部がない場合で、厚さ12mmの構造用合板をかい木として用い、合わせたて枠をつくる場合は、合わせたて枠のくぎ打ちを、2のロと同じとし、四方のたて枠から合わせたて枠には、それぞれCN90を上・下端に2本、中間部300mm間隔以内に千鳥に平打ちする。また、たて枠と同寸の木材をかい木用として用い、合わせたて枠をつくる場合は、合わせたて枠のくぎ打ちは、両側のたて枠からかい木にCN90を上・下端に2本、中間部300mm間隔以内に千鳥に平打ちし、その他のたて枠から合わせたて枠にもCN90を同様に平打ちする。

ロ． □十字部に開口部がある場合のくぎ打ちは、2のロに準ずる。

5. 耐力壁線の張り間方向とけた行方向とが直角に交わらない場合は、2に準じて行い、特記する。

4.10.5 非耐力壁

1. 非耐力壁は、たて枠、上枠、下枠及び頭つなぎにより構成し、鉛直荷重のみを支持する支持壁の場合は寸法型式204以上、間仕切り壁の場合は寸法型式203以上の製材又は集成材とする。ただし、頭つなぎは省略できる。

2. 非耐力壁のたて枠間隔は、下表を標準とする。

非耐力壁のたて枠間隔

寸法型式			開口部あり	開口部なし
支 持 壁	204	縦使い	455	455
間仕切り壁	204	縦使い	600	600
		平使い	—	455
	203	縦使い	455	600

3. 上枠とたて枠の仕口は、上枠から2本のCN90を木口打ちとする。また、下枠とたて枠の仕口は、下枠から2本のCN90を木口打ちとするか、たて枠から3本のCN75を斜め打ちとする。

4. たて枠は通しものとし、その長さは寸法型式203にあっては、2.7mまでとする。

5. 下枠から床枠組には、CN90をたて枠間に1本以上平打ちする。

6. 可動間仕切り壁などの製品の取付けは、製造所の仕様による。

4.10.6 耐力壁線の開口部

1. 耐力壁線に設ける開口部の幅は4m以下とし、その開口部の幅の合計は、その耐力壁線の長さの3/4以下とする。

2. 耐力壁線に幅900mm以上の開口部を設ける場合は、まぐさ及びまぐさ受けを用いる。

3. まぐさ受けは、開口部の幅が、2,730mm以上の場合は、2枚合わせの寸法型式204とするか、1枚の寸法型式404とする。開口部の幅が、2,730mm未満の場合は、1枚の寸法型式204とする。ただし、構造計算による場合はこれによる。
   なお、開口部の幅が1m以下で、まぐさが2枚合わせの寸法型式204又は206の場合は、まぐさ受けに代わりまぐさ受け金物が使用できる。
   ただし、外壁に使用する場合は、まぐさ受け金物が取り付くたて枠の外側にたて枠を1本添えて補強する。

4. まぐさの断面は、構造計算による。

5. 2枚合わせのまぐさの場合は、厚さ9mm又は12mmの構造用合板を原則として500mm以内にかい、両面からそれぞれ4本のCN75を平打ちする。

6. まぐさの両側には、たて枠を接合して配する。

7. 耐力壁線に設ける開口部まわりのくぎ打ちは、次による。
   - イ. まぐさ受けと窓台とのくぎ打ちは、まぐさ受けから窓台に2本のCN90を木口打ちするか、窓台からまぐさ受けに2本のCN75を斜め打ちする。
   - ロ. まぐさ受けからたて枠へのくぎ打ちは、CN90又はCN75を上・下端それぞれ2本、中間部300mm間隔以内に千鳥に平打ちする。開口部下部たて枠から下枠へのくぎ打ちは、3本のCN75を斜め打ちするか、下枠から開口部下部たて枠へ2本のCN90を木口打ちする。
   - ハ. まぐさには、たて枠から4本のCN90を木口打ちするか、又はまぐさからたて枠に4本のCN75を斜め打ちする。開口部上部たて枠からまぐさには、3本のCN75を斜め打ちする。
   - ニ. 窓台から開口部下部たて枠へのくぎ打ちは、2本のCN90を木口打ちする。
   - ホ. まぐさ受け金物による場合のくぎ打ちは、まぐさ受け金物からたて枠へ、まぐさの断面が2-204の場合は6本のZN65を平打ちし、まぐさの断面が2-206の

場合は10本のZN65を平打ちする。まぐさ受け金物からまぐさへは、2本のZN65を平打ちする。また、まぐさには、たて枠から2本のCN90を木口打ちするか、又はまぐさからたて枠に2本のCN75を斜め打ちする。

8. 出窓などの場合は、1から7に準じてまぐさを設ける。

4.10.7 両面開口部の補強等

4.10.7.1 一般事項

1. 建物外周部の隅角部に長さ900 mm以上の耐力壁を1以上設けることができない場合（以下、「両面開口」という。）の補強等は、2から7による。ただし、これによらない場合は、構造計算等によることとし、特記による。なお、この項に掲げる事項に該当しないものについては、本章4.10.6（耐力壁線の開口部）による。

2. 両面開口は、各階ごとに1箇所を限度とする。

3. 両面開口部双方の幅の合計は、4 m以下とする。

4. 開口部の側には、いずれも910 mm以上の本章4.10.9.3（構造用合板）又は本章4.10.9.4（構造用パネル）による構造用合板又は構造用パネル耐力壁（以下、「側壁」という。）を設ける。

5. 側壁の両側のたて枠の下部150 mm内外に、本章3.4.8（アンカーボルト）によるアンカーボルトを設ける。

6. 開口部の上下部には、下り壁及び高さ450 mm以上の腰壁を設け、いずれも耐力壁に用いる厚さの構造用合板又は構造用パネルを側壁部まで張りつめ、一体とする。ただし、2階建の場合いずれか片方の腰壁を、平屋建の場合は、腰壁を省略することができる。

7. 両面開口の隅角部には、寸法型式404又は同等断面以上の構造用集成材のすみ柱を設ける。

4.10.7.2 床枠組及び土台との緊結

1. 1階部分に両面開口を設ける場合、又は2階部分に両面開口を設けてその直下に床に達する開口部を設ける場合は、すみ柱、側壁の端部たて枠及びまぐさ受けと、1階の床枠組及び土台を、帯金物又はホールダウン金物で緊結する。

2. 基礎の構造を土間コンクリート床とし、両面開口を前項により設ける場合は、土台とすみ柱並びに側壁の端部たて枠及びまぐさ受けとはストラップアンカーで緊結する。

3. 2階部分に両面開口を設ける場合は、2階のすみ柱並びに側壁の端部たて枠及びまぐさ受けとそれらの直下の1階たて枠（開口部上部たて枠を含む。）とは、それぞれ帯金物2枚で緊結する。なお、この場合、緊結する部分の1階の壁のたて枠（開口部上部たて枠を含む。）は、2枚合わせとするか、又は寸法型式404を使用する。

4. 入隅部等で、すみ柱又はまぐさ受け材に帯金物が取り付けられない場合は、まぐさ受けを2枚合わせとするか、腰壁の開口部下部たて枠をまぐさ受けに添え付けて当該部分に帯金物又はホールダウン金物を取り付ける。
この場合のくぎ打ちは、2枚合わせのまぐさ受けはCN90で両端部2本、中間部200 mm間隔以内に千鳥打ち、下部たて枠は、CN90を両端部2本、中間部100 mm間隔以内に千鳥打ちする。

4.10.8 耐力壁の枠組材の欠き込み及び穴あけ

4.10.8.1 たて枠

1. 耐力壁のたて枠の欠き込みは、原則として、その断面のせいの1/4以下とし、1本のたて枠の欠き込みは1箇所とする。なお、1/4を超えて欠き込む場合は見込みを40 mm以上残し、欠き込みをされた部分をパイプガードで補強する。

2. 耐力壁のたて枠に配線・配管などの穴をあける場合は、原則として、その断面のせいの1/4以下とする。なお、1/4を超える場合は、一方の見込みを30 mm以上残し、見込みが30 mmに満たない側をパイプガードで補強する。また、穴の最大径は、寸

法型式204のたて枠にあっては40mm、寸法型式206にあっては50mmまでとする。

3. 1及び2によらない場合は、まぐさを設けて処理する。

4. 配線・配管等が壁下張材のくぎ打ち等によって損傷されるおそれのある場合は、1及び2にかかわらずパイプガードで保護する。

4.10.8.2 上下枠、頭つなぎの欠き込みと穴あけ

耐力壁の上下枠及び頭つなぎを配管やダクト工事のため、欠き込みや穴あけをする場合、その幅は上下枠および頭つなぎの幅の1/2以下とする。ただし、1/2を超える時は、2枚の寸法型式204、パイプガード又は帯金物で補強する。これ以外の場合で太い管を配する場合は、耐力上支障のない補強を行う。

4.10.9 外壁下張り

4.10.9.1 一般事項

1. 外壁下張材は、1階及び2階の床根太の部分で切断し、相互の上下間隔は、原則として、6mm以上あける。

2. 土間コンクリート床で土台と下枠を兼ねる場合は、外壁下張材を土台まで張りつめる。

3. 外壁下張材は、本章4.10.9.8(製材)により下張りを行う場合を除き、縦張りとする場合は、原則として、1枚の板で下枠又は土台及び頭つなぎ又は上枠まで張るものとする。

4. 外壁下張材を横張りとする場合又は縦張りとする場合で、やむを得ず壁面の中途で板を継ぐ場合は、継手部分に寸法型式204の2つ割り(38mm×38mm)以上の受け材を入れる。なお、国土交通大臣が認めた仕様による耐力壁においては、受け材を省略することができる。

5. 外壁下張材の現場搬入後の保管については、直接地面に接しないようにリンギ敷きの上にたわみがでないように材料を置き、シート掛けを行う。

6. 建方後、屋根ふきまでに期間があく場合は、屋根に養生シート等による仮防水を行う。また、開口部についても雨の吹込みを防ぐ措置を施す。

4.10.9.2 外壁下張材の品質

外壁下張材のホルムアルデヒドの発散量に関する品質については、特記による。

4.10.9.3 構造用合板

1. 構造用合板の品質は、合板のJASに適合する構造用合板で、特類とする。

2. 張り方は、3'×8'(910mm×2,440mm)若しくは3'×9'(910mm×2,730mm)版を縦張り、又は4'×8'(1,220mm×2,440mm)版を横張り若しくは縦張りとする。

3. くぎ打ちは、4.10.1(耐力壁)の5及び4.10.17.4(耐力壁)の1の表(耐力壁の種類と倍率)による。

4.10.9.4 構造用パネル

1. 構造用パネルの品質は、構造用パネルのJASに適合するもので、1級、2級、3級又は4級とする。

2. 張り方は、3'×8'(910mm×2,440mm)若しくは3'×9'(910mm×2,730mm)版を縦張り、又は4'×8'(1,220mm×2,440mm)版を横張り若しくは縦張りにし、たて枠上の継目は2〜3mmあける。

3. くぎ打ちは、4.10.1(耐力壁)の5及び4.10.17.4(耐力壁)の1の表(耐力壁の種類と倍率)による。

4.10.9.5 パーティクルボード

1. パーティクルボードの品質は、JIS A 5908(パーティクルボード)に適合するもので、18タイプ、13タイプ、24-10タイプ、17.5-10.5タイプ又は30-15タイプとする。なお、耐水性は耐水2(Pタイプ)とする。

2. 張り方は、3'×8'(910mm×2,420mm)若しくは3'×9'(910mm×2,730mm)版を縦張り、又は4'×8'(1,210mm×2,420mm)版を横張り若しくは縦張りにして、たて枠上の継目は2〜3mmあける。

3. くぎ打ちは、4.10.1（耐力壁）の5及び4.10.17.4（耐力壁）の1の表（耐力壁の種類と倍率）による。

4.10.9.6 硬質木片セメント板

1. 硬質木片セメント板の品質は、JIS A 5404（木質系セメント板）のうち硬質木片セメント板に適合するものとする。
2. 張り方は、3'×9'（910 mm×2,730 mm）版を縦張りする。
3. くぎ打ちは、4.10.1（耐力壁）の5の表（耐力壁の種類と倍率）による。

4.10.9.7 シージングボード

1. シージングボードの品質は、JIS A 5905（繊維板）のうちシージングボードに適合するものとする。
2. 張り方は、3'×8'（910 mm×2,420 mm）若しくは3'×9'（910 mm×2,730 mm）版を縦張り、又は4'×8'（1,210 mm×2,420 mm）版を横張り若しくは縦張りにして、たて枠上の継目は2～3 mmあける。
3. くぎ打ちは、4.10.1（耐力壁）の5及び4.10.17.4（耐力壁）の1の表（耐力壁の種類と倍率）による。

4.10.9.8 製材

1. 製材の品質は、製材のJASに適合する下地用製材で、板類の1級とする。
2. 張り方は、横張りの場合は継手の位置をたて枠の上で行い、隣接する板の継手が2つ以上並ばないようにし、斜め張りの場合はたて枠に対して45°に張る。
3. くぎ打ちは、4.10.1（耐力壁）の5の表（耐力壁の種類と倍率）による。

4.10.9.9 ハードボード

1. ハードボードの品質は、JIS A 5905（繊維板）のうちハードファイバーボードに適合するもので、35タイプ又は45タイプとする。なお、7 mm未満のハードボードを用いる場合は、施工する1～2日前にきれいな水をハードボード裏面にまんべんなく散布し、裏面と表面を合わせて平積みし、シートなどでおおい養生する。
2. 張り方は、パーティクルボードと同様とする。
3. くぎ打ちは、4.10.1（耐力壁）の5及び4.10.17.4（耐力壁）の1の表（耐力壁の種類と倍率）による。

4.10.9.10 MDF

1. MDFの品質は、JIS A 5905（繊維板）のうちミディアムデンシティファイバーボード（MDF）に適合するもので、曲げ区分30タイプ、接着剤区分はMタイプ又はPタイプとする。
2. 張り方及びくぎ打ちは、国土交通大臣の認定を受けた仕様により特記による。

4.10.9.11 フレキシブル板

1. フレキシブル板の品質は、JIS A 5430（繊維強化セメント板）のうちスレート（ボード）に適合するフレキシブル板とする。
2. 張り方は、3'×8'（910 mm×2,420 mm）若しくは3'×9'（910 mm×2,730 mm）版を縦張りとする。
3. くぎ打ちは、4.10.1（耐力壁）の5及び4.10.17.4（耐力壁）の1の表（耐力壁の種類と倍率）による。

4.10.9.12 構造用パーティクルボード

1. 構造用パーティクルボードの品質は、JIS A 5908（パーティクルボード）に適合する構造用パーティクルボードとする。
2. 張り方は、3'×8'（910 mm×2,420 mm）若しくは3'×9'（910 mm×2,730 mm）版を縦張りにして、たて枠上の継目は2～3 mmあける。
3. くぎ打ちは、4.10.1（耐力壁）の5の表（耐力壁の種類と倍率）による。

4.10.9.13 構造用MDF

1. 構造用MDFの品質は、JIS A 5905（繊維板）のうちMDFに適合する構造用MDFとする。
2. 張り方は、3'×8'（910 mm×2,420 mm）若しくは3'×9'（910 mm×2,730 mm）版

を縦張りにして、たて枠上の継目は2〜3mmあける。

  3. くぎ打ちは、4.10.1(耐力壁)の5の表(耐力壁の種類と倍率)による。

4.10.9.14 火山性ガラス質複層板

  1. 火山性ガラス質複層板(VSボード)の品質は、JIS A 5440(火山性ガラス質複層板(VSボード))に適合するもので、かさ比重分類H、曲げ強度区分Ⅲとする。

  2. 張り方及びくぎ打ちは、国土交通大臣の認定を受けた仕様により特記による。

4.10.10 外壁内通気措置

4.10.10.1 一般事項

外壁における通気措置は、次のいずれかによる。

  1. ☐外壁内に通気層を設け、壁体内通気を可能とする構造とする。

    イ. 防風防水材は、JIS A 6111(透湿防水シート)に適合する透湿防水シート等、気密性と防水性及び湿気を放散するに十分な透湿性を有する材料とする。

    ロ. 通気層に用いる胴縁は、原則として乾燥材とする。

    ハ. 通気層の構造は、次のいずれかによる。

      (イ)☐土台水切り部から軒天井見切り縁又は軒裏通気孔に通気できる構造

      (ロ)☐土台水切り部から天井裏を経由し、小屋裏換気孔に通気できる構造

    ニ. 外壁仕上材及びその下地工法、土台水切り、見切り縁などは外壁内通気に支障ないものとし、特記による。

  2. ☐1によらない場合は、特記による。

4.10.10.2 工法

本章4.10.10.1(一般事項)の1により、外壁内に通気層を設け、壁体内通気を可能とする場合の工法は、次による。

  1. 防風防水材の施工は、開口部まわり、外壁上下端部及び取合い部分の雨水処理、水切り取付け等の必要な先工事の終了後に行う。

  2. 防風防水材は、下方向から上方向によろい状に張り上げ、重ね幅は上下方向90mm、左右方向150mm以上とし、たるみ、しわのないように張る。開口部まわりの処理は、本章11.1(外部建具及び止水)による。留付けは、ステープルで継目部分は300mm間隔、その他の箇所は要所に行う。

  3. 通気胴縁は厚さ15mm以上、幅45mm以上で、外壁材留付けに適切な幅とし、かつ、外壁仕上材及び下地材の重量を躯体に伝達できるものとする。なお、外壁材を張る方向により縦胴縁、又は横胴縁のいずれかを用いる。

    イ. 縦胴縁とする場合は、仕上材継目部、壁の出隅部及び入隅部では、通気胴縁の幅を90mm以上とする。開口部周囲は、建具枠周囲の通気が可能なように30mm程度のすき間を設ける。なお、上下端部は雨仕舞よくおさめる。

    ロ. 横胴縁とする場合は、仕上材継目部、壁の出隅部及び入隅部では、通気胴縁の幅を90mm以上とし、胴縁端部及び長さ1,820mm内外に30mm程度の通気のあきを設ける。

  4. 胴縁を用いない通気措置は、特記による。

4.10.11 筋かい

  1. 筋かいは、寸法型式104及び106の2種類とし、たすきには入れないものとする。

  2. 筋かいは、幅900mm以上の壁にわたるように入れ、筋かいを開口部の上下の壁まで使うことが望ましい。

  3. 筋かいは、下枠に対して45°以上、たて枠2つ以上にわたるように入れる。

  4. 筋かいは、たて枠、上枠及び下枠を欠き込んで入れる。この場合、施工順序によっては、頭つなぎを欠き込むことができる。

  5. 筋かいのくぎ打ちは、筋かいから頭つなぎ、上枠、たて枠及び下枠に対してそれぞれ2本のCN65又はCNZ65を平打ちする。ただし、1,100N以上の短期許容せん断耐力を有するくぎ打ちは、特記による。

4.10.12 ころび止め

1. 筋かいを用いる耐力壁の場合、外壁のたて枠相互間には、寸法型式204のころび止めをできるだけ設けるものとする。
2. ころび止めのくぎ打ちは、たて枠から2本のCN90を木口打ちするか、又は2本のCN75をころび止めからたて枠へ斜め打ちする。

4.10.13 階段、スキップフロアーまわり等の壁構成

1. スキップフロアー等を支持する壁の構成は、床面のレベルごとにそれぞれ独立の壁を設ける場合を除いて、次の2から5による。
2. たて枠は寸法型式206を用い、たて枠を欠き込んで根太受け材（リボンプレート）を入れ、床根太をリボンプレートに載せる。
3. リボンプレートは寸法型式106以上を用い、たて枠に2本のCN75を平打ちする。
4. 床根太は、たて枠に5本のCN90を平打ちする。
5. 壁及び床には、たて枠及び床根太と同寸のかい木兼ファイヤーストップ材を入れる。

4.10.14 住戸間の界壁

連続建ての住戸間の界壁の構造は、次のいずれかとし、小屋裏又は天井裏まで達せしめる。

　イ. □二重壁とし、それぞれたて枠の室内側には厚さ12mm以上のせっこうボードを2枚、壁心側には厚さ12mm以上のせっこうボードを1枚張る。

　ロ. □二重壁とし、それぞれのたて枠の室内側には厚さ12mm以上のせっこうボードを2枚張る。また、界壁の室内には厚さ50mm以上のロックウール（かさ比重0.04以上）又はグラスウール（かさ比重0.02以上）を入れる。

　ハ. □一重壁とし、下枠、上枠及び頭つなぎに寸法型式206を用い、たて枠は、寸法型式204を間隔250mm以内に千鳥に配置し、室内側に厚さ12mm以上のせっこうボードを2枚張る。また、界壁の内部には厚さ50mm以上のロックウール（かさ比重0.04以上）又はグラスウール（かさ比重0.02以上）を入れる。

4.10.15 壁枠組と床枠組及び土台との緊結

1. 外壁下張材が土台又は端根太若しくは側根太までくぎ打ちされている場合の壁枠組と床枠組との緊結は、下枠から端根太及び側根太へCN90を、たて枠間に1本平打ちする。ただし、1,600N/m以上の短期許容せん断耐力を有するくぎ打ちは、特記による。この場合、外壁下張材の上下の継手部分には6mm以上の目地をあける。
2. 外壁下張材が土台又は端根太若しくは側根太まで達しない場合の壁枠組と床枠組との緊結は、下枠から端根太及び側根太へCN90をたて枠間に2本平打ちする。
3. 内部の耐力壁と床枠組との緊結は、下枠から床根太又はころび止めへCN90をたて枠間に2本平打ちする。
4. 外壁の隅角部すみ柱又は外壁の開口部の両端に接する耐力壁のまぐさ受けが取り付くたて枠の下部の補強は、次による。

　イ. 2階にあっては、下階の壁のすみ柱又はたて枠と帯金物を用いて緊結する。なお、帯金物は外壁下張材を介して取り付けることができる。

　ロ. 1階にあっては、1階床を床枠組で構成する場合は、たて枠と土台及び端根太又は側根太とを帯金物で、1階床を本章3.4.5（土間コンクリート床）による土間コンクリート床で構成する場合は、たて枠と土台とをかど金物で緊結する。なお、帯金物は外壁下張材を介して取り付けることができる。

　ハ. 上記イ又はロにおいて構造用合板又は硬質木片セメント板を、2階にあっては端根太又は側根太まで、1階にあっては土台まで張りつめた場合は、帯金物又はかど金物を省略することができる。

4.10.16 40 m² を超える区画

4.10.16.1 一般事項

40 m² を超える区画の壁枠組は、この項による。ただし、この項に掲げる事項に該当しないものについては、本章4.10.1（耐力壁）から本章4.10.15（壁枠組と床枠組及び土台との緊結）までの各項による。

4.10.16.2 壁枠組と床枠組との緊結

1. 外壁下張材が土台又は端根太若しくは側根太までくぎ打ちされている場合の外壁と床枠組との緊結は、下枠から床枠組へCN90をたて枠間に2本平打ちする。
2. 外壁下張材が土台又は端根太若しくは側根太に達しない場合の壁枠組と床枠組との緊結は、下枠から端根太及び側根太へ、2階にあってはCN90をたて枠間に2本、1階にあってはCN90をたて枠間に4本平打ちする。
3. 内部の耐力壁と床枠組との緊結は、下枠から床根太又はころび止めへ、2階にあってはCN90をたて枠間に2本、1階にあってはCN90をたて枠間に4本平打ちする。

4.10.17 50 cm を超えるたて枠間隔

4.10.17.1 一般事項

たて枠間隔を50 cmを超え65 cm以下とする場合（以下、「50 cmを超えるたて枠間隔」という。）の壁枠組は、この項による。ただし、この項に掲げる事項に該当しないものについては、本章4.10.1（耐力壁）から本章4.10.16（40 m²を超える区画）までの各項による。

4.10.17.2 たて枠

1. たて枠の寸法型式は、次による。
   - イ. 多雪区域以外の区域における2階建の1階は208以上又は厚さ38 mm以上、かつ、幅184 mm以上で国土交通大臣による基準強度の指定を得たものとし、平屋建及び2階建の2階は204以上とする。
   - ロ. 多雪区域におけるたて枠の寸法型式は、特記による。
2. たて枠に寸法型式204を用いる場合のたて枠には、原則として、欠き込みを行ってはならない。ただし、配線・配管などのために穴をあける場合は、その径を断面せいの1/4以下とするか、その径が断面せいの1/4を超える時は同寸法のたて枠を添えて補強する。

4.10.17.3 たる木及び床根太とたて枠とのずれ

たる木及び床根太とたて枠の位置がずれる場合は、上枠を1枚重ねて補強する。なお、補強する上枠と上枠との接合は、本章4.10.3（耐力壁の頭つなぎ）による。

4.10.17.4 耐力壁

1. 耐力壁の種類は、次表による。

耐力壁の種類と倍率

耐力壁の種類				倍率
材料	断面	くぎ	くぎの間隔又は本数	
構造用合板 化粧ばり構造用合板 (合板のJASに規定する特類で1級のもの)	厚さ7.5mm以上	CN50 CNZ50	外周部分10cm以下 その他の部分20cm以下	3.0
構造用合板 化粧ばり構造用合板 (合板のJASに規定する特類で2級のもの)	厚さ9mm以上			
構造用パネル (構造用パネルのJASに規定する 1級、2級、3級又は4級のもの)	－			
ハードボード (JIS A 5905-1994に規定するハードファイバーボードの35タイプ又は45タイプのもの)	厚さ7mm以上			
パーティクルボード (JIS A 5908-1994に規定する18タイプ、13タイプ、24-10タイプ、17.5-10.5タイプ又は30-15タイプのもの)	厚さ12mm以上			
構造用合板 化粧ばり構造用合板 (合板のJASに規定する特類で2級のもの)	厚さ7.5mm以上	CN50 CNZ50	外周部分10cm以下 その他の部分20cm以下	2.5
ハードボード (JIS A 5905-1994に規定するハードファイバーボードの35タイプ又は45タイプのもの)	厚さ5mm以上			
構造用せっこうボードA種 (JIS A 6901-2005に規定するもの)	厚さ12mm以上	GNF40、SF45 WSN、DTSN	外周部分10cm以下 その他の部分20cm以下	1.7
構造用せっこうボードB種 (JIS A 6901-2005に規定するもの)	厚さ12mm以上	GNF40、SF45 WSN、DTSN	外周部分10cm以下 その他の部分20cm以下	1.5
フレキシブル板 (JIS A 5430-2001に規定するもの)	厚さ6mm以上	GNF40 SF45	外周部分15cm以下 その他の部分30cm以下	1.5
強化せっこうボード (JIS A 6901-2005に規定するもの)	厚さ12mm以上	GNF40、SF45 WSN、DTSN	外周部分10cm以下 その他の部分20cm以下	1.3
せっこうボード (JIS A 6901-2005に規定するもの) シージングボード (JIS A 5905-1994に規定するもの)	厚さ12mm以上	GNF40、SF45 WSN、DTSN SN40	外周部分10cm以下 その他の部分20cm以下	1.0
筋かい	厚さ18mm以上 ×幅89mm以上	CN65 CNZ65	下枠、たて枠及び 上枠2本	0.5

備考1) 壁下張りを両面に張った場合の倍率は、それぞれの倍率の和とすることができるが、加算した場合の倍率は5.0を限度とする。

2) 表以外には、国土交通省告示第1541号に定めるもの及び建築基準法施行規則第8条の3に基づき国土交通大臣が個別に認定しているものがある。なお、一般材料として指定されているMDFと火山性ガラス質複層板についても、耐力壁に使用する場合には大臣認定が必要であり、倍率及び留付けは同認定による。

2. 耐力壁として用いる前表材料のホルムアルデヒドの発散量に関する品質については、特記による。

4.10.17.5 壁下張り

1. 構造用合板を使用する場合は、4'×8'版の横張りとし、継手部分に寸法型式204の受け材を入れる。

2. 構造用合板の縦張り及び構造用合板以外の材料を張る場合は、たわみを生じないよう、また使用上の支障のないよう受け材、ころび止めで補強する。

4.10.17.6 壁枠組と床枠組の緊結

1. 外壁下張材が土台又は端根太若しくは側根太までくぎ打ちされている場合の外壁と床枠組との緊結は、下枠から床枠組へCN90をたて枠間に3本平打ちする。

2. 外壁下張材が土台又は端根太若しくは側根太に達しない場合の壁枠組と床枠組との緊結は、下枠から端根太及び側根太へ、2階にあってはCN90をたて枠間に3本、1階にあってはCN90をたて枠間に5本平打ちする。

3. 内部の耐力壁と床枠組との緊結は、下枠から床根太又はころび止めへ、2階にあってはCN90をたて枠間に3本、1階にあってはCN90をたて枠間に5本平打ちする。

4.11 支持柱

4.11.1 一般事項

多雪区域以外の区域ではりからの鉛直力を支持する柱（以下、「支持柱」という。）を設ける場合は、この項による。ただし、この項によらない場合又は多雪区域は、構造計算等により安全を確かめる。

4.11.2 支持柱及びはり

支持柱は寸法型式606の集成材とし、はりは6インチ系列の集成材を標準とする。

4.11.3 床枠組及びはりとの緊結

支持柱と床枠組及びはりとの緊結は、次による。

イ．支持柱が載る床下張材は構造用合板とし、支持柱は床下張材の上に柱脚金物を介して設ける。支持柱直下の床根太は、支持柱と同寸幅以上となるよう補強する。

ロ．支持柱の柱脚は、柱脚金物を用いて床枠組に緊結する。柱脚金物から床枠組へのくぎ打ちは、ZN65を8本平打ちする。支持柱と柱脚の緊結は、打込みピン（φ14）により行う。

ハ．支持柱の柱頭は、柱頭金物を用いて床ばりに緊結する。柱頭金物から床ばりへのくぎ打ちは、ZN65を8本平打ちする。柱頭金物から支持柱へのくぎ打ちは、ZN65を6本平打ちする。

4.11.4 基礎及び基礎との緊結

1. 支持柱の直下には、上階からの鉛直力及び地耐力を考慮した鉄筋コンクリート造による独立基礎等を設ける。

2. 支持柱直下の土台又は大引きは支持柱と同寸幅以上となるよう補強し、独立基礎にアンカーボルトにて緊結する。

4.12 平屋建又は2階建の小屋組

4.12.1 一般事項

1. 小屋組は、屋根形状、屋根ふき材の種類に応じて、屋根勾配、軒の出などを考慮するものとし、次による。

イ．屋根形状は、雨仕舞のよい形状とする。

ロ．屋根勾配は、屋根ふき材と流れ長さに適した勾配を確保し、かつ、1/10以上とする。

ハ．軒の出及びけらばの出は、外壁を本章4.10.10.1（一般事項）の1による壁体内通気を可能とする構造としない場合は、次のいずれかによる。

(イ)軒の出及びけらばの出を60cm以上とする。

(ロ)軒の出及びけらばの出を30cm以上とし、かつ、外壁には雨水の浸入を防止する有効な仕上げを施す。

2. 小屋組を構成するたる木及び天井根太の寸法は、寸法型式204、205、206、208、210、212若しくは304、306に適合するもの又は厚さ38mm以上、幅89mm以上で国土交通大臣による基準強度の指定を得たものであって、かつ、たる木若しくは天井根太とむな木、頭つなぎ（本章4.10.3（耐力壁の頭つなぎ）の4により頭つなぎを省略する場合にあっては、上枠。以下、本項において同じ。）若しくは屋根下地材との緊結に支障がないものとし、それら相互の間隔は650mm以内とする。

3. たる木の断面は、構造計算による。

4. 小屋組は、振止めを設ける等、水平力に対して安全なものとする。

5. 小屋組の構成は、次のいずれかによる。

イ．□たる木方式：たる木、天井根太及びむな木によるもの

ただし、勾配が2.5/10以下の場合、むな木の左右のたる木の長さ及び勾配が異

なる場合又はすべてのたる木と天井根太の走行方向が異なる場合は、屋根ばり方式による。

ロ. □屋根ばり方式：屋根ばり又は耐力壁又は、支持壁によって支持されるたる木によるもの

ハ. □トラス方式：合板ガセット又はメタルプレートコネクターを用いたトラスによるもの

ニ. □束建て方式：たる木、屋根ばり、束を天井ばりで支持するもの

6. 次の場合は、構造計算に基づき、特記による。

イ. 屋根版に木質断熱複合パネル又は直交集成板を使用する場合

ロ. 天井根太に軽量H形鋼を使用する場合

4.12.2 たる木による切妻屋根

4.12.2.1 天井根太

1. 天井根太から頭つなぎ又ははりに対しては、2本のCN75を斜め打ちする。ただし、1箇所当たり1,100N以上の短期許容せん断耐力を有するくぎ打ちは、特記による。

2. 天井根太の継手は、耐力壁又ははりの上で、本章4.9.2（床根太の継手）の2と同様な手法で行い、金物を用いて継ぐ場合の帯金物はS-90とする。ただし、くぎ打ち本数は、本章4.12.2.5（たる木と天井根太の接合）の1による。

3. 継手部分の天井根太から頭つなぎ又ははりに対しては、CN75を両側からそれぞれ2本斜め打ちする。

4. 小屋裏部屋を設けない場合の天井根太をはりで支持する場合のはりの断面は、構造計算による。

5. はりの構成及び端部の支持方法は、本章4.9.7（床ばり）と同様とする。ただし、天井根太を根太受け金物又は根太掛けを用いてはりに取り付ける場合は、向かい合う天井根太同士を帯金物等を用いて緊結し、そのくぎ打ち本数は、本章4.12.2.5（たる木と天井根太の接合）の1による。

6. 天井根太面に開口部を設ける場合は、本章4.9.5（床開口部）に準ずる。

7. 天井根太に薄板軽量形鋼及び軽量H形鋼を使用する場合は、構造計算に基づき、特記による。

4.12.2.2 妻小壁

1. 妻側にけらばを出さない場合の妻小壁は、妻小壁たて枠を欠き込んでたる木をおさめ、たる木より2本のCN75を平打ちし、妻小壁たて枠から頭つなぎへは3本のCN75を斜め打ちする。

2. 妻側にけらばを出す場合の妻小壁は、次による。

イ. 妻小壁は、妻小壁たて枠及び平使いの妻小壁上枠を用いて構成し、妻小壁上枠から妻小壁たて枠へは2本のCN90を木口打ち、妻小壁たて枠から頭つなぎへは3本のCN75を斜め打ちする。

ロ. 妻小壁をあらかじめ構成する場合には、妻小壁下枠を用い、妻小壁下枠から妻小壁たて枠に2本のCN90を木口打ちする。

ハ. むな木の支持は妻小壁たて枠で行い、その両側に添え妻小壁たて枠を設け、添え妻小壁たて枠から妻小壁たて枠（支持材）へCN90を上・下端2本、中間部150mm間隔以内に千鳥に平打ちする。

ニ. 妻小壁と下部外壁との緊結は、本章4.10.15（壁枠組と床枠組及び土台との緊結）に準ずる。

4.12.2.3 むな木とたる木の接合

1. むな木は、たる木より1サイズ以上大きな寸法型式のものを用い、頂部は勾配に沿って角度を付ける。ただし、むな木に代えて合板ガセットを用いる場合は、本章4.12.2.7（たる木つなぎ）のハによる。

2. たる木からむな木へは、3本のCN75を斜め打ちする。ただし、1箇所当たり1,700N以上の短期許容せん断耐力を有するくぎ打ちは、特記による。

4.12.2.4 たる木と頭つなぎの接合

1. たる木と頭つなぎの接合は、次による。
   - イ．たる木は、外壁の頭つなぎの部分で欠き込んでおさめる。ただし、たる木が寸法型式204の場合は、欠き込みを行ってはならない。
   - ロ．たる木の欠き込み幅は、原則として、75 mm以上、欠き込み深さはたる木のせいの1/3以内とする。
2. たる木から頭つなぎに対しては、2本のCN75を斜め打ちする。ただし、1箇所当たり1,100 N以上の短期許容せん断耐力を有するくぎ打ちは、特記による。

4.12.2.5 たる木と天井根太の接合

1. たる木と天井根太の接合はCN90又はCN75を平打ちし、その本数は、下表による。ただし、1箇所当たり2,400N以上の短期許容せん断耐力を有するくぎ打ちは、特記による。

緊結する部分	くぎの種類	くぎの本数
たる木と天井根太	CN90	3本
	CN75	4本

2. 部分的にたる木と天井根太の走行方向が異なる場合は、次による。
   - イ．頭つなぎ部のたる木に最も近い天井根太（以下、「隣接天井根太」という。）から持送り天井根太をのばし、前項に準じてたる木と接合する。
   - ロ．持送り天井根太は、2枚合わせとした隣接天井根太に3本のCN75を斜め打ちした後、かど金物で緊結する。

4.12.2.6 軒の張出し

1. 軒を張り出す場合は、たる木と同寸の腕木、けらばたる木及び配付けたる木を用いて、次のいずれかにより構成する。
   - イ．□軒の出が0.5 m以下の場合は、けらばたる木を軒の出と同じだけ内部にのばして、たる木に取り付ける。
   - ロ．□軒の出が0.5 mを超え1 m以下の場合は、けらばたる木を2つのたる木間隔だけ内部にのばし、これを受けるたる木及び腕木は2枚合わせとする。けらばたる木は、2枚合わせたる木に根太受け金物で固定する。
2. 腕木、けらばたる木及び配付けたる木には、たる木、腕木又は破風板から2本のCN90を木口打ちする。
3. けらばたる木の相互間には、けらばたる木と同寸のころび止めを設ける。ころび止めのくぎ打ちは、けらばたる木より2本のCN90を木口打ちとするか、ころび止めからけらばたる木に3本のCN75を斜め打ちする。また、ころび止めから妻小壁上枠へは、CN75をけらばたる木間に2本斜め打ちする。
4. けらばたる木と妻小壁との緊結は、妻小壁上枠に両側からそれぞれ2本のCN75を斜め打ちし、あおり止め金物により緊結する。

4.12.2.7 たる木つなぎ

たる木つなぎは、次のいずれかにより設ける。
   - イ．□たる木つなぎに寸法型式106又は204を用いる場合は、天井裏スペースの頂部から1/3以内の位置に、たる木2本おきに設ける。寸法型式106のたる木つなぎは、それぞれのたる木に4本のCN65を、寸法型式204のたる木つなぎは、それぞれのたる木に3本のCN90を平打ちする。
   - ロ．□帯金物をたる木つなぎに用いる場合は、屋根下張りを行った後、たる木1本おきに、それぞれのたる木に4本のZN40を平打ちする。
   - ハ．□厚さ12 mm以上の構造用合板ガセットをたる木つなぎに用いる場合は、それぞれのたる木に4本のCN65を平打ちする。この場合は、たる木の間に、むな木と同寸のころび止めを入れる。ころび止めのくぎ打ちは、たる木から2本のCN90を木口打ちするか、ころび止めから3本のCN75を斜め打ちする。

4.12.2.8 外壁との緊結

1. たる木、けらばたる木、配付けたる木（以下、「たる木等」という。）及び腕木と外壁の緊結は、あおり止め金物により緊結する。
2. たる木等に寸法型式208以上を用いる場合は、頭つなぎの位置にころび止めを設ける。ころび止めは、たる木等と同寸で換気孔を設けたもの又はたる木等より1サイズ小さい寸法型式のものを用い、頭つなぎに2本のCN75をたる木等の相互間に斜め打ちする。

4.12.3 屋根ばりによる切妻屋根

4.12.3.1 妻小壁

妻小壁の構成は、本章4.12.2.2（妻小壁）に準ずる。

4.12.3.2 屋根ばり

1. 屋根ばりの断面は、構造計算による。
2. 合わせ屋根ばりのくぎ打ち方法は、本章4.9.7（床ばり）に準ずる。
3. 屋根ばりの支持は、次のいずれかにより行い、屋根ばりの支持材は、1、2階とも同じ位置に設ける。
   - イ. □屋根ばりに平行する耐力壁で支持する場合は、合わせ屋根ばりと同じ枚数のたて枠を、構造用集成材の屋根ばりを用いる場合は、寸法型式404をそれぞれ屋根ばりの支持材とする。屋根ばりから屋根ばりの支持材へは、両側から4本のCN75を斜め打ちし、耐力壁のたて枠から屋根ばりの支持材へは、CN90を上・下端2本、中間部300 mm間隔以内に千鳥に平打ちする。
     屋根ばりと耐力壁は、帯金物を用い、6本のZN40を平打ちする。
   - ロ. □屋根ばりに直交する耐力壁で支持する場合、合わせ屋根ばりの場合は同じ枚数のたて枠を、構造用集成材の屋根ばりを用いる場合は、寸法型式404をそれぞれ屋根ばりの支持材とする。平部分の耐力壁の上には、本章4.12.2.2（妻小壁）の2に準じて妻小壁を設ける。
     屋根ばりの支持材には、両側の添えたて枠からCN90を上・下端2本、中間部300 mm間隔以内に千鳥に平打ちする。
4. 屋根ばりを継ぐ場合は、3による1、2階とも同じ位置の支持材の上で行い、継手の補強は、屋根ばりの両側から本章4.9.2（床根太の継手）の2のロ、ハ又はニによって行う。
   なお、継手部分の屋根ばりの支持材は、上・下部分の両面を柱頭金物で緊結し、1本の寸法型式404と2本の寸法型式204を入れる。
5. 屋根ばりを用いる場合のたる木の接合は、次のいずれかによる。
   - イ. □屋根ばりにたる木を載せる場合は、たる木を幅40 mm内外欠き込み、本章4.9.2（床根太の継手）の2に準じて継ぎ、たる木から屋根ばりへCN75を2本斜め打ちする。
   - ロ. □たるきの中間部に屋根ばりを設ける場合は、たる木を原則として、水平方向に75 mm以上、垂直方向にたる木のせいの1/3以内欠き込んで屋根ばりに載せ、CN75を2本斜め打ちする。
   - ハ. □屋根ばりにたる木を接合する場合は、本章4.9.7（床ばり）の5に準ずる。
6. 屋根ばりに鉄骨ばりを用いる場合は、特記による。ただし、この場合には構造耐力上安全であることを確認する。

4.12.3.3 たる木と頭つなぎの接合

1. たる木と頭つなぎの接合は、本章4.12.2.4（たる木と頭つなぎの接合）の1による。
2. たる木から頭つなぎに対しては、両側からそれぞれ2本のCN75を斜め打ちする。

4.12.3.4 軒の張出し

軒の張出しの方法は、本章4.12.2.6（軒の張出し）による。

4.12.3.5 外壁との緊結

たる木等及び腕木と外壁の緊結は、本章4.12.2.8（外壁との緊結）による。

4.12.4 トラスによる切妻屋根

4.12.4.1 トラス

1. 合板ガセットによるトラスの使用部材及び各仕口部材のくぎ打ち本数は、構造計算による。
2. 構造計算等により安全を確かめた場合は、合板ガセットに代えてメタルプレートコネクターを使用することができる。

4.12.4.2 トラスと頭つなぎの接合

トラスから頭つなぎに対しては、2本のCN75を斜め打ちする。ただし、1箇所当たり1,100N以上の短期許容せん断耐力を有するくぎ打ちは、特記による。

4.12.4.3 軒の張出し

軒の張出しの方法は、本章4.12.2.6(軒の張出し)による。

4.12.4.4 外壁との緊結

トラスと外壁の緊結は、本章4.12.2.8(外壁との緊結)に準ずる。

4.12.5 たる木による寄棟屋根

4.12.5.1 天井根太

天井根太の取付けは、本章4.12.2.1(天井根太)による。

4.12.5.2 すみたる木受けトラス

1. たる木による寄棟部分は、すみたる木、妻たる木、配付けたる木及びこれらを受けるすみたる木受けトラスにより構成する。
2. すみたる木受けトラスには、たる木より1サイズ大きな寸法型式のすみたる木を欠き込み、すみたる木掛けにのせかけ3本のCN75を斜め打ちし取り付ける。すみたる木掛けに用いる製材の寸法型式は、206以上とする。
3. たる木からすみたる木へは、3本のCN75を斜め打ちする。
4. すみたる木受けトラス及びすみたる木の使用部材及び各仕口部分のくぎ打ち本数は、構造計算による。

4.12.5.3 むな木とたる木の接合

むな木とたる木の接合は、本章4.12.2.3(むな木とたる木の接合)による。

4.12.5.4 たる木と頭つなぎの接合

たる木と頭つなぎの接合は、本章4.12.2.4(たる木と頭つなぎの接合)による。

4.12.5.5 たる木と天井根太の接合

たる木天井根太の接合は、本章4.12.2.5(たる木と天井根太の接合)による。

4.12.5.6 たる木つなぎ

たる木つなぎは、本章4.12.2.7(たる木つなぎ)により設ける。

4.12.5.7 外壁との緊結

1. たる木及びすみたる木受けトラスと外壁の緊結は、本章4.12.2.8(外壁との緊結)に準ずる。
2. すみたる木、妻たる木及び配付けたる木は、それぞれ両側から2本のCN75を妻側の頭つなぎに斜め打ちする。ただし、持送り天井根太を本章4.12.2.5(たる木と天井根太の接合)に準じて設けた場合は、配付けたる木の外壁頭つなぎへのくぎ打ちを2本のCN75の斜め打ちとすることができる。あおり止め金具を用いて、すみたる木及びたる木とを外壁に緊結する。

4.12.6 トラスによる寄棟屋根

4.12.6.1 トラス

1. 平部分に使用する合板ガセットによるトラスは、本章4.12.4.1(トラス)による。
2. 平部分にトラスを使用し、妻部分をたる木で構成する場合には、本章4.12.5.2(すみたる木受けトラス)に準ずる。
3. 台形トラス、すみむねトラス、妻配付けトラス及び配付けトラスによって寄棟をつくる場合は、構造計算等によって安全を確かめるものとする。

4.12.6.2 トラスと頭つなぎの接合

　　トラスと頭つなぎの接合は、本章4.12.4.2(トラスと頭つなぎの接合)による。

4.12.6.3 外壁との緊結

1. 平部分に使用する合板ガセットによるトラス及び台形トラスとけた側外壁の緊結は、本章4.12.2.8(外壁との緊結)に準ずる。
2. 妻部分をたる木で構成する場合のすみたる木、妻たる木及び配付けたる木と妻側外壁の緊結は、本章4.12.5.7(外壁との緊結)の2による。
3. 妻部分をトラスで構成する場合のすみむねトラス、配付けトラス及び妻配付けトラスと妻側外壁との緊結は、本章4.12.2.8(外壁との緊結)に準ずる。

4.12.7 たる木による入母屋屋根

4.12.7.1 天井根太

　　天井根太の取付けは、本章4.12.2.1(天井根太)による。

4.12.7.2 入母屋たる木受けトラス

1. たる木による入母屋部分は、すみたる木、入母屋たる木、配付けたる木及びこれらを受ける入母屋たる木受けトラスにより構成する。
2. 入母屋たる木受けトラスには、すみたる木及び入母屋たる木を受ける入母屋たる木受けを設ける。入母屋たる木受けに用いる部材寸法は、206以上とする。
3. 入母屋たる木受けトラス及びすみたる木の使用部材及び各仕口部分のくぎ打ち本数は、構造計算による。

4.12.7.3 たる木と頭つなぎの接合

　　たる木と頭つなぎの接合は、本章4.12.2.4(たる木と頭つなぎの接合)による。

4.12.7.4 たる木と天井根太

　　たる木と天井根太の接合は、本章4.12.2.5(たる木と天井根太の接合)による。

4.12.7.5 たる木つなぎ

　　たる木つなぎは、本章4.12.2.7(たる木つなぎ)により設ける。

4.12.7.6 外壁との緊結

1. たる木及び入母屋たる木受けトラスとけた側外壁の緊結は、本章4.12.2.8(外壁との緊結)による。
2. すみたる木、入母屋たる木及び配付けたる木と妻側外壁の緊結は、本章4.12.5.7(外壁との緊結)の2による。

4.12.8 トラスによる入母屋屋根

4.12.8.1 トラス

1. 平部分に使用する合板ガセットによるトラスは、本章4.12.4.1(トラス)による。
2. 平部分にトラスを使用し、妻部分をたる木で構成する場合には、本章4.12.7.2(入母屋たる木受けトラス)に準ずる。
3. 台形トラス、すみむねトラス、妻配付けトラス及び配付けトラスによって入母屋をつくる場合は、構造計算等によって安全を確かめるものとする。

4.12.8.2 トラスと頭つなぎの接合

　　トラスと頭つなぎの接合は、本章4.12.4.2(トラスと頭つなぎの接合)による。

4.12.8.3 外壁との緊結

1. 平部分に使用する合板ガセットによるトラス及び台形トラスとけた側外壁の緊結は、本章4.12.2.8(外壁との緊結)に準ずる。
2. 妻部分をたる木で構成する場合のすみたる木、入母屋たる木及び配付けたる木と妻側外壁の緊結は、本章4.12.5.7(外壁との緊結)の2による。
3. 妻部分をトラスで構成する場合のすみむねトラス、妻配付けトラス及び配付けトラスと妻側外壁との緊結は、本章4.12.2.8(外壁との緊結)に準ずる。

4.12.9 片流れ屋根

4.12.9.1 平小壁、妻小壁

1. 軒の高い部分は、長いたて枠を用いるか、又は平小壁をつくっておさめる。
2. 妻側の外壁の上には、本章4.12.2.2（妻小壁）による妻小壁を設ける。
3. 平小壁及び妻小壁と下部の外壁とが外壁下張材によって緊結されない場合には、たて枠1本おきに帯金物を用いて平小壁及び妻小壁たて枠と下部外壁たて枠を緊結する。

4.12.9.2 たる木と頭つなぎの接合

1. たる木と頭つなぎの結合は、本章4.12.2.4（たる木と頭つなぎの接合）の1による。
2. たる木から頭つなぎに対しては、両側からそれぞれ2本のCN75を斜め打ちする。

4.12.9.3 軒の張出し

軒の張出し方法は、本章4.12.2.6（軒の張出し）による。

4.12.9.4 外壁との緊結

たる木等及び腕木と外壁の緊結は、本章4.12.2.8（外壁との緊結）による。

4.12.10 陸屋根

4.12.10.1 たる木

1. たる木の継手は、耐力壁又は屋根ばりの上で行い、頭つなぎ又は屋根ばりに両側からそれぞれ2本のCN75を斜め打ちする。継手の方法は、本章4.9.2（床根太の継手）の2による。
2. 屋根排水のためにたる木を先細にする。ただし、たる木の削り込みは30mmまでとし、それ以上の勾配を必要とする場合は、たる木の上に木片を当てて勾配をとる。

4.12.10.2 軒の張出し

軒の張出しの方法は、本章4.12.2.6（軒の張出し）による。

4.12.10.3 外壁との緊結

たる木等及び腕木と外壁の緊結は、本章4.12.2.8（外壁との緊結）による。

4.12.11 束建てによる小屋根

4.12.11.1 構成部材

構成部材であるたる木、屋根ばり、束及び天井ばりの各部材の寸法、スパン等は、構造計算による。

4.12.11.2 天井ばり

天井ばりは製材品の3枚合わせ、又は構造用集成材とする。

4.12.11.3 接合部

束と屋根ばり及び天井ばりとは、両面より柱頭金物又は合板ガセットにより緊結する。

4.12.11.4 外壁の補強

天井ばりを支持する外壁内のたて枠は、補強たて枠により補強する。また、天井ばりが開口部の上部にある場合は、まぐさ及びまぐさ受けを必要に応じ補強する。

4.12.12 L字屋根

L字屋根を構成する場合は、次のいずれかによる。

イ. ☐ 主たる屋根（大きい屋根）とその他の屋根（小さい屋根）の境界部の下部には、耐力壁又は支持壁を設ける。

ロ. ☐ 主たる屋根とその他の屋根の境界部には、ガータートラスを設け、主たる屋根のたる木及び天井根太と小さい屋根を支持する。なお、ガータートラスの使用部材及び各仕口部分のくぎ打ち本数は、構造計算による。

4.12.13 むね違い屋根

むね違い屋根を構成する場合は、次のいずれかによる。

イ. ☐ むねがわり部分の妻小壁の下部には、耐力壁又は支持壁を設ける。

ロ. □耐力壁又は支持壁のない場合のむねがわり部分の妻小壁には、トラスを設ける。
なお、トラスは、構造計算によって安全を確かめる。

4.12.14 小屋面の開口部

1. 小屋の屋根及び外壁(以下、「屋根等」という。)に明かりとりの開口部を設ける場合の開口部の幅は2m以下とし、その開口部の幅の合計は、その屋根等の下端の幅の1/2以下とする。この場合の小屋の屋根部の開口部は、たる木と同寸以上の開口部端たる木及び開口部側たる木により構成し、それぞれ2枚合わせ以上とする。
2. 小屋の屋根部に設ける開口部で、開口部の位置が、屋根の端から距離が90cm以上、他の開口部からの距離が180cm以上である時は、開口部の幅を3m以下とすることができる。この場合の補強は、次による。
   イ. 開口部端たる木及び開口部側たる木の断面寸法は、構造計算により決定する。
   ロ. 屋根下張材から開口部端たる木及び開口部側たる木へは、CN50を間隔150mm以内に2列に平打ちする。
3. 屋根面から開口部の幅が90cm以上の出窓をせり出す場合は、まぐさ及びまぐさ受けを本章4.10.6(耐力壁線の開口部)により構成し、まぐさのスパンは、構造計算による。
4. 2枚合わせ以上のたる木のくぎ打ちは、本章4.9.7(床ばり)に準ずる。
5. 開口部端たる木と開口部側たる木及びたる木との取付けは、本章4.9.5(床開口部)に準じて、構造計算等により決定する。

4.12.15 屋根下張り

1. 屋根下張材の品質は、次のいずれかによる。
   イ. □合板のJASに適合する構造用合板で、厚さ9mm以上のもの
   ロ. □JIS A 5908(パーティクルボード)に適合するもののうち、18M若しくは18Pタイプ、13M若しくは13Pタイプ、24-10M若しくは24-10Pタイプ、17.5-10.5M若しくは17.5-10.5Pタイプ、又は30-15M若しくは30-15Pタイプで、厚さ12mm以上のもの
   ハ. □構造用パネルのJASに適合するもの(たる木相互の間隔が31cmを超える場合は、1級、2級又は3級のもの)
   ニ. □JIS A 5404(木質系セメント板)に適合する0.9Cの硬質木質セメント板で、厚さ15mm以上のもの(たる木相互の間隔が31cmを超える場合は18mm以上のもの)
   ホ. □JIS A 5905(繊維板)に適合するMDFで、30タイプ(Mタイプ、Pタイプ)のもの
   ヘ. □JIS A 5440(火山性ガラス質複層板(VSボード))に適合するもののうち、HⅢのもの
2. 上記のホルムアルデヒドの発散量に関する品質については、特記による。
3. 構造用合板は、表面繊維方向がたる木又はトラス上弦材と直交するように張り、パーティクルボード、構造用パネル、硬質木片セメント板、MDF及び火山性ガラス質複層板は、長手方向がたる木又はトラス上弦材と直交するように張る。
4. 屋根下張りは千鳥張りとし、3本以上のたる木又はトラス上弦材に掛かるようにし、軒先面から張り始め、むな木頂部で寸法調整する。
5. 屋根下張材の継手部分には、寸法型式204の2つ割り(38mm×40mm以上)の受け材を入れる。ただし、次のいずれかの場合は省略することができる。
   イ. □たる木又はトラス上弦材の間隔を310mm以下とし、厚さ12mm以上の構造用合板又は構造用パネルの3級のものを用いる。
   ロ. □たる木又はトラス上弦材の間隔を500mm以下とし、厚さ15mm以上の構造用合板又は構造用パネルの2級のものを用いる。

ハ．□たる木又はトラス上弦材の間隔を500 mm以下とし、厚さ12 mm以上の構造用合板で、「日合連」、「COFI」若しくは「APA」で定める継手(本ざね)加工の規格に適合するもの、又はこれと同等以上のものを用いる。ただし、各連続する屋根面において、異なる規格を混在して使用してはならない。

ニ．□たる木又はトラス上弦材の間隔を500 mm以下とし、構造用パネル3級(厚さ11 mm以上)で、「APA」で定める継手(本ざね)加工の規格に適合するもの、又はこれらと同等以上のものを用いる。

ホ．□たる木又はトラス上弦材の間隔を500 mm以下とし、厚さ15 mm以上のパーティクルボードで、日本繊維板工業会で定める継手加工の規格に適合するもの、又はこれらと同等以上のものを用いる。

6. 屋根下張材のくぎ打ちは、次による。

イ．CN50を周辺部150 mm間隔以内、中間部300 mm間隔以内でたる木、屋根ばり又はトラス上弦材及び受け材に平打ちする。ただし、MDF及び火山性ガラス質複層板のくぎ打ちは、特記による。

ロ．短期許容せん断耐力が周辺部2,600 N/m、中間部1,300 N/m以上を有するくぎ打ちは、特記による。

7. 屋根下張材にパーティクルボード(耐水性のある接着剤を用いた規格を除く。)を用いる場合は、本章4.9.9(床下張り)の8に準じて防水処理を行う。

4.12.16 40 m²を超える区画の小屋組

4.12.16.1 一般事項

40 m²を超える区画とする場合の当該小屋組は、この項による。ただし、この項に掲げる事項に該当しないものについては、本章4.12.1(一般事項)から本章4.12.15(屋根下張り)までの各項による。

4.12.16.2 壁枠組との緊結

1. たる木相互間には、すべてころび止めを設ける。ころび止めは、たる木と同寸で換気孔を設けたもの又はたる木より1サイズ小さな寸法のものとする。

2. ころび止めのくぎ打ちは、次による。

イ．たる木又は天井根太とは、2本のCN75を斜め打ちする。

ロ．2階外壁の頭つなぎへは、たる木間でそれぞれ2本のCN75を斜め打ちする。

4.12.17 50 cmを超えるたる木間隔

4.12.17.1 一般事項

1. 天井根太間隔及びたる木間隔を50 cmを超え65 cm以下とする場合(以下、「50 cmを超えるたる木間隔」という。)の小屋組は、この項によるか、又は構造計算によることとし、特記による。ただし、この項に掲げる事項に該当しないものについては、本章4.12.1(一般事項)から本章4.12.16(40 m²を超える区画の小屋組)までの各項による。

2. たる木の断面は、構造計算による。

4.12.17.2 天井根太

天井根太の断面は、構造計算による。

4.12.17.3 外壁との緊結

1. 頭つなぎの位置には、すべてころび止めを設ける。ころび止めは、たる木と同寸で換気孔を設けたもの又はたる木より1サイズ小さな寸法のものとする。

2. ころび止めのくぎ打ちは、次による。

イ．たる木又は天井根太とは、3本のCN75を斜め打ちする。

ロ．2階外壁の頭つなぎへは、たる木間でそれぞれ3本のCN75を斜め打ちする。

4.12.17.4 屋根下張り

1. 屋根下張材の品質は、次のいずれかによる。

イ．□合板のJASに適合する構造用合板で、厚さ12 mm以上のもの

ロ. ☐ JIS A 5908（パーティクルボード）に適合するもののうち、18M若しくは18Pタイプ、13M若しくは13Pタイプ、24−10M若しくは24−10Pタイプ、17.5−10.5M若しくは17.5−10.5Pタイプ、又は30−15M若しくは30−15Pタイプで、厚さ15mm以上のもの

ハ. ☐ 構造用パネルのJASに適合するもので、1級又は2級のもの

ニ. ☐ JIS A 5905（繊維板）に適合するMDFで、30タイプ（Mタイプ、Pタイプ）のもの

ホ. ☐ JIS A 5440（火山性ガラス質複層板（VSボード））に適合するもののうち、HⅢのもの

2. 上記のホルムアルデヒドの発散量に関する品質については、特記による。

4.13 小屋裏換気・軒裏換気

4.13.1 小屋裏換気

小屋裏空間が生じる場合の小屋裏換気は、次の1及び2による。ただし、天井面ではなく屋根面に断熱材を施工する場合（屋根断熱）は、小屋裏換気孔は設置しないこととする。屋根断熱の場合の屋根の施工は、9.4.9（屋根の施工）による。

1. 小屋裏換気孔は、独立した小屋裏ごとに2箇所以上、換気に有効な位置に設ける。

2. 換気孔の有効換気面積等は、次のいずれかによる。

イ. ☐ 両妻壁にそれぞれ換気孔（吸排気両用）を設ける場合は、換気孔をできるだけ上部に設けることとし、換気孔の面積の合計は、天井面積の1/300以上とする。

ロ. ☐ 軒裏に換気孔（吸排気両用）を設ける場合は、換気孔の面積の合計を天井面積の1/250以上とする。

ハ. ☐ 軒裏又は小屋裏の壁のうち屋外に面するものに吸気孔を、小屋裏の壁に排気孔を、垂直距離で900mm以上離して設ける場合は、それぞれの換気孔の面積を天井面積の1/900以上とする。

ニ. ☐ 排気筒その他の器具を用いた排気孔は、できるだけ小屋裏頂部に設けることとし、排気孔の面積は、天井面積の1/1,600以上とする。また、軒裏又は小屋裏の壁のうち屋外に面するものに設ける吸気孔の面積は、天井面積の1/900以上とする。

ホ. ☐ 軒裏又は小屋裏の壁のうち屋外に面するものに吸気孔を設け、かつ、むね部に排気孔を設ける場合は、吸気孔の面積を天井面積の1/900以上とし、排気孔の面積を天井面積の1/1,600以上とする。

4.13.2 スクリーン

小屋裏換気孔には、雨、雪、虫等の侵入を防ぐため、スクリーン等を堅固に取り付ける。

5. 屋根工事

5.1 屋根工事一般

5.1.1 適用

1. 屋根の下ぶきは、本章5.2（下ぶき）による。
2. 屋根ふき工事は、屋根ふき材の種類に応じて、本章5.3（金属板ぶき）以降の各項による。ただし、建築基準法に基づき構造計算を行う場合の仕様は、特記による。

5.2 下ぶき

5.2.1 材料

1. アスファルトルーフィングは、JIS A 6005（アスファルトルーフィングフェルト）に適合するアスファルトルーフィング940以上、又は改質アスファルトルーフィングとする。
2. 合成高分子系ルーフィングは、JIS A 6008（合成高分子系ルーフィングシート）に適合するものとし、種類は特記による。

5.2.2 工法

1. アスファルトルーフィングのふき方は、次による。
   - イ．野地面上に軒先と平行に敷き込むものとし、上下（流れ方向）は100 mm以上、左右（長手方向）は200 mm以上重ね合わせる。
   - ロ．留付けは、重ね合せ部は間隔300 mm内外に、その他は要所をステープルなどで留め付ける。
   - ハ．むね部においては250 mm以上の左右折り掛けとし、むね頂部から左右へ一枚ものを増し張りする。
   - ニ．谷部においては谷底から左右へ一枚ものを先張りし、その上に下ぶき材を左右に重ね合わせ、谷底から250 mm以上のばす。
   - ホ．軒先においては軒先水切り金物の上に重ね、両面接着防水テープで密着させる。これによらない場合は、特記による。
   - ヘ．壁面との取合い部においては、壁面に沿って250 mm以上、かつ、雨押え上端より50 mm以上立ち上げる。
   - ト．むね板（あおり板）、かわら棒及び桟木などは、張りつつまない。
   - チ．しわ又はゆるみが生じないように十分注意して張り上げる。
2. 合成高分子系ルーフィング等のふき方は、各製造所の仕様によることとし、特記による。
3. 屋根まわりの雨漏りの発生しやすい箇所では、1のハ及びニによる増し張りのほか、本章5.9（各屋根ふき材の水切り・雨押え）による適切な下ぶきの補強を行う。

5.3 金属板ぶき

5.3.1 材料

1. 金属板の品質は、次のいずれかの規格に適合するもの又はこれらと同等以上の性能を有するものとする。
   - イ．□ JIS G 3312（塗装溶融亜鉛めっき鋼板及び鋼帯）の屋根用
   - ロ．□ JIS G 3318（塗装溶融亜鉛－5％アルミニウム合金めっき鋼板及び鋼帯）の屋根用
   - ハ．□ JIS G 3321（溶融55％アルミニウム－亜鉛合金めっき鋼板及び鋼帯）の屋根用
   - ニ．□ JIS G 3322（塗装溶融55％アルミニウム－亜鉛合金めっき鋼板及び鋼帯）の屋根用

ホ. ☐ JIS G 3320（塗装ステンレス鋼板及び鋼帯）の屋根用

ヘ. ☐ JIS K 6744（ポリ塩化ビニル被覆金属板及び金属帯）の屋根用

ト. ☐ JIS H 3100（銅及び銅合金の板並びに条）の屋根用

2. 金属板の板厚は、次のいずれかによる。

   イ. ☐ ふき板の板厚は、0.35 mm以上とする。塗装ステンレス鋼板及び銅及び銅合金の板及び条を用いる場合は、0.3 mm以上とする。

   ロ. ☐ 谷の部分の板厚及びそのつり子等の部分の板厚は、0.4 mm以上の厚さとする。

   ハ. ☐ その他の部分の板厚は、特記による。

3. 留付けに用いるくぎは、ふき板と同系材料のものを使用し、長さは32 mm以上、つり子などの留付けに用いるくぎの長さは、45 mm以上とする。

4. その他の金属板ぶき材及び雪止め等の付属金具は、各製造所の仕様によるものとし、特記による。

5.3.2 加工

1. 金属板の折曲げは、次による。

   イ. 加工は、原則として、機械加工とし、塗膜に損傷や剥離が生じないよう折り曲げる。

   ロ. 塗膜の損傷部分の補修については、各製造所の仕様による。

2. 金属板の接合は、次による。

   イ. 一重はぜ（「こはぜ」又は「平はぜ」ともいう。）のはぜ幅は、上はぜ12 mm程度、下はぜ15 mm程度とする。

   ロ. 二重はぜ（「巻はぜ」ともいう。）1折り目のはぜはイと同様とし、2折り目は上下はぜ同寸とする。

   ハ. リベット接合に用いるリベットは、鋼又はステンレスリベットとし、径は3 mm以上、間隔は30 mm以下とする。

   ニ. はんだ接合に用いるはんだは、JIS Z 3282（はんだ―化学成分及び形状）に定められたもの又はこれと同等以上の性能を有するものとし、接合両面を十分に清掃し、接合後は助剤を完全に除去する。

3. 金属板の留付けは、つり子、通しつり子又は通し付け子によるものとし、次による。

   イ. つり子は、幅30 mm、長さ70～80 mm内外とし、くぎ打ちとする。

   ロ. 通しつり子の各部分の寸法は、特記による。

   ハ. 通し付け子は、長さ900 mm内外とし、継手は突付け、両端及びその中間を間隔200 mm内外にくぎ打ちとし、通りよく取り付ける。

   ニ. くぎ打ちのくぎ頭は、すべてシーリング処理を行う。

5.3.3 心木ありかわら棒ぶき

1. 銅板以外の板による屋根一般部分は、次による。

   イ. かわら棒の間隔は、350 mm又は450 mmを標準とする。ただし、強風地域では実情に応じて間隔を狭くする。

   ロ. 心木は、下ぶきの上からたる木にくぎ留めする。

   ハ. 心木を留めるくぎは、たる木に40 mm以上打ち込むものとする。留付け間隔は、軒先、けらば及びむね付近では300 mm以内、その他の部分は600 mm以内とする。

   ニ. 溝板及びかわら棒包み板（「キャップ」ともいう。）は、全長通しぶきを標準とする。ただし、溝板又はかわら棒包み板に継手を設ける場合は、二重はぜ継ぎとする。

   ホ. 溝板の両耳は、かわら棒の心木の高さまで立ち上げたうえ、かわら棒包み板をかぶせ、かわら棒包み板の上から心木側面にくぎ留めとする。

   ヘ. ホに用いるくぎの長さは、38 mm以上とする。くぎ打ち間隔は、軒先、けらば及びむね付近では200 mm以内、その他の部分は450 mm以内とする。

   ト. 特殊工法は、各製造所の仕様によるものとし、特記による。

2. 銅板による屋根一般部分は、次による。
    イ．かわら棒の間隔は、320 mm及び365 mmを標準とする。ただし、強風地域では実情に応じて間隔を狭くする。
    ロ．心木は、下ぶきの上からたる木にくぎ留めする。
    ハ．心木を留めるくぎは、たる木に40 mm以上打ち込むものとする。留付け間隔は、軒先、けらば及びむね付近では300 mm以内、その他の部分は600 mm以内とする。
    ニ．溝板及びかわら棒包み板（「キャップ」ともいう。）は、全長通しぶきを標準とする。ただし、溝板又はかわら棒包み板に継手を設ける場合は、二重はぜ継ぎとする。なお、板厚は0.35 mm以上とする。
    ホ．溝板の両耳は、15 mm程度のはぜを設け、かわら棒の心木の高さまで立ち上げる。
    ヘ．つり子は屋根と同材とし、長さ60 mm、幅30 mm程度のものを心木の両側に長さ32 mm以上のステンレス鋼くぎで留め付ける。つり子は溝板のはぜに確実に掛け合わせる。
    ト．つり子間隔は、軒先、けらば及びむね付近では150 mm以内、その他の部分では300 mm以内とする。
    チ．特殊工法は、各製造所の仕様によるものとし、特記による。

5.3.4 心木なしかわら棒ぶき
    銅板以外の板による屋根一般部分は、次による。
    イ．かわら棒の間隔は、350 mm又は450 mmを標準とする。ただし、強風地域では実情に応じて間隔を狭くする。
    ロ．溝板及びかわら棒包み板は、全長通しぶきを標準とする。
    ハ．溝板を所定の位置に並べたあと、通しつり子を溝板相互間にはめ込み、亜鉛めっき座金付きくぎで、野地板を通してたる木に留め付ける。
    ニ．ハに用いるくぎは、40 mm以上打ち込める長さのものを用いる。くぎ打ち間隔は、軒先、けらば及びむね付近では200 mm以内、その他の部分では400 mm以内とする。
    ホ．かわら棒包み板の留付けは、通しつり子になじみ良くはめ込み、通しつり子及び溝板の耳につかみ込み、二重はぜとし、はぜ締機などにより、均一、かつ、十分に締めつける。
    ヘ．特殊工法は、各製造所の仕様によるものとし、特記による。

5.3.5 一文字ぶき
1. 銅板以外の板による屋根一般部分は、次による。
    イ．ふき板の寸法は、鋼板を224 mm×914 mmの大きさに切断して使用することを標準とする。ただし、強風地域では実情に応じて、ふき板の大きさを小さくする。
    ロ．ふき板の四周は一重はぜとする。下はぜは18 mm、上はぜは15 mm程度とする。
    ハ．つり子は、ふき板と同じ材で、幅30 mm、長さ70 mmとする。
    ニ．つり子は、野地板にくぎ留めとする。取付け個数は、ふき板1枚につき2箇所以上とする。
    ホ．隣り合ったふき板は、一重はぜ継手として、千鳥に設ける。
2. 銅板による屋根一般部分は、次による。
    イ．ふき板の寸法は、銅板を182.5 mm×606 mmの大きさに切断して使用することを標準とする。ただし、強風地域では実情に応じて、ふき板の大きさを小さくする。
    ロ．ふき板の四周は一重はぜとする。下はぜは18 mm、上はぜは15 mm程度とする。
    ハ．つり子は、ふき板と同じ材で、幅30 mm、長さ70 mmとする。

ニ．つり子は、野地板にくぎ留めとする。取付け個数は、ふき板1枚につき2箇所以上とする。

　　ホ．隣り合ったふき板は、一重はぜ継手とし、千鳥に設ける。

5.3.6 段ぶき（横ぶき）

　　段ぶきの工法は、各製造所の仕様によるものとし、特記による。ただし、使用する工法は、公的試験機関又はそれに準ずる試験機関で、JIS A 1414-3（建築用パネルの性能試験方法―第3部：温湿度・水分に対する試験）に定められた水密試験を行った結果、異常が認められなかったものとする。

5.3.7 むね部分

1. 銅板以外の板による心木ありかわら棒ぶきのむね部分の工法は、次による。

　　イ．溝板端部は、八千代折りとし、心木の高さまで立ち上げ、水返しを付ける。

　　ロ．むね板は、心木にくぎ留めとする。

　　ハ．むね包み板は、むね板寸法に折り合わせて、かわら棒部分ではかわら棒上端まで、また、溝板部分では溝板底部まで折り下げる。この場合、それぞれの先端は、あだ折りとし、20 mm程度を屋根面へ沿わせて折り曲げる。

　　ニ．むね包み板の継手は、一重はぜ継ぎとする。

　　ホ．むね包み板は、むね板の両側面に長さ32 mm以上のくぎを用いて、間隔300 mm内外に留め付ける。

　　ヘ．通し付け子は、かわら棒部分ではかわら棒上端まで、また、溝板部分では溝板底部まで折り下げる。この場合、それぞれの先端は、あだ折りとし、20 mm程度を屋根面へ沿わせて折り曲げる。

　　ト．通し付け子は、むね板の両側面に長さ32 mm程度のくぎで、間隔300 mm内外に留め付ける。

　　チ．通し付け子を用いる場合のむね包みは、通し付け子の上耳にこはぜ掛けとする。

2. 銅板による心木ありかわら棒ぶきのむね部分の工法は、次による。

　　イ．溝板端部は、八千代折りとし、心木の高さまで立ち上げ、水返しを付ける。

　　ロ．むね板は、心木にくぎ留めとする。

　　ハ．通し付け子は、かわら棒部分ではかわら棒上端まで、また、溝板部分では溝板底部まで折り下げる。この場合、それぞれの先端は、あだ折りとし、20 mm程度を屋根面に沿わせて折り曲げる。

　　ニ．通し付け子は、むね板の両側面に長さ25 mm程度のくぎで、間隔300 mm以下に留め付ける。

　　ホ．むね包み板は、通し付け子の上耳にはぜ掛けとする。

3. 銅板以外の板による心木なしかわら棒ぶきのむね部分の工法は、次による。

　　イ．溝板端部は、八千代折りにして、むね板受け材の高さまで立ち上げ、水返しを付ける。

　　ロ．むね板は、むね板受け材にくぎ留めする。

　　ハ．むね包み板は、1のハ、ニ及びホによる。

　　ニ．通し付け子を用いる場合は、1のヘ、ト及びチによる。

4. 銅板以外の板による一文字ぶきのむね部分の工法は、次による。

　　イ．むね板（あおり板）は、野地板を通してたる木にくぎ留めする。

　　ロ．通し付け子は、1のトによる。

　　ハ．平ぶき板の上耳は、通し付け子に沿わせてむね板（あおり板）の高さまで立ち上げる。

　　ニ．むね包み板は、ふき板のはぜ通し付け子の上耳を合わせてこはぜ掛けとする。

5. 銅板による一文字ぶきのむね部分の工法は、次による。

　　イ．むね板（あおり板）は、野地板を通してたる木にくぎ留めする。

　　ロ．つり子は一般部分と同じものを使用し、むね板の側面に屋根一般部分と同じ間

隔に、長さ25 mm 程度のくぎ留めとする。

　ハ．むね板に接するふき板は、上端をむね板の厚さだけ立ち上げ、はぜを付ける。つり子は、はぜに十分掛ける。

　ニ．むね包み板は、ふき板のはぜにはぜ掛けして留める。

5.3.8 壁との取合い

1. 心木ありかわら棒ぶき及び心木なしかわら棒ぶきの壁との取合いの工法は、次による。

　イ．水上部分の壁際に取り付く雨押え受け材は、かわら棒と同じ高さの部分（木材）をたる木にくぎ留めする。

　ロ．水上部分の溝板端部は、八千代折りとし、心木又は雨押え受け材の高さまで立ち上げ、水返しを付ける。

　ハ．水上部分の壁際に取り付く雨押え板は、心木又は雨押え受け材にくぎ留めとする。

　ニ．流れ方向の壁際に取り付く雨押え受け材は、かわら棒と同じ高さの部材（木材）をたる木にくぎ留めする。

　ホ．流れ方向の壁際部分の溝板端部は、雨押え受け材の高さまで立ち上げ、はぜを付ける。

　ヘ．つり子は、ふき板と同じ板材で、長さ60 mm、幅30 mmとし、間隔は、銅板の場合は300 mm程度、銅板以外の場合は450 mm程度に、くぎ留めする。

　ト．つり子を留めるくぎの長さは、銅板の場合は25 mm以上、銅板以外の場合は32 mm程度とする。

　チ．銅板以外の板の水上部分及び流れ方向の壁際の雨押え包み板は、上端を壁に沿って120 mm以上立ち上げ、先端をあだ折りし、壁下地に450 mm程度の間隔でくぎ留めとする。

　リ．雨押え包み板は、雨押え板寸法に折り合わせて、かわら棒部分ではかわら棒上端まで、また、溝板部分では溝板底部まで折り下げる。この場合、それぞれの先端はあだ折りとし、20 mm程度を屋根面に沿わせて折り曲げる。

　ヌ．雨押え包みは、雨押え板の側面に、長さ32 mm程度のくぎで、間隔450 mm程度に留め付ける。

　ル．銅板の水上部分及び流れ方向の壁際の雨押え包み板は、上端を壁に沿って60 mm以上立ち上げ、先端をあだ折りとする。あだ折り部分は、つり子留めとする。

　ヲ．つり子は、幅30 mm、長さ60 mmのものを、長さ25 mm程度のくぎで、間隔300 mm程度に留め付ける。

　ワ．通し付け子は、かわら棒部分ではかわら棒上端まで、また、溝板部分では溝板底部まで折り下げる。この場合、それぞれの先端はあだ折りとし、20 mm程度屋根面に沿わせて折り曲げる。

　カ．通し付け子は、雨押え板の側面に長さ25 mm程度のくぎで、間隔300 mm程度に留め付ける。

　ヨ．雨押え包みの下端は、通し付け子の上耳にはぜ掛けとして留め付ける。

2. 一文字ぶきの壁との取合いの工法は、次による。

　イ．水上部分の壁際に取り付く雨押え受け材は、40 mm×40 mm以上の部材（木材）を、野地板を通してたる木にくぎ留めする。

　ロ．雨押え受け材に接するふき板は、雨押え受け材の高さまで立ち上げ、先端にはぜをつくる。

　ハ．雨押え包み板の上端部分の留め方は、1のヘ及びトによる。

　ニ．雨押え包み板が銅板以外の場合は、1のチ、リ及びヌによる。

　ホ．雨押え包み板が銅板の場合は、1のル、ヲ、ワ及びカによる。

5.3.9 軒先・けらば

1. 銅板による一文字ぶき以外の軒先及びけらばの工法は、次による。
   - イ. 唐草は、広小舞又は登りよどの端部にくぎ留めとする。くぎの長さは32mm以上とし、間隔は300mm程度とする。
   - ロ. 唐草は、捨て部分を80mm以上とし、下げ部分の下端は広小舞又は登りよどの下端より10mm以上あける。
   - ハ. 唐草の継手は、端部を各々あだ折りしたものを、長さ60mm以上に重ね合わせ、くぎ留めする。
   - ニ. 溝板及びふき板の軒先部分及びけらば部分は、下部に折り返し、唐草にこはぜ掛けとする。
2. 心木ありかわら棒ぶき及び心木なしかわら棒ぶきのけらば部分は、ふき板の上面から銅板片の座金を付けたけらば留めくぎを用いて、間隔300mm以内にたる木へ40mm以上打ち込んで留める。
3. 心木ありかわら棒ぶきのかわら棒の木口包みは、桟鼻仕舞とする。桟鼻は、心木の木口面にくぎ留めし、溝板の両耳部分及びかわら棒包み板の端部を、桟鼻につかみ込ませる。
4. 心木なしかわら棒ぶきのかわら棒の木口包みは、桟鼻仕舞とする。桟鼻は、通しつり子の先端部に差し込み、溝板の両耳部分及びかわら棒包み板の端部を、桟鼻につかみ込ませる。
5. 一文字ぶきの軒先及びけらばの工法は、1による。
6. 銅板による一文字ぶきの軒先及びけらばの工法は、次による。
   - イ. 通し付け子を広小舞又は登りよどの端部にくぎ留めとする。くぎの長さは25mm程度とし、間隔は300mm程度とする。
   - ロ. 通し付け子は、捨て部分を60mm以上とし、下げ部分の長さは、広小舞又は登りよどの下端より10mm以上あける。
   - ハ. 唐草は、通し付け子の下がり部分の長さとし、上・下端に、各々反対方向に15mm程度のはぜを付ける。なお、唐草の下端はぜは通し付け子につかみ込んで留める。
   - ニ. ふき板の端部は、唐草の端部にはぜ掛けしておさめる。

5.3.10 谷ぶき

谷ぶきは、次による

   - イ. 谷ぶき板は、ふき板と同種の板を用いて、全長通しぶきとし、底を谷形に折り曲げ両耳2段はぜとし、野地板につり子留めとする。また、同材を捨て板として用いるか、又はアスファルトルーフィングの増しぶきを行う。
   - ロ. つり子は、幅30mmの長さ70mm程度のものを、間隔300mm程度に、長さ32mm程度のくぎ留めとする。
   - ハ. 軒先は、唐草にのせかけ、軒どい内に落し曲げる。
   - ニ. むね際は、むね板(あおり板)下で立ち上げ、水返しを付ける。
   - ホ. 谷がむね部分で、両側からつき合う場合は、谷ぶき板を峠でつかみ合わせるか、馬乗り掛けはぜ継ぎとする。
   - ヘ. 屋根のふき板または溝板は、谷縁で谷ぶき板の二重はぜ部分につかみ込んでおさめる。

5.4 粘土がわらぶき

5.4.1 材料

1. 粘土がわらの品質は、JIS A 5208(粘土がわら)に適合するもの又はこれと同等以上の性能を有するものとし、形状及び製法による種類は、特記による。なお、役物その他はでき合い形で、いずれも留付け穴付きとする。
2. 雪止めがわら等、特殊なかわらとする場合は、特記による。

3. くぎ及び緊結線は、次表による。

	くぎ及び緊結線（mm）
く　ぎ	銅・ステンレス（長さ45〜65径2.4内外）
ね　じ	ステンレス（長さ45〜95）
緊結線	銅・ステンレス（径0.9以上）

5.4.2 一般工法

1. ふき方は、次による。

　イ．かわらの働き寸法を正確に測定し、袖がわら、軒がわら及び桟がわらを地割り
　　　に従い目通り正しくむねまでふき上げる。

　ロ．軒がわら、袖がわらの出寸法を正確にそろえ、下端線を通りよく仕上げる。

　ハ．のしがわらの工法は、特記による。特記のない場合は、本むね3段以上、すみ
　　　むね2段以上とし、良質のふき土又はモルタルで積み上げる。ただし、7寸丸かん
　　　むりがわら（直径210mm内外）を用いる場合は、のしがわらを省く。

　ニ．むね面戸及び水切り面戸部分の構成は、面戸材を使用するか、しっくい塗りとし、
　　　下から2段目ののしがわら外面端部より15mm以上内側となるよう施工する。

　ホ．雪止めがわら等による場合は、特記による。

2. 留付け（緊結）は、次による。

　イ．桟がわら、軒がわら、袖がわら、谷縁がわらは、1枚ごとにくぎ又はねじで留
　　　め付けるか、緊結線で緊結する。

　ロ．むね積みは、のしがわらを互いに緊結線で緊結し、かんむりがわら又は丸がわ
　　　らを次のいずれかにより固定する。また、むね部において、割付を目的に一部
　　　を切断して用いるかわらは、くぎ又は緊結線で固定するか接着する。

　　　（イ）鉄筋コーチボルト及び横鉄筋を用い、のしがわら相互の緊結線を横鉄筋に
　　　　　緊結する。

　　　（ロ）むね補強用金物に取り付けたむね補強用心材に、くぎ、ねじ又は緊結線で
　　　　　留め付ける。

　ハ．洋形がわらのむね施工でかんむりがわらを施工する場合は、ふき土を詰め、む
　　　ね補強用金物に取り付けたむね補強用芯材に、くぎ又はねじで留め付ける。

　ニ．鬼がわらは、その重量に耐えられるよう入念に緊結する。

5.4.3 谷ぶき及び壁との取合い

1. 谷ぶき板は、本章5.3.1（材料）に定める金属板を用い、全長通しぶきとする。ただし、
　全長通しぶきができない場合は、特記による。底を谷形に折り、両端は、両側谷縁
　桟に立ち上げ、段付けとし、くぎ打ち又はつり子留めとする。

2. 谷ぶきの軒先及びむね際は、次による。

　イ．付け子又は捨て板に引っ掛け、軒どい内に折り下げ、むね際は、築地むねおお
　　　い下などに立ち上げ、深く差し込み、いずれも耳を折り返しくぎ打ち又はつり
　　　子留めとする。

　ロ．谷が両側からつき合う場合は、ふき板を峠でつかみ合わせるか馬乗り掛けにする。

3. 流れ方向の壁際に設ける捨て谷は、谷ぶき板を雨押え板下端まで立ち上げ、間隔
　600mm内外にくぎ留めする。谷ぶき板の谷縁側は、1による。

4. 水上部分の壁面と取り合う場合で雨押え包み板を立ち上げる場合は、本章5.3.8（壁
　との取合い）の1のロ及びチに準ずる。

5.5 プレスセメントがわらぶき

5.5.1 材料

1. プレスセメントがわらの品質は、JIS A 5402（プレスセメントがわら）に適合するもの又はこれと同等以上の性能を有するものとする。なお、役物その他はでき合い形とし、いずれも留付け穴付きとする。
2. くぎ及び緊結線は、本章5.4.1（材料）の3による。

5.5.2 工法

プレスセメントがわらの工法は、次のイからハによる。なお、イからハに定めのない事項は、本章5.4（粘土がわらぶき）による。
- イ．桟がわらは、1枚ごとにくぎ又はねじで留め付け、むね峠までふき詰める。
- ロ．谷縁がわらは、1枚ごとにくぎ又は緊結線2条ずつで留め付ける。
- ハ．むねおおいは、ふき土又はモルタルをかい、なじみよく伏せ渡し、1枚ごとに地むねに取り付けた緊結線2条ずつで引き締め、こうがいくぎ差しあるいは、むね補強用金物で緊結し、ふき土又はモルタル押えとする。

5.5.3 谷ぶき及び壁との取合い

本章5.4.3（谷ぶき及び壁との取合い）による。

5.6 住宅屋根用化粧スレートぶき

5.6.1 材料

住宅屋根用化粧スレートの品質は、JIS A 5423（住宅屋根用化粧スレート）に適合するもの、又はこれと同等以上の性能を有するものとする。

5.6.2 工法

屋根用化粧スレートによる屋根一般部分は、次による。
- イ．ふき板の切断及び穴あけは、押切りカッターによる。
- ロ．ふき足及び重ねの長さは、JIS A 5423（住宅屋根用化粧スレート）の規定による。
- ハ．ふき板は、1枚ごとに所定の位置に専用くぎで野地板に留め付ける。
- ニ．強風地域や特に対風耐力を必要とする場合は、接着剤若しくはくぎによる増し留めを行うものとし、特記による。
- ホ．特殊工法によるものは、各製造所の仕様によるものとし、特記による。

5.7 アスファルトシングルぶき

5.7.1 材料

1. アスファルトシングルは、品質及び性能が明示されたものとし、特記による。
2. くぎは、各アスファルトシングル専用のくぎとし、材質および形状は、各製造所の仕様による。
3. 接着剤は、各アスファルトシングル専用の接着剤とし、材質及び品質は各製造所の仕様による。

5.7.2 工法

1. アスファルトシングルは、1枚ごとに所定の位置に各専用くぎで野地板に留め付け、重ね部分は各専用接着剤を用いる。
2. 軒先は、軒先水切りの先端から半分程度ひかえた位置まで下ぶき材を張り付け、アスファルトシングルは軒先水切りの先端まで張り付ける。
3. 強風地域等においては、接着剤若しくはくぎによる増し留めを行うものとし、特記による。
4. 特殊工法によるものは、各製造所の仕様によるものとし、特記による。

5.8 各屋根ふき材のむねと壁との取合い、軒先、けらば及び谷ぶき

5.8.1 材料

むね、壁との取合い、軒先、けらば及び谷ぶきなどの各部分で特殊なものは、各製造所の仕様によるものとし、特記による。

なお、これらの部分で金属板を用いる場合は、本章5.3.1（材料）によるものとし、厚さは0.35 mm以上とする。

5.8.2 工法

1. 所要の寸法形状に加工したものを、要所くぎ留めし、シーリング処理を行う。
2. 壁際の立上げは、壁に沿って60 mm以上とする。
3. 特殊工法による場合は、各製造所の仕様によるものとし、特記による。

5.9 各屋根ふき材の水切り・雨押え

5.9.1 材料

材料は、本章5.3.1（材料）によるものとし、厚さは0.35 mmとする。

5.9.2 工法

1. 所要寸法にたち、板端はすべて折り返し、要所をくぎ打ちシーリング処理とする。
2. 壁際立上りは、下地材裏に60 mm以上立ち上げ、雨仕舞よく施工する。

5.10 各屋根ふき材のとい

5.10.1 材料

1. といに用いる硬質塩化ビニル雨どいの品質は、特記による。
2. といに用いる金属板の品質は、本章5.3.1（材料）の1による。なお、このうち塗装溶融亜鉛めっき鋼板については同規格中の屋根用（記号R）又は建築外板用（記号A）、ポリ塩化ビニル（塩化ビニル樹脂）金属積層板については同規格中の高耐食耐候性外装用（A種）又は一般外装用（B種）とし、塗装ステンレス鋼板を含め、いずれも両面塗装品とする。
3. といの板厚は、特記のないかぎり0.35 mm以上とする。

5.10.2 硬質塩化ビニル雨どい

1. 軒どいの工法は、次による。
   - イ. 軒どいは、専用の継手を用い、接着剤を併用して接合する。接合した軒どいの長さは10 m以内とし、10 mを超える場合は、有効な伸縮継手を設ける。
   - ロ. 軒どいの受け金物は、軒どいにあった形状寸法のものを間隔600 mm程度に、たる木又は鼻隠しに取り付ける。受け金物の鉄部は溶融亜鉛めっきを行う。
   - ハ. 軒どいの取付け勾配は、1/200以上とする。
   - ニ. 軒どいは、伸縮を妨げない程度に受け金物に緊結する。
   - ホ. 特殊工法によるものは、各製造所の仕様によるものとし、特記による。
2. 竪どいの工法は、次による。
   - イ. 竪どいは、専用の継手を用い、接着剤を併用して接合する。
   - ロ. 竪どいの受け金物は、竪どいにあった形状寸法のものを間隔900 mm以下に取り付ける。受け金物は、ステンレス製又は鉄部に溶融亜鉛めっき（ドブ漬）を行ったものとする。
   - ハ. 竪どいには、各受け金物ごとに、といと同質材で下がり止めを接着剤で取り付ける。
   - ニ. 竪どいが曲がる場合は、専用の部品を用いる。工法はイによる。
   - ホ. 特殊工法を用いる場合は、製造所の仕様によるものとし、特記による。
3. あんこう、じょうご及び呼びどいの工法は、次による。
   - イ. あんこうを用いる場合は、各製造所の仕様によるものとし、特記による。

ロ． じょうご及び呼びどいの組合せの場合は、軒どいと、竪どいにあったじょうご
　　とし、呼びどいは竪どいと同じ形状寸法のものを用いる。

ハ． じょうご及び呼びどいの取付け方は、2による。

5.10.3 金属板どい

1. 軒どいの工法は、次による。

イ． 軒どいは、所要寸法に加工し、丸どいの場合は両端を耳巻きする。

ロ． 継手は、耳巻き部分の心線を相手側に差し込み、30 mm 程度重ね合わせる。

ハ． 出隅、入隅の場合は、重ね15 mm 程度とし、ほかはロによって行う。

ニ． 小口せき板は、軒どいの形状寸法に切り出した板の下辺部分を10 mm 程度折り
　　返し、軒どい内部に添え付けしてはんだ付けとする。また、しぼり（「菊しぼり」
　　ともいう。）によることができる。

ホ． 軒どいの受け金物は、軒どいにあった形状寸法のものを間隔600 mm 程度に、
　　たる木又は鼻隠しに取り付ける。受け金物は、ステンレス製又は鉄部に溶融亜
　　鉛めっき（ドブ漬）を行ったものとする。

ヘ． 軒どいの勾配は、1/200以上とする。

ト． 軒どいは、銅線又はステンレス線で受け金物に堅固に緊結する。

チ． 特殊工法によるものは、特記による。

2. 竪どいの工法は、次による。

イ． 竪どいは、所要の形状寸法に加工する。はぎ目は5 mm 以上の一重はぜ掛けとし、
　　はぜの外れ止めを行う。

ロ． 竪どいの継手は、上どい下どいに、といの直径又は角どいではその短辺の寸法
　　程度を差し込む。この場合、といのはぎ目をそろえ、継手ははんだ付けする。

ハ． 竪どい受け金物は、竪どいにあった形状寸法のものを間隔1,200 mm 以下に取
　　り付ける。受け金物は、ステンレス製又は鉄部に溶融亜鉛めっき（ドブ漬）を行
　　ったものとする。

ニ． 竪どいには、1本につき2箇所以上ずれ止めを付ける。ずれ止めは、竪どいと同
　　材でつくり、はんだ付けで取り付ける。

ホ． 竪どいが曲がる場合は、竪どいを角度にあわせて端部を加工し差し込み、止める。

ヘ． 特殊工法によるものは、特記による。

3. あんこう、ます及び呼びどいの工法は、次による。

イ． あんこうは、背・腹及び銅板により、角形に組み合わせる。はぎ目は10 mm 程
　　度のダクトはぜとし、はんだ付けする。取付けは、上部は軒どいの両耳に積み
　　掛け、下部は竪どいに差し込んで取り付ける。

ロ． ますは、あんこうに準じてつくり、呼びどいは、竪どいにならってつくる。ま
　　すの落口を、呼びどいに差し込み、はんだ付けする取付けは、イによる。

4. はいどい（流しどい）の工法は、次による。

イ． はいどいは角形とし、軒どいに準じてつくる。軒先部分は、軒どい内に曲げ下
　　げる。両端部分は長さ250 mm 程度のふち板を、中間部には幅25 mm 以上のつ
　　なぎ板を、といの両耳に掛けはんだ付けする。

ロ． 取付けは、屋根材面に留め付けた銅線又はステンレス鋼線により緊結して留め
　　る。

ハ． 長さ2 m 以下の軽微なはいどいの場合は、竪どいを用いてもよいものとし、特
　　記による。

ニ． 特殊工法によるものは、特記による。

5.10.4 雨水の処理

竪どいの下部は、落しどいとし、排水管に落し込むか、又は、コンクリート製のとい受
けを据え付ける。この場合、竪どい周囲から塵芥や土砂が入らないようにする。

6. 給排水設備工事

6.1 一般事項

6.1.1 法令等の遵守

1. 上水道を引き込む場合及び給湯設備工事を行う場合は、次のいずれかによる。
    - イ. □水道事業者が定める諸規定の適用を受ける場合は、その規定による。
    - ロ. □水道事業者が定める諸規定の適用を受けない場合及び水道事業者の諸規定が ない事項は、本章6.2（給水・給湯設備工事）による。
2. 汚水管、雑排水管、雨水管等の工事を行う場合は、次のいずれかによる。
    - イ. □下水道法・条例その他の関係諸規定が適用される場合は、その規定による。
    - ロ. □下水道法・条例その他関係諸規定の適用を受けない場合及び諸規定に規定の ない事項は、本章6.3（排水設備工事）による。
3. 炊事室に設置される排水管、給水管及び給湯管が、仕上材等により隠されている場 合には、配管設備を点検するために必要な開口部又は掃除口による清掃を行うため に必要な開口を、当該仕上材等に設ける。

6.1.2 水圧試験等

1. 給水設備及び給湯設備の水圧試験は、特記による。
2. 器具取付け後に通水、通湯試験を行う。
3. 排水設備は、衛生器具等の取付け完了後に通水試験を行う。

6.2 給水・給湯設備工事

6.2.1 材料

1. 衛生設備設計図及び配管計画書に基づく各経路の管、継手、弁類及び給水栓の品質は、 特記による。
2. 高温設定が可能な給湯器を使用する場合は、管及び継手の品質は、各製造所の仕様 による。
3. 防露・保温材の品質は、特記による。

6.2.2 配管

配管の施工は、特記による。

6.2.3 その他

1. 給湯設備は、転倒・移動しないよう適切に設置する。
2. 給湯設備工事は、建築基準法、同法施行令、同法告示、同法に基づく条例その他関 係法令に基づいて施工する。

6.3 排水設備工事

6.3.1 材料

衛生設備設計図及び配管計画書に基づく各経路の管及び継手の品質は、特記による。

6.3.2 配管

配管の施工は、特記による。

6.3.3 ます

1. ますの構造は、特記による。
2. ますの施工は、特記による。

7.1 一般事項

7.1.1 法令等の遵守

1. 都市ガス用設備工事は、ガス事業法、同法施行令、同法施行規則、ガス工作物の技術上の基準を定める省令、同告示、同解釈例、その他関係法令及びガス事業者が規定する供給約款、技術基準等に基づきガス事業者が設計、施工、検査を行う。
   都市ガス機器等設置工事は、ガス事業法、同法施行令、同法施行規則、特定ガス消費機器の設置工事の監督に関する法律、同法施行令、同法施行規則、消防法、ガス機器の設置基準及び実務指針（一般財団法人日本ガス機器検査協会発行）、その他関係法令に基づき施工する。

2. 液化石油ガス用設備工事・液化石油ガス機器等設置工事は、高圧ガス保安法、同法施行令、同法液化石油ガス保安規則及び同法規則関係基準、同法容器保安規則、液化石油ガスの保安の確保及び取引の適正化に関する法律、同法施行令、同法施行規則及び同法規則関係基準、特定ガス消費機器の設置工事の監督に関する法律、同法施行令、同法施行規則、消防法、ガス機器の設置基準及び実務指針（一般財団法人日本ガス機器検査協会発行）、並びにその他関係法令に基づき施工する。なお、工事の施工にあたっては、液化石油ガス設備士（液化石油ガスの保安の確保及び取引の適正化に関する法律に規定する液化石油ガス設備士をいう。）が工事の施工、検査及び試験を行う。

3. 炊事室に設置されるガス配管が、仕上材等により隠されている場合には、配管設備を点検するために必要な開口部又は掃除口による清掃を行うために必要な開口を、当該仕上材等に設ける。

7.2 ガス設備工事

7.2.1 都市ガス設備の材料等
管及び継手の品質は、特記による。

7.2.2 液化石油ガス設備の材料等
管及び継手の品質は、特記による。

7.2.3 配管
配管の施工は、特記による。

7.2.4 ガス栓の取付け
ガス栓の取付けは、特記による。

7.3 ガス機器等

7.3.1 ガス機器
ガス機器は、特記による。

7.3.2 ガス漏れ警報器
ガス漏れ警報器は、特記による。

8. 電気工事

8.1 一般事項

8.1.1 法令等の遵守

　この工事は、電気事業法、電気設備に関する技術基準を定める省令、電気用品安全法、建築基準法、消防法、電気工事士法、その他関係法令、一般社団法人日本電気協会が定める内線規程及び各電力会社の供給規程に基づいて施工する。

8.1.2 試験

1. 電気設備工事の絶縁抵抗の試験は、配線の電線相互間、電線と大地間及び機器と大地間について、開閉器等で区切ることのできる区間ごとに測定し、絶縁抵抗値は、機器を含み2MΩ以上とする。
2. 弱電設備工事の絶縁抵抗の試験は、電線相互間及び電線と大地間について、1回路又は1系統ごとに測定し、絶縁抵抗値は、機器を含み1MΩ以上とする。ただし、絶縁抵抗試験を行うのに不適当な部分は、これを除外して行う。
3. 絶縁抵抗測定試験が完了したあとは、必要な手順に従って通電のうえ、各種動作試験を行い、不都合な点のある場合は、適正な動作をするように調整する。
4. 接地抵抗測定試験の抵抗値は、D種接地工事では100Ω以下とし、C種接地工事では10Ω以下とする。

8.2 電力設備工事・弱電設備工事

8.2.1 器具及び材料

　電気設計図に基づく各回路の器具及び材料は、特記による。

8.2.2 施工

　電力設備・弱電設備の施工は、特記による。

9.断熱工事（断熱等性能等級2相当）

9.1 一般事項

9.1.1 適用

1. 住宅を断熱構造とする工事（以下、「断熱工事」という。）に係る事項は、Ⅲ-1-1（省エネルギー性に関する基準①（断熱等性能等級4）に係る仕様）を標準とし、これにより難い場合は、この項による。なお、住宅の品質確保の促進等に関する法律（平成11年法律第81号）に基づく評価方法基準（平成13年国土交通省告示第1347号）第5の5-1の断熱等性能等級2によることもできる。
2. 本項における地域の区分は、巻末付録1（地域の区分一覧表）による。
3. 断熱工事の施工部分は、本章9.2（施工部位）による。
4. 各部位の断熱性能は、本章9.3（断熱性能）による。

9.1.2 断熱材

1. 断熱材の品質は、JISの制定のあるものはこの規格に適合したもので、原則として、JISマーク表示品とする。
2. 断熱材の形状及び種類は、次表による。なお、これ以外の断熱材を使用する場合は、試験によって熱伝導率等の性能が確かめられたものに限るものとする。

形　状	種　類	
	材　　　種	材　料　名
フェルト状断熱材	無機繊維系断熱材	グラスウール断熱材 ロックウール断熱材
ボード状断熱材	無機繊維系断熱材	グラスウール断熱材 ロックウール断熱材
	木質繊維系断熱材	インシュレーションファイバー断熱材 建材畳床
	発泡プラスチック系断熱材	ビーズ法ポリスチレンフォーム断熱材 押出法ポリスチレンフォーム断熱材 硬質ウレタンフォーム断熱材 ポリエチレンフォーム断熱材 フェノールフォーム断熱材
吹込み用断熱材	無機繊維系断熱材	吹込み用グラスウール断熱材 吹込み用ロックウール断熱材
	木質繊維系断熱材	吹込み用セルローズファイバー
現場発泡断熱材	発泡プラスチック系断熱材	建築物断熱用吹付け硬質ウレタンフォーム

3. 断熱材のホルムアルデヒドの発散量に関する品質については、特記による。

9.1.3 断熱材の保管・取扱い

1. 断熱材が雨などによって濡れることがないよう、十分配慮する。
2. 無機繊維系断熱材については、断熱材の上に重量物を載せないように十分注意する。
3. 発泡プラスチック系断熱材については、火気に十分注意する。

9.1.4 養生

1. 断熱工事終了後、後続の工事によって断熱材及び防湿材が損傷を受けないよう、必要に応じて養生を行う。
2. 施工中、屋外に面する断熱材は、雨水による濡れ、あるいは直射日光による劣化などにより損傷を受けないよう、必要に応じてシート類で養生する。

9.1.5 注意事項

1. 断熱工事は、他種工事との関連に十分留意し、確実な施工に最も適した時期に実施

する。
2. 使用する断熱材、防湿材の種類に応じ、工具、作業衣などをあらかじめ準備する。

9.2 施工部位

9.2.1 断熱構造とする部分

断熱工事の施工部位は、次による。ただし、本章9.2.2（断熱構造としなくてもよい部分）については、断熱構造としなくてもよい。

イ．住宅の屋根（小屋裏又は天井裏が外気に通じていない場合）、又は屋根の直下の天井（小屋裏又は天井裏が外気に通じている場合）

ロ．外気に接する壁

ハ．外気に接する床及び床下換気孔等により外気と通じている床（以下、「その他の床」という。）

9.2.2 断熱構造としなくてもよい部分

本章9.2.1（断熱構造とする部分）にかかわらず、断熱構造としなくてもよい部分は、次による。

イ．居住区画に面する部位が断熱構造となっている物置、車庫、その他これに類する区画の外気に接する部位

ロ．外気に通じる床裏、小屋裏又は天井裏の壁で外気に接するもの

ハ．断熱構造となっている外壁から突き出した軒、袖壁、ベランダ、その他これらに類するもの

ニ．玄関、勝手口、ユーティリティ等で床下空間を設けない土間コンクリートとする場合の床

ホ．床下換気孔等により外気に通じている場合で、バスユニットの裏面に断熱材が貼り付けられている又は吹き付けられることにより、断熱構造になっている浴室下部の土間床部分

9.3 断熱性能

9.3.1 一般事項

断熱材の厚さは、この項による。ただし、住宅金融支援機構が別に定める熱貫流率、熱抵抗又は外皮平均熱貫流率の基準に適合する断熱材の厚さを、計算等によって決定する場合、この項によらず特記による。

9.3.2 断熱材の種類

断熱材は、次表に掲げる種類の断熱材又は次表の熱伝導率を有する断熱材とする。

記号別の断熱材の種類と規格

記号		断熱材の種類	λ：熱伝導率 (W/(m·K))
A	A-1	吹込み用グラスウール 　　(LFGW1052、LFGW1352、LFGW1852) インシュレーションファイバー断熱材 (ファイバーボード) 建材畳床 (Ⅲ形)	λ = 0.052〜0.051
	A-2	グラスウール断熱材 　　通常品 (10-50、10-49、10-48) 　　高性能品 (HG10-47、HG10-46) 吹込み用ロックウール (LFRW2547) 建材畳床 (K、N形)	λ = 0.050〜0.046
B		グラスウール断熱材 　　通常品 (12-45、12-44、16-45、16-44、20-42、20-41) 　　高性能品 (HG10-45、HG10-44、HG10-43、HG12-43、 　　　　　　HG12-42、HG12-41) ロックウール断熱材 (LA、LB、LC) ビーズ法ポリスチレンフォーム断熱材4号 ポリエチレンフォーム断熱材1種1号、2号	λ = 0.045〜0.041
C		グラスウール断熱材 　　通常品 (20-40、24-38、32-36、40-36、48-35、64-35) 　　高性能品 (HG14-38、HG14-37、HG16-38、HG16-37、 　　　　　　HG16-36、HG20-38、HG20-37、HG20-36、 　　　　　　HG20-35、HG24-36、HG24-35、HG28-35、 　　　　　　HG32-35) インシュレーションファイバー断熱材 (ファイバーマット) 吹込み用グラスウール 　　(LFGW2040、LFGW2238、LFGW3238、LFGW3240、 　　LFGW3540) ロックウール断熱材 (LD、MA、MB、MC、HA、HB) ビーズ法ポリスチレンフォーム断熱材2号、3号 押出法ポリスチレンフォーム断熱材1種b (A、B、C) ポリエチレンフォーム断熱材2種 吹込み用セルローズファイバー 　　(LFCF2540、LFCF4040、LFCF4540、LFCF5040、 　　LFCF5540) フェノールフォーム断熱材 　　2種1号 (AⅠ、AⅡ)、3種1号 (AⅠ、AⅡ) 吹付け硬質ウレタンフォーム断熱材A種3 吹込み用ロックウール (LFRW6038)	λ = 0.040〜0.035
D		グラスウール断熱材 　　通常品 (80-33、96-33) 　　高性能品 (HG20-34、HG24-34、HG24-33、HG28-34、 　　　　　　HG28-33、HG32-34、HG32-33、HG36-34、 　　　　　　HG36-33、HG36-32、HG36-31、HG38-34、 　　　　　　HG38-33、HG38-32、HG38-31、HG40-34、 　　　　　　HG40-33、HG40-32、HG48-33、HG48-32、 　　　　　　HG48-31) ロックウール断熱材 (HC) ビーズ法ポリスチレンフォーム断熱材1号 押出法ポリスチレンフォーム断熱材2種b (A、B、C) フェノールフォーム断熱材2種2号 (AⅠ、AⅡ) 硬質ウレタンフォーム断熱材1種1号 (Ⅰ、Ⅱ) ポリエチレンフォーム断熱材3種 吹付け硬質ウレタンフォーム断熱材A種1、2	λ = 0.034〜0.029
E		押出法ポリスチレンフォーム断熱材 　　スキン層なし3種a (A、B、C)、3種b (A、B、C) 　　スキン層付き3種a (AⅠ、AⅡ、BⅠ、BⅡ、CⅠ、CⅡ)、 　　　　　　3種b (AⅠ、AⅡ、BⅠ、BⅡ、CⅠ、CⅡ)	λ = 0.028〜0.023

E	硬質ウレタンフォーム断熱材 　1種2号（Ⅰ、Ⅱ）、3号（Ⅰ、Ⅱ）、 　2種1号（AⅠ、AⅡ）、2号（AⅠ、AⅡ、BⅠ、BⅡ）、 　　　3号（Ⅰ、Ⅱ）、4号（Ⅰ、Ⅱ）、 　3種1号（AⅠ、AⅡ、BⅠ、BⅡ、CⅠ、CⅡ、DⅠ、DⅡ）、 　3種2号（AⅠ、AⅡ、BⅠ、BⅡ、CⅠ、CⅡ、DⅠ、DⅡ） フェノールフォーム断熱材2種3号（AⅠ、AⅡ） 吹付け硬質ウレタンフォーム断熱材A種1H、2H	$\lambda = 0.028 \sim 0.023$
F	押出法ポリスチレンフォーム断熱材 　スキン層なし3種aD、3種bD 　スキン層付き3種a（DⅠ、DⅡ）、3種b（DⅠ、DⅡ） 硬質ウレタンフォーム断熱材2種 　1号（BⅠ、BⅡ、CⅠ、CⅡ、DⅠ、DⅡ、EⅠ、EⅡ）、 　2号（CⅠ、CⅡ、DⅠ、DⅡ、EⅠ、EⅡ、FⅠ、FⅡ） フェノールフォーム断熱材1種 　1号（AⅠ、AⅡ、BⅠ、BⅡ、CⅠ、CⅡ、DⅠ、DⅡ、EⅠ、EⅡ）、 　2号（AⅠ、AⅡ、BⅠ、BⅡ、CⅠ、CⅡ、DⅠ、DⅡ、EⅠ、EⅡ）、 　3号（AⅠ、AⅡ、BⅠ、BⅡ、CⅠ、CⅡ、DⅠ、DⅡ、EⅠ、EⅡ）	$\lambda = 0.022$以下

9.3.3 断熱材の熱抵抗値又は厚さ

断熱材の熱抵抗値又は厚さは、地域の区分、施工部位、断熱材の種類に応じ、次表に掲げる数値以上とする。ただし、使用する断熱材に、その断熱材の熱抵抗値が表示されている場合には、各部位ごとに必要な熱抵抗値に適合していること。（「必要な熱抵抗値」の単位は$m^2 \cdot K/W$）

【早見表の活用にあたっての注意】

以下の早見表の断熱材の厚さは、断熱材の各グループのうち、熱伝導率の最大値を用いて算出した厚さを5mm単位で切り上げたものである。したがって、使用する断熱材によっては、必要厚さを早見表に掲げる数値よりも低い値とすることが可能であり、この場合の断熱材の種類・厚さは特記する。

1地域・2地域

部位 断熱材の厚さ	必要な熱抵抗値	断熱材の種類・厚さ（単位：mm）						
		A-1	A-2	B	C	D	E	F
屋根又は天井	2.7	145	135	125	110	95	80	60
壁	2.1	110	105	95	85	75	60	50
床　外気に接する部分	2.6	140	130	120	105	90	75	60
その他の部分	2.1	110	105	95	85	75	60	50

3地域・4地域

部位 断熱材の厚さ	必要な熱抵抗値	断熱材の種類・厚さ（単位：mm）						
		A-1	A-2	B	C	D	E	F
屋根又は天井	1.2	65	60	55	50	45	35	30
壁	0.8	45	40	40	35	30	25	20
床　外気に接する部分	0.8	45	40	40	35	30	25	20
その他の部分	0.7	40	35	35	30	25	20	20

5地域・6地域

部位 断熱材の厚さ	必要な熱抵抗値	断熱材の種類・厚さ（単位：mm）						
		A-1	A-2	B	C	D	E	F
屋根又は天井	0.8	45	40	40	35	30	25	20
壁	0.6	35	30	30	25	25	20	15
床　外気に接する部分	0.6	35	30	30	25	25	20	15
その他の部分	0.5	30	25	25	20	20	15	15

7地域・8地域

断熱材の厚さ 部位	必要な 熱抵抗値	断熱材の種類・厚さ（単位：mm）						
		A-1	A-2	B	C	D	E	F
屋根又は天井	0.5	30	25	25	20	20	15	15

9.3.4 断熱材の厚さ・熱抵抗値の特例

1つの部位で断熱材の厚さ又は熱抵抗値を減ずる場合には、以下の方法により行うものとする。ただし、2、3及び4の項目は、いずれか1つのみ適用できるものとする。

1. 1つの部位で断熱材の厚さ又は熱抵抗値を減ずる場合は、他のすべての部位の断熱材の厚さ又は熱抵抗値に、当該部位で減じた断熱材の厚さ又は熱抵抗値を付加するものとする。

2. 外壁の一部で熱抵抗値を減ずる場合は、次のイ、ロ又はハのいずれかの方法で当該部分で減じた熱抵抗値を補完するものとする。ただし、熱抵抗値を減ずる部分の面積は、開口部を除く外壁面積の30%以下とする。

   イ．□他の外壁で補完する場合は、当該壁で減じた熱抵抗値を他の外壁の熱抵抗値に付加する。

   ロ．□屋根又は天井で補完する場合は、当該壁で減じた熱抵抗値を屋根又は天井の熱抵抗値に付加する。

   ハ．□床で補完する場合は、当該壁で減じた熱抵抗値を床の熱抵抗値に付加する。

3. 外壁の一部で熱抵抗値を減ずる場合は、次のイ又はロの方法で当該部分で減じた熱抵抗値を開口部で補完するものとする。ただし、減じることができる熱抵抗値は、当該部分の基準値の1/2を上限とし、かつ、熱抵抗値を減ずる部分の面積は、開口部を除く外壁面積の30%以下とする。

   イ．□開口部（居室と区画されている玄関その他これに類する区画の出入口の建具を除く。）の建具を、地域の区分に応じ、次の（イ）〜（ハ）のいずれかとする。

   （イ）1地域及び2地域における開口部は、次による。

   a．窓又は引戸は、次のいずれかとする。

   （a）□ガラス単板入り建具の三重構造であるもの

   （b）□ガラス単板入り建具と低放射複層ガラス（空気層12 mm以上）入り建具との二重構造であるもの

   （c）□ガラス単板入り建具と複層ガラス（空気層12 mm以上）入り建具との二重構造であって、少なくとも一方の建具が木製又はプラスチック製であるもの

   （d）□二重構造のガラス入り建具で、ガラス中央部の熱貫流率が1.51（単位はW/(m²·K)。以下同じ。）以下のもの

   （e）□二重構造のガラス入り建具で、少なくとも一方の建具が木製又はプラスチック製であり、ガラス中央部の熱貫流率が1.91以下のもの

   b．窓、引戸又は框ドアは、次のいずれかとする。

   （a）□低放射複層ガラス（空気層12 mm以上）又は3層複層ガラス（空気層が各12 mm以上）入り建具であって、木製、プラスチック製、木と金属の複合材料製又はプラスチックと金属の複合材料製のいずれかであるもの

   （b）□木製、プラスチック製、木と金属の複合材料製又はプラスチックと金属の複合材料製のガラス入り建具で、ガラス中央部の熱貫流率が2.08以下のもの

   c．ドアは、次のいずれかとする。

   （a）□木製建具で、扉が断熱積層構造であるもの。なお、ガラス部分を有するものにあっては、ガラス部分を低放射複層ガラス（空気

層12 mm以上）、3層複層ガラス（空気層が各12 mm以上）、又は
ガラス中央部の熱貫流率が2.08以下のもののいずれかとする。

（b）□金属製熱遮断構造又は木若しくはプラスチックと金属との複合
材料製の枠と断熱フラッシュ構造扉（金属製表裏面材の中間に、断
熱材を密実に充填し、辺縁部を熱遮断構造としたものをいう。）で
構成される建具であるもの。なお、ガラス部分を有するものにあ
っては、ガラス部分を低放射複層ガラス（空気層12 mm以上）、3
層複層ガラス（空気層が各12 mm以上）、又はガラス中央部の熱貫
流率が2.08以下のもののいずれかとする。

（ロ）3地域における開口部は、次による。

a．窓又は引戸は、次のいずれかとする。

（a）□ガラス単板入り建具の二重構造で、少なくとも一方の建具が木
製又はプラスチック製であるもの

（b）□ガラス単板入り建具の二重構造で、枠が金属製熱遮断構造であ
るもの

（c）□ガラス単板入り建具と複層ガラス（空気層6 mm以上）入り建
具との二重構造であるもの

（d）□二重構造のガラス入り建具で、ガラス中央部の熱貫流率が2.30
以下のもの

b．窓、引戸又は框ドアは、次のいずれかとする。

（a）□複層ガラス（空気層6 mm以上）入り建具で、木製又はプラス
チック製のもの

（b）□ガラス単板2枚使用（中間空気層12 mm以上）、複層ガラス（空
気層12 mm以上）又は低放射複層ガラス（空気層6 mm以上）入り
建具であって、木と金属の複合材料製又はプラスチックと金属の
複合材料製のいずれかであるもの

（c）□ガラス単板2枚使用（中間空気層12 mm以上）、複層ガラス（空
気層12 mm以上）又は低放射複層ガラス（空気層6 mm以上）入り
建具であって、金属製熱遮断構造であるもの

（d）□木製又はプラスチック製のガラス入り建具で、ガラス中央部の
熱貫流率が3.36以下のもの

（e）□木と金属の複合材料製又はプラスチックと金属の複合材料製の
ガラス入り建具で、ガラス中央部の熱貫流率が3.01 以下のもの

（f）□金属製熱遮断構造のガラス入り建具であり、ガラス中央部の熱
貫流率が3.01 以下のもの

c．ドアは、次のいずれかとする。

（a）□木製建具で、扉が断熱積層構造であるもの。なお、ガラス部分
を有するものにあっては、ガラス部分をガラス単板2枚使用（中間
空気層12 mm以上）、複層ガラス（空気層12 mm以上）、低放射複
層ガラス（空気層6 mm以上）、又はガラス中央部の熱貫流率が
3.01以下のもののいずれかとする。

（b）□金属製熱遮断構造又は木若しくはプラスチックと金属との複合
材料製の枠と断熱フラッシュ構造扉で構成される建具であるもの。
なお、ガラス部分を有するものにあっては、ガラス部分をガラス
単板2枚使用（中間空気層12 mm以上）、複層ガラス（空気層12
mm以上）、低放射複層ガラス（空気層6 mm以上）、又はガラス中
央部の熱貫流率が3.01 以下のもののいずれかとする。

（ハ）4地域、5地域、6地域、7地域及び8地域における開口部は、次による。

a．窓又は引戸は、ガラス単板入り建具の二重構造とする。

b．窓、引戸又は框ドアは、次のいずれかとする。

（a）□ガラス単板2枚（中間空気層12 mm以上）入り建具

（b）□複層ガラス（空気層6 mm以上）入り建具

（c）□ガラス入り建具で、ガラス中央部の熱貫流率が4.00以下のものとする。

c．ドアは、次のいずれかとする。

（a）□扉がフラッシュ構造（金属製表裏面材の中間の密閉空気層を紙製若しくは水酸化アルミニウム製の仕切り材で細分化した構造、又は当該密閉空気層に断熱材を充填した構造をいう。）の建具であるもの。ただし、ガラス部分を有するものにあっては、ガラス部分をガラス単板2枚使用（中間空気層12 mm以上）、複層ガラス（空気層6 mm以上）、又はガラス中央部の熱貫流率が4.00以下のもののいずれかとする。

（b）□扉が木製の建具であるもの。ただし、ガラス部分を有するものにあっては、ガラス部分をガラス単板2枚使用（中間空気層12 mm以上）、複層ガラス（空気層6 mm以上）、又はガラス中央部の熱貫流率が4.00以下のもののいずれかとする。

（c）□扉が金属製熱遮断構造パネルの建具であるもの。ただし、ガラス部分を有するものにあっては、ガラス部分をガラス単板2枚使用（中間空気層12 mm以上）、複層ガラス（空気層6 mm以上）、又はガラス中央部の熱貫流率が4.00以下のもののいずれかとする。

ロ．□開口部（居室と区画されている玄関その他これに類する区画の出入口の建具を除く。）の熱貫流率を、地域の区分に応じ、次の表に掲げる数値以下とする。

地域の区分	1・2	3	4・5・6・7・8
熱貫流率 （W/（m²·K））	2.33	3.49	4.65

4．屋根又は天井で熱抵抗値を減ずる場合は、地域の区分に応じ、次のイ又はロのいずれかの方法で当該部分で減じた熱抵抗値を補完するものとする。ただし、減じることができる熱抵抗値は、当該部分の基準値の1/2を上限とする。

イ．□外壁で補完する場合は、減じた熱抵抗値の0.3倍以上を外壁の断熱材の熱抵抗値に付加する。

ロ．□開口部で補完する場合は、以下のいずれかによる。

（イ）□開口部（居室と区画されている玄関その他これに類する区画の出入口の建具を除く。）の建具を、本章9.3.4（断熱材の厚さ・熱抵抗値の特例）の3のイとする。

（ロ）□開口部（居室と区画されている玄関その他これに類する区画の出入口の建具を除く。）の熱貫流率を、地域の区分に応じ、次表に掲げる数値以下とする。

地域の区分	1・2	3	4・5・6・7・8
熱貫流率 （W/（m²·K））	2.91	4.07	4.65

5．1地域及び2地域において、真壁造の壁体内に断熱材を充填し、その他の壁及び天井に施工する断熱材の熱抵抗値を、次表に掲げる数値以上とする。

部位	工法	断熱材の熱抵抗値 （m²·K/W）
屋根又は天井	天井に断熱材を施工するもの	3.1
壁	大壁造で断熱材を施工するもの	2.0

6．一戸建住宅にあっては、床の「外気に接する部分」のうち、住宅の床面積の合計の5%以下の部分については、本章9.3.3（断熱材の熱抵抗値又は厚さ）における早見表において、「その他の部分」とみなすことができる。

9.4 断熱材等の施工

9.4.1 断熱材等の加工

1. 切断などの材料の加工は、清掃した平たんな面上で、定規等を用い正確に行う。
2. 加工の際、材料に損傷を与えないように注意する。
3. ロールになったフェルト状断熱材を切断する場合は、はめ込む木枠の内のり寸法より5～10mm大きく切断する。
4. ボード状断熱材は、専用工具を用いて内のり寸法にあわせて正確に切断する。

9.4.2 断熱材の施工

1. 断熱材は、すき間なく施工する。
2. 断熱材を充填する場合は、周囲の木枠との間及び室内側下地材とのすき間が生じないよう均一にはめ込む。
3. 充填工法の場合は、フェルト状、ボード状又は吹込み用断熱材を、根太やたて枠などの木枠の間にはめ込み、又は天井の上に敷き込むことにより取り付ける。
4. ボード状断熱材を充填する場合、すき間が生じた時は、現場発泡断熱材などで適切に補修する。
5. ボード状断熱材又はフェルト状断熱材をたる木、屋根下張材等の外側に張り付ける（外張りする）場合は、断熱材の突付け部を、たる木などの下地がある部分にあわせ、すき間が生じないようにくぎ留めする。
6. 耳付きの防湿層を備えたフェルト状断熱材を施工する場合は、耳を木枠の室内側見付け面に、間隔200mm内外でステープル留めとする。
7. 上記以外の取付けを行う場合は、特記による。

9.4.3 防湿材の施工

1. 防湿材は、次のいずれかに該当するもの、又はこれらと同等以上の透湿抵抗を有するものとする。
   - イ．□ JIS A 6930（住宅用プラスチック系防湿フィルム）に適合するもの
   - ロ．□ JIS Z 1702（包装用ポリエチレンフィルム）に適合するもので、厚さ0.05mm以上のもの
   - ハ．□ JIS K 6781（農業用ポリエチレンフィルム）に適合するもので、厚さ0.05mm以上のもの
2. グラスウール、ロックウール、セルローズファイバー等の繊維系断熱材及びJIS A 9526に規定する吹付け硬質ウレタンフォームA種3、その他これらに類する透湿抵抗の小さい断熱材（以下「繊維系断熱材等」という。）を使用する場合は、外気等に接する部分に防湿材等を室内側に施工して防湿層を設ける。ただし、次のいずれかの場合は、当該部位について防湿層の設置を省略することができる。
   - イ．床断熱において、断熱材下側が床下に露出する場合又は湿気の排出を妨げない構成となっている場合
   - ロ．建設地の地域の区分が8地域（沖縄県）の場合
   - ハ．断熱層が単一の材料で均質に施工され、透湿抵抗比（断熱層の外気側表面より室内側に施工される材料の透湿抵抗の合計値を、断熱層の外気側表面より外気側に施工される材料の透湿抵抗の合計値で除した値）が、次の値以上である場合
     - （イ）1地域、2地域及び3地域で、壁は4、屋根又は天井は5
     - （ロ）4地域で、壁は2、屋根又は天井は3
     - （ハ）5地域、6地域及び7地域で、壁、屋根又は天井は2
   - ニ．イからハと同等以上の結露の発生の防止に有効な措置を講ずる場合は、特記による。
3. 防湿材の施工は、次のいずれかによる。
   - イ．□防湿材は、幅広の長尺シートを用い、連続させ、すき間のできないように施

工する。また、継目は下地材のあるところで30mm以上重ね合わせる。

ロ. □イによらず耳付きの防湿材を備えたフェルト状断熱材を用いる場合は、防湿層を室内側に向けて施工する。なお、防湿材の継目は、すき間が生じないよう十分突き付け施工する。すき間が生じた場合は、1に掲げる防湿材、アルミテープ等の防湿テープで補修する。

4. 防湿材は、電気配線や設備配管などにより破られないよう注意して施工する。万一、防湿材が破れた場合は、アルミテープ等の防湿テープで補修する。

9.4.4 防風材の施工

1. 防風材は、通気層を通る外気が断熱層に侵入することを防止する材料とし、十分な強度及び透湿性を有するもので、次のいずれか、又はこれらと同等以上の強度及び透湿性を有するものとする。

   イ. JIS A 6111（透湿防水シート）に適合するシート
   ロ. 合板
   ハ. シージングボード
   ニ. 火山性ガラス質複層板、MDF、構造用パネル（OSB）等の面材
   ホ. 付加断熱材として使用される発泡プラスチック系断熱材、ボード状繊維系断熱材
   ヘ. 付属防湿層付き断熱の外気側シート

2. 繊維系断熱材等を屋根・外壁の断熱に用い、通気層がある場合は、断熱層の屋外側に防風層を設ける。

3. 防風材は、すき間のないように施工する。

4. シート状防風材は、通気層の厚さを確保するため、ふくらまないように施工する。

9.4.5 基礎の施工

基礎断熱の場合の基礎の施工は、次による。

1. 床下空間を有する基礎断熱工法とする場合又は土間コンクリート床の場合、断熱位置は、基礎の外側、内側又は両側のいずれかとする。

2. 断熱材は吸水性が小さい材料を用い、原則として、基礎底盤上端から基礎天端まで、打込み工法により施工する。

3. 断熱材の継目は、すき間ができないように施工する。型枠脱型後、すき間が生じている時は、現場発泡断熱材などで補修する。

4. 基礎の屋外側に設ける断熱材は、外気に接しないよう、外装仕上げを行う。

5. 基礎天端と土台との間には、すき間が生じないようにする。

6. 床下防湿及び防蟻措置は、本章3.5.5（床下防湿・防蟻措置）による。

7. ポーチ、テラス、ベランダ等の取合い部分で断熱欠損が生じないよう施工する。

9.4.6 床の施工

床断熱の場合の床の施工は、次による。

1. 最下階の床及び外気に接する床の断熱材の施工にあたっては、施工後、有害なたるみ、ずれ、屋内側の材料との間にすき間が生じないよう、原則として、受け材を設ける。

2. 床下の換気は、本章3.4.9（床下換気）による。

3. 地面からの水蒸気の発生を防ぐため、本章3.4.13（床下防湿）による床下防湿工事を行う。

4. バスユニット下部の床、バリアフリー対応を行った場合の和室の床においても、断熱材と防湿材を連続して施工し、断熱層と防湿層を設ける。

5. 土間コンクリート床は、本章3.4.5（土間コンクリート床）による。

9.4.7 壁の施工

1. 断熱材の施工にあたっては、長期間経過してもずり落ちないよう施工する。

2. 断熱材は、原則として、たて枠間及び下枠から上枠まですき間なくはめ込むか、又は外張りとする。
3. 断熱材は、配管部分にすき間ができないように注意して施工する。
4. 断熱層の屋外側に通気層を設け、壁内結露を防止する構造とし、特記による。特記のない場合は、本章4.10.10（外壁内通気措置）による。
5. 配管部は、管の防露措置を行うとともに、断熱材は配管の屋外側に施工する。

9.4.8 天井の施工
天井断熱の場合の天井の施工は、次による。
1. 天井の断熱材は、天井と外壁との取合い部、間仕切り壁との交差部、天井根太間の部分で、すき間が生じないよう注意して天井全面に施工する。
2. 天井の断熱材は、天井根太間にはめ込む。
3. 天井の断熱材により小屋裏換気経路がふさがれないように注意して施工する。
4. 小屋裏換気については、本章4.13（小屋裏換気・軒裏換気）による。
5. 埋込み照明器具（ダウンライト）を使用する場合には、次のいずれかによる。
   - イ. □器具を断熱材でおおうことができるS形ダウンライト等を使用し、グラスウール、ロックウール等の不燃性の断熱材を連続して施工し、断熱層を設ける。
   - ロ. □S形ダウンライト以外の埋込み照明器具を使用し、過熱による発火防止のため上部には断熱材をおおわないこととする。これによらない場合は、各製造所の仕様による。

9.4.9 屋根の施工
屋根断熱の場合の施工は、次による。
1. 断熱材を屋根のたる木間に施工する場合は、施工後、有害なたるみ、ずれ、すき間などが生じないよう、原則として、受け材を設ける。
2. 断熱材を屋根のたる木の屋外側に取り付ける場合は、屋根と外壁の取合い部で、断熱材のすき間が生じないよう注意して施工する。
3. 断熱材の外側には、通気層を設ける。また、断熱材として繊維系断熱材等を使用する場合には、断熱材と通気層の間に防風層を設ける。
4. 屋根断熱の通気層への入気等のため、軒裏には通気孔を設ける。

9.4.10 注意事項
住宅の次に掲げる部位では、おさまりと施工に特に注意し、断熱材及び防湿材にすき間が生じないようにする。
   - イ. 外壁と天井及び屋根との取合い部
   - ロ. 外壁と床との取合い部
   - ハ. 間仕切り壁と天井及び屋根又は床との取合い部
   - ニ. 下屋の小屋裏の天井と壁との取合い部

10.内外装工事

10.1 左官工事

10.1.1 一般事項

10.1.1.1 下地工法

1. 外壁を湿式仕上げとする場合は、壁体内通気を可能とする構造とし、本章4.10.10.1（一般事項）の1及び本章4.10.10.2（工法）による。ただし、次のいずれかによる場合は、この限りではない。

   イ．軒の出及びけらばの出を60 cm以上とする。

   ロ．軒の出及びけらばの出を30 cm以上とし、かつ、外壁には雨水の浸入を防止する有効な仕上げを施す。

2. 外壁を湿式仕上げとする場合は、下地をラス張りとする。ただし、平ラスは用いない。これによらない場合は、特記による。

10.1.1.2 下地処理

1. 下地は、塗付け直前によく清掃する。

2. コンクリート・コンクリートブロックなどの下地は、あらかじめ適度の水湿しを行う。

3. 木毛セメント板の下地は、継目の目透かし部にモルタルを詰め込む。

10.1.1.3 養生

1. 施工にあたっては、近接する他の部材及び他の仕上げ面を汚損しないように紙張り、シート掛け、板おおいなどを行い、施工面以外の部分を保護する。

2. 塗面の汚染や早期乾燥を防止するため、通風、日照を避けるよう外部開口部の建具には窓ガラスをはめるとともに、塗面にはシート掛け、散水などの措置をする。

3. 寒冷期には、暖かい日中を選んで施工するように努める。気温が2℃以下の場合及びモルタルが適度に硬化しないうちに2℃以下になるおそれのある場合は、作業を中止する。やむを得ず、作業を行う場合は、板囲い、シートおおいなどを行うほか、必要に応じて採暖する。なお、工事監理者がいる場合には、その指示を受ける。

10.1.2 モルタル下地ラス張り工法

10.1.2.1 一般事項

1. モルタル下地ラス張りとする場合は、壁体内通気を可能とする構造とし、本章4.10.10.1（一般事項）の1及び本章4.10.10.2（工法）による。これによらない場合は、本章10.1.1.1（下地工法）の1のイ又はロによることとし、ラス張りは本章10.1.2.3（波形ラス張り）、本章10.1.2.5（ラスシート張り）又は本章10.1.2.6（特殊なラス張り）による。

2. モルタル下地ラス張りは、胴縁の上に面材若しくはラス下地板等を設けてラス張りを行う場合（2層下地工法）は、本章10.1.2.3（波形ラス張り）による。また、面材若しくはラス下地板等を用いないで胴縁の上に直接ラス張りを行う場合（単層下地工法）は、本章10.1.2.4（紙付きリブラス張り）による。

3. ラスを用いない工法の場合は、特記による。

10.1.2.2 材料

1. 防水紙は、JIS A 6005（アスファルトルーフィングフェルト）に適合するアスファルトフェルト430、改質アスファルトフェルト、又はこれらと同等以上の性能を有するものとする。

2. 波形ラスの品質は、JIS A 5505（メタルラス）に適合するW700で防錆処理をしたものとする。

3. 紙付きリブラスの品質は、JIS A 5505（メタルラス）に適合するリブラスCで防錆処理したものとする。

4. 特殊ラスの品質は、質量0.7 kg/m² 以上とし、防錆処理をしたもので、モルタルの塗厚が十分確保できるような製品とする。

5. ラスシートの品質は、JIS A 5524（ラスシート（角波亜鉛鉄板ラス））に適合するもので、LS 1（非耐力壁）、LS 4（耐力壁）、又はこれらと同等以上の性能を有するものとする。

6. ラスの取付け金物はステープルとし、JIS A 5556（工業用ステープル）に適合するL1019J（線厚0.6 mm×線幅1.15 mm×足長さ19 mm以上）、又はこれと同等以上の性能を有するものとする。

7. ラスシートの取付け金物は、板厚0.3 mm以上、径15 mm以上の座金を付けたN38くぎとし、いずれも防錆処理したものとする。

10.1.2.3 波形ラス張り

1. 防水紙は、継目を縦、横とも90 mm以上重ね合わせる。留付けはステープルを用い、継目部分は約300 mm間隔に、その他の箇所は要所に行い、たるみ、しわのないように張る。ただし、軒裏の場合は、防水紙を省略する。

2. 波形ラスの継目は縦、横とも30 mm以上重ね継ぐ。ラスの留付けは、ステープルで100 mm以内に、ラスの浮上がり、たるみのないよう下地板に千鳥に打ち留める。

3. 出隅及び入隅などの継目は突付けとし、200 mm幅の共材のラス（平ラスF450以上）を中央から90°に折り曲げ、上から張り重ねる。また、開口部には200 mm×100 mmの共材のラス（平ラスF450以上）を各コーナーにできる限り近づけて斜めに二重張りとする。

4. シージングインシュレーションボードの上に張る場合の打留めは、特記による。

10.1.2.4 紙付きリブラス張り

1. 紙付きリブラスの張り方は、壁面ごとに下部から留付け上げ、横方向には千鳥状に張り、留め付ける。横方向の継目は30 mm以上60 mm以内に重ね、縦方向の継目は端部リブ山を重ね、開口端部では継目を設けない。

2. ラスの留付けは、T線以上の線径と足長さが25 mm以上のステープルを用い、必ず胴縁下地の上ですべてのリブを留め付ける。

3. 出隅、入隅部は突合せとし、補強用平ラスを90°に曲げて下張りしたラスの上から固定する。

10.1.2.5 ラスシート張り

1. ラスシートLS 1を使用する場合は、継目は1山重ね、受け材当たり（たて枠又はころび止め等）に本章10.1.2.2（材料）の7の座金付きN38くぎを間隔200 mm以内に平打ちする。なお、LS 1のうち板厚が0.19 mmを使用する場合の受け材の間隔は、455 mm以内とする。

2. 張り方は、受け材がたて枠の場合は横張り、胴縁の場合は縦張りとし、横張り、縦張りとも下部より上部へ向かって漏水しないよう入念に張り上げる。なお、斜め張りは行ってはならない。

3. ラスシートLS 4を使用する場合は、以下による。

   イ. ラスシートの品質は、JIS A 5524（ラスシート（角波亜鉛鉄板ラス））に適合するもので、LS 4（角波亜鉛鉄板の厚さが0.4 mm以上、メタルラスの厚さが0.6 mm以上のものに限る。）とする。

   ロ. 張り方は、3'×8'（910 mm×2,440 mm）若しくは3'×9'（910 mm×2,730 mm）版を縦張りし、土台及び壁の端部まで張る。

   ハ. 継目部分は横重ね代を1山重ねとし、縦重ね代を30 mm以上とし、鉄板は鉄板で、ラスはラスで重ね結束する。

   ニ. 開口部等でラスシートを切り抜く場合は、事前に鉄板を短く、ラスを長くなるように切断し、巻き込む。

   ホ. くぎ打ちは、亜鉛めっきされたCN50又はCNZ50を外周部100 mm間隔以内、中間部200 mm間隔以内に平打ちする。

10.1.2.6 特殊なラス張り

モルタルの塗厚及び下地材等への保持力が十分確保できる製品とし、特記による。

10.1.3 モルタル塗り

10.1.3.1 材料

1. 普通ポルトランドセメント及び白色セメントの品質は、JIS R 5210（ポルトランドセメント）に適合するもの、又はこれと同等以上の性能を有するものとする。
2. 砂は、有害量の鉄分、塩分、泥土、塵芥及び有機物を含まない良質なものとする。
3. 水は、有害量の鉄分、塩分、硫黄分及び有機不純物などを含まない清浄なものとする。
4. 混和材として用いる消石灰の品質は、JIS A 6902（左官用消石灰）に適合するもの、又はこれと同等以上の性能を有するものとする。
5. ポルトランドセメントに骨材、混和材料又は顔料などを工場で配合したセメント類を用いる場合は、特記による。

10.1.3.2 調合

モルタルの調合（容積比）は、下表を標準とする。

下　　地	塗付け箇所	下塗り・ラスこすり セメント：砂	むら直し・中塗り セメント：砂	上塗り セメント：砂：混和材
コンクリート コンクリートブロック	床	—	—	1：2
	内壁	1：2	1：3	1：3：適量
	外壁　その他	1：2	1：3	1：3：適量
メタルラス ラスシート	内壁	1：3	1：3	1：3：適量
	天井	1：2	1：3	1：3：適量
	外壁　その他	1：3	1：3	1：3
木毛セメント板	内壁	1：2	1：3	1：3：適量
	外壁　その他	1：2	1：3	1：3

注1）混和材（剤）は、消石灰、ドロマイトプラスター、ポゾラン、合成樹脂などとする。
　2）ラスこすりには必要であれば、すさ（つた）を混用してもよい。
　3）適量とは、セメントに対する容積比で、無機質系の場合は20％以下、合成樹脂系の場合は0.1〜0.5％以下とし、各々製造所の仕様による。

10.1.3.3 塗厚

塗厚は、下表を標準とする。

下　　地	塗付け箇所	塗厚（単位：mm）			
		下塗り・ラスこすり	むら直し	中塗り	上塗り
コンクリート コンクリートブロック 木毛セメント板	床	—	—	—	25
	内壁	6	0〜6	6	3
	外壁　その他	6	0〜9	0〜9	6
メタルラス ラスシート	内壁	ラス面より約1mm厚くする	0〜6	6	6
	天井・ひさし		—	0〜6	3
	外壁　その他		0〜9	0〜9	6

10.1.3.4 壁塗り工法

1. 下塗り（ラスこすり）は、次による。
   - イ．こて圧を十分にかけてこすり塗りをし、塗厚はラスを被覆するようにし、こては下から上に塗り付ける。水引き加減をみて木ごてでならし、目立った空隙を残さない。下塗り面は、金ぐしの類で全面にわたり荒し目を付ける。
   - ロ．塗り付けた後、2週間以上できるだけ長期間放置して、次の塗付けにかかる。
2. むら直しは、次による。
   - イ．下塗りは乾燥後、著しいひび割れがあれば、目塗りをし、下地面が平たんになっていない部分又は凹部は、つけ送りしつつむら直しを行い、金ぐしの類で荒し目を付ける。
   - ロ．むら直しの後、下塗りと同様の放置期間をおく。

3. 中塗りは、次による。

　　定規ずりしながら、こて圧を十分にかけて平たんに塗り付ける。縦形部は、型板を用い、すみ、角、ちり回りは、中塗り前に定規ずりをする。

4. 上塗りは、次による。

　　中塗りの硬化の程度を見計らい、すみ、角及びちり回りに注意して、こて圧を十分に塗り付け、水引き程度をみて、むらなく平たんに塗り上げる。なお、仕上げについては、特記による。

10.1.3.5 床塗り工法

床塗りは、次による。

　　イ．床コンクリート面にモルタル塗りを施す場合は、コンクリート打込み後、なるべく早くとりかかる。

　　ロ．コンクリート打込み後、日数のたったものは、純セメントペーストを十分に流し、ほうきの類でかきならした後、塗付けにかかる。なお、吸水調整材を使用する場合は、各製造所の仕様による。

　　ハ．塗付けは、硬練りモルタルとし、水平、勾配など十分注意しながら定規ずりを行い、水引き具合いを見ながら、こてで平滑に押さえ仕上げる。

10.1.3.6 防水モルタル

1. 材料は、本章10.1.3.1（材料）によるものとし、防水剤は製造所の特記による。
2. 調合は、各製造所の仕様による。
3. 塗厚は、20mmとする。
4. 工法は、次のとおりとする。

　　イ．下地処理を行う。

　　ロ．防水モルタルは、材料を正確に計量し、十分に練り混ぜる。

　　ハ．下塗りは、水勾配等を考えて、金ごてで入念に塗り付け、荒し目を付ける。

　　ニ．上塗りは、塗厚均等に、金ごてで入念に塗り付ける。

10.1.4 せっこうプラスター塗り

10.1.4.1 材料

1. せっこうプラスターの品質は、JIS A 6904（せっこうプラスター）に適合するもの、又はこれと同等以上の性能を有するものとし、種類は既調合プラスター及び現場調合プラスターとする。ただし、製造後6カ月以上経過したものは使用しない。
2. すさを混入する場合は、白毛すさで長さ30mm程度のものとする。

10.1.4.2 調合・塗厚

調合（容積比）及び塗厚は、下表を標準とする。

下　　　地	塗り層の種別	骨材配合比（容積比）				白毛すさ(g)プラスター20kg当たり	塗厚(mm)
		せっこうプラスター			砂		
		既調合プラスター		現場調合プラスター			
		上塗り用	下塗り用				壁
コンクリート コンクリートブロック ラス 木毛セメント板	中塗り	－	1.0	－	2.0	200	8.0
	上塗り	1.0	－	－	－	－	3.0
せっこうラスボード	下塗り	－	※2	1.0	1.5	－	8.0
	中塗り	－	※2	1.0	2.0	－	6.0
	上塗り	1.0	－	－	－	－	3.0

　注1）コンクリート下地、コンクリートブロック下地、ラス下地及び木毛セメント板下地は、むら直しまでモルタル塗りの仕様による。
　　2）既調合プラスター（下塗り用）を使用する場合は、現場調合プラスターの塗厚のみ該当する。

10.1.4.3 コンクリート下地、コンクリートブロック下地、ラス下地及び木毛セメント板下地
　　　　の場合の工法
　　1. 下塗り（ラスこすり）及びむら直しは、本章10.1.3.4（壁塗り工法）の1及び2による。
　　2. 中塗りは、次による。
　　　　イ．セメントモルタルによる下塗りが完全に乾燥したあと、既調合プラスター下塗
　　　　　　り用を練り上げ、一度薄くこすり塗りをしたあと、中塗りを行う。
　　　　ロ．水引き加減をみて、木ごてで打ち直しをしたあと、平たんに押さえる。
　　3. 上塗りは、次による。
　　　　イ．中塗りが半乾燥の時期に、既調合プラスター上塗り用を金ごてを用いて押さえ
　　　　　　るように平たんに塗り付ける。
　　　　ロ．水引き加減をみて仕上げごてを用いてなで上げ、最後に水はけで仕上げる。

10.1.4.4 せっこうラスボード下地の場合の工法
　　1. 下塗りは、次による。
　　　　せっこうラスボード下地を点検後、現場調合プラスターを一度下こすり塗りしたあ
　　　　と、引き続き下塗りを平たんに塗り付け、水引き加減をみてむら直しをする。
　　2. 中塗り及び上塗りは、次による。
　　　　下塗りの翌日に行う。その後の工法は、本章10.1.4.3（コンクリート下地、コンクリ
　　　　ートブロック下地、ラス下地及び木毛セメント板下地の場合の工法）の2及び3に準
　　　　ずる。

10.1.4.5 せっこうボード下地の場合の工法
　　既調合プラスターを使用し、調合、工法等は製造所の仕様によることとし、特記による。

10.1.5 繊維壁塗り

10.1.5.1 材料
　　1. 繊維壁材の品質は、JIS A 6909（建築用仕上塗材）に適合するもの、又はこれと同等
　　　　以上の性能を有するものとし、種類は、内装水溶性樹脂系薄付け仕上塗材とする。
　　　　ただし、耐湿性、耐アルカリ性又はカビ抵抗性を必要とする場合は、特記による。
　　2. 材料は、水に濡らさないよう保管し、製造後2年以上経過したものは使用しない。
　　3. 材料のホルムアルデヒドの発散量に関する品質については、特記による。

10.1.5.2 調合・混練等
　　1. 容器に指定量の水を入れ、合成樹脂エマルションを使用する場合は、これを混合し
　　　　たあと、製品包装の全量をよくほぐしながら加え、均一になるよう練り混ぜる。
　　2. 混練方法及び混水量は、各製造所の仕様による。
　　3. 色変わりを防ぐため、繊維壁材は、施工途中で不足することのないように準備する。

10.1.5.3 塗厚
　　こて塗り又は吹付けいずれの場合も、下地が見えない程度の塗厚に仕上げる。

10.1.5.4 工法
　　1. こて塗りの場合は、次による。
　　　　イ．塗付けの途中で繊維の固まりなどができた時は、これを取り除き、塗り見本の
　　　　　　模様と等しくなるように塗り広げる。
　　　　ロ．仕上げは、水引き加減を見計らい、上質の仕上げごてを水平に通し、返しこて
　　　　　　をせずこてむらを取る。ただし、その際に押さえすぎないように注意する。
　　2. 吹付けの場合は、次による。
　　　　イ．スプレーガンノズルを下面に対して直角に保ち、模様むら、吹継ぎむら及び吹
　　　　　　残しのないように注意して施工する。
　　　　ロ．スプレーガンの種類、ノズルの口径、吹付け圧、吹付け距離などの吹付け条件は、
　　　　　　繊維壁材の種類によって異なるので、製造業者の指定による。
　　3. 施工は乾燥した日を選んで行い、仕上げ後は通風を与えて、なるべく早く乾燥させる。

10.2 タイル張り

10.2.1 材料

1. 陶磁器質タイルの品質は、JIS A 5209（セラミックタイル）に適合するもの、又はこれと同等以上の性能を有するものとする。
2. 使用するタイルの形状、寸法、色合い、裏型などは、あらかじめ見本品を提出して、建築主又は工事監理者の承諾を受ける。
3. 下地モルタルは、現場調合とする場合は、本章10.1.3.2（調合）による。また、既調合モルタルを使用する場合は、製造所によるものとし、特記による。
4. 接着剤の品質は、JIS A 5548（セラミックタイル張り内装用有機系接着剤）に適合するもの、又はこれと同等以上の性能を有するものとする。なお、内装工事に使用する接着剤のホルムアルデヒドの発散量に関する品質については、特記によることとし、トルエン、キシレンの放散が極力小さいものを使用する。有機溶剤系接着剤を使用する場合は、その使用量を最小限に抑え、十分に養生期間を設ける等の配慮をする。
5. 混和剤は、特記による。なお、工事監理者がいる場合は、その承諾を受ける。

10.2.2 下地ごしらえ

1. 下地面は、あらかじめ、本章10.1.3（モルタル塗り）に準じて厚さ10mm以上のモルタルを、木ごてを使用して押え塗りとする。
2. 積上げ張りについては、不陸直し程度にモルタルを塗り、荒し目を付ける。

10.2.3 床タイル張り工法

1. 床タイル及びモザイクタイルの場合は、砂とセメントを十分にから練りして適度の湿りをもたせたモルタルを敷きならしたあと、セメントペーストを用いて張り付ける。
2. 張付けは、目地割りに基づき水糸を引き通しておき、すみ、角、その他要所を押さえ、通りよく水勾配に注意して行う。
3. 化粧目地詰めは、モルタルが硬化したあとに、目地部分を清掃したあとに行う。また、乾燥状態に応じて、適当な水湿しを行う。

10.2.4 壁タイル張り

1. 工法別の張付けモルタルの塗厚は、次表による。

工法別張付け用モルタルの塗厚

区　　　分		タ　イ　ル	モルタル塗厚（mm）
外装タイル張り	圧着張り（1枚張り）	小口平、二丁掛程度の大きさまで	4～6
	モザイクタイル張り	50二丁以下	3～5
内装タイル張り	積上げ張り（だんご張り）	各　　種	15～40
	圧着張り　1枚張り	100mm、108mm 150mm、200mm	3～4
	圧着張り　ユニット張り	150mm角以下	3～4
	モザイクタイル張り	50二丁以下	3～5
	接着剤張り	300mm角以下	2～3

2. 積上げ張りは、次により行う。
　　イ．張付けの順序は、目地割りに基づき水糸を引き通しておき、窓、出入口まわり、すみ、角などの役物を先に行う。
　　ロ．張付けは、タイル裏面に張付けモルタルを載せ、モルタルがすき間なく十分なじむように、タイルを下地に押しつけ、通りよく平らに下部から上部へ張り上げる。
　　ハ．張付けモルタルが十分でなくすき間ができた場合は、モルタルを補充する。

ニ．1日の張上げ高さは、1.2m程度までとする。

3．圧着張りは、次により行う。

イ．張付けの順序は、前項2のイによる。なお、一般平壁部分は、原則として、上部から下部へ張り進める。

ロ．張付けは、下地側に張付けモルタルをむらなく平らに塗り付け、ただちにタイルを張り付けて、タイルの周辺からモルタルが盛り上がるまで木づちの類を用いてたたき締める。

4．モザイクタイル張りは、次により行う。

イ．張付けの順序は、前項3のイによる。

ロ．張付け用モルタルを塗り付けたあと、タイルを張り付け、モルタルが軟らかいうちに、縦、横及び目地の通りをそろえて、目地部分にモルタルが盛り上がるまで木づちの類を用いてたたき締める。

ハ．表紙張りのモザイクタイルは、張付け後時期を見計らい、水湿しをして紙を剥がし、タイルの配列を直す。

5．接着剤張りは、次により行う。

イ．接着剤張り下地面（中塗り）の乾燥期間は、夏期にあっては1週間以上、その他の季節にあっては2週間以上を原則とし、十分乾燥させる。

ロ．接着剤の塗布面積、塗布量、塗布後の放置時間等は、それぞれ各製造所の仕様によることとし、工事監理者がいる場合は、その承認を受ける。

ハ．接着剤の塗付けは、金ごてを用いて下地面に押しつけるように塗り広げ、くし目ごてを用いてくし目を付ける。

ニ．タイルの張付けは、壁面上部からタイルをもみ込むようにして張り付け、木づちの類を用いて十分たたき押さえる。

ホ．目地直しは、張り付けたタイルが自由に動く間に行う。

10.2.5 養生等

1．屋外施工の場合で、強い直射日光、風、雨などにより損傷を受けるおそれのある場合は、あらかじめシートでおおい養生する。

2．やむを得ず、寒冷期に作業を行う場合は、板囲い、シートおおいなどを行うほか、必要に応じて採暖する。

3．タイル張り施工中及びモルタルの硬化中に、タイル張り面に振動や衝撃などが加わらないように十分注意する。

4．タイル張り終了後は、よごれを取り除くなど、タイル表面の清掃を行う。やむを得ず、清掃に酸類を用いる場合は、清掃前に十分水湿しをするとともに、清掃後はただちに水洗いを行い、酸分が残らないようにする。

10.3 仕上塗材仕上げ

10.3.1 材料

1．薄付け仕上塗材（セメントリシン、樹脂リシンなど）の品質は、JIS A 6909（建築用仕上塗材）に適合するもの、又はこれと同等以上の性能を有するものとし、種類は、次表により特記する。

種　　　　類	呼　び　名
内装セメント系薄付け仕上塗材	内装薄塗材C
内装消石灰・ドロマイトプラスター系薄付け仕上塗材	内装薄塗材L
外装けい酸質系薄付け仕上塗材	外装薄塗材Si
内装けい酸質系薄付け仕上塗材	内装薄塗材Si
外装合成樹脂エマルション系薄付け仕上塗材	外装薄塗材E
内装合成樹脂エマルション系薄付け仕上塗材	内装薄塗材E
可とう形外装合成樹脂エマルション系薄付け仕上塗材	可とう形外装薄塗材E
防水形外装合成樹脂エマルション系薄付け仕上塗材	防水形外装薄塗材E
外装合成樹脂溶液系薄付け仕上塗材	外装薄塗材S

2. 複層仕上塗材（吹付けタイルなど）の品質は、JIS A 6909（建築用仕上塗材）に適合するもの、又はこれと同等以上の性能を有するものとし、種類は、次表により特記する。

種　　　　類	呼　び　名
ポリマーセメント系複層仕上塗材	複層塗材CE
けい酸質系複層仕上塗材	複層塗材Si
合成樹脂エマルション系複層仕上塗材	複層塗材E
防水形外装合成樹脂エマルション系複層仕上塗材	防水形複層塗材E
反応硬化型合成樹脂エマルション系複層仕上塗材	複層塗材RE

3. 厚付け仕上塗材（吹付けスタッコなど）の品質は、JIS A 6909（建築用仕上塗材）に適合するもの、又はこれと同等以上の性能を有するものとし、種類は、次表により特記する。

種　　　　類	呼　び　名
外装セメント系厚付け仕上塗材	外装厚塗材C
内装セメント系厚付け仕上塗材	内装厚塗材C
内装消石灰・ドロマイトプラスター系厚付け仕上塗材	内装厚塗材L
外装けい酸質系厚付け仕上塗材	外装厚塗材Si
内装けい酸質系厚付け仕上塗材	内装厚塗材Si
外装合成樹脂エマルション系厚付け仕上塗材	外装厚塗材E
内装合成樹脂エマルション系厚付け仕上塗材	内装厚塗材E

4. 上記のホルムアルデヒドの発散量に関する品質については、特記による。

10.3.2 下地処理

1. 下地面の乾燥期間は、次表による。

下地	モルタル面	ドロマイトプラスター面
乾燥期間	夏期 7 日以上 冬期14日以上	14日以上

2. 仕上塗材仕上の下地処理は、次による。
　　イ．モルタル及びプラスター下地などでき裂がある場合は、必要に応じてV形にはつり、仕上げに支障のないようモルタル又はJIS A 6916（建築用下地調整塗材）に適合するもの、又はこれと同等以上の性能を有するセメント系下地調整塗材などを充填し、14日程度放置する。
　　ロ．モルタル及びプラスターなどの下地の場合は、補修箇所にサンダー掛けを行うなどして平滑にする。

10.3.3 工法

1. 工法は、吹付け、ローラー塗り又はこて塗りとし、特記による。
2. 練り混ぜ、塗付け等は、各製造所の仕様による。

10.3.4 注意事項及び養生

1. 仕上げ場所の気温が5℃未満又は湿度が85％以上の場合は、原則として、仕上げを行ってはならない。やむを得ず、仕上塗りを行う場合は、板囲い、シートおおいなどを行うほか、必要に応じて採暖する。
2. 夏期に直射日光を受ける壁面に仕上げを行う場合は、急激な乾燥を防止するため、板囲い、シートおおいなどを行い、セメント系仕上塗材は、散水などの措置を講ずる。
3. 外部の仕上げ塗りは、降雨のおそれがある場合又は強風時には、原則として、仕上げを行ってはならない。
4. 仕上げ後、仕上げ面に変色、色むらが生じた場合は、その面の仕上げ直しを行う。
5. 仕上げ面の周辺及び取付け済みの部品などに、汚染や損傷を与えないように養生用の板又はテープ等により保護する。

10.4 サイディング張り等

10.4.1 窯業系サイディング張り

10.4.1.1 材料

1. 窯業系サイディング材は、JIS A 5422（窯業系サイディング）に適合するもの、又はこれらと同等以上の性能を有するものとする。
2. シーリング材は、JIS A 5758（建築用シーリング材）に適合するもの、又はこれと同等以上の性能を有するものとする。
3. ジョイナー、防水テープ等は、各製造所の指定する材料とする。

10.4.1.2 工法

1. 窯業系サイディング張りは、壁体内通気を可能とする構造とし、本章4.10.10.1（一般事項）の1及び本章4.10.10.2（工法）による。これによらない場合は、特記による。
2. サイディング材の取付けは、目地通りよく、不陸、目違い等のないように行う。
3. サイディングと土台水切り等の取合いは、10mm程度のすき間をあける。
4. 開口部まわりの防水処理は、防水テープ等により補強するものとし、本章11.1（外部建具及び止水）による。
5. 窯業系サイディング材の留付け材料及び留付け方法は、各サイディング製造所の仕様によるものとし、特記による。
6. 水切り及び雨押えの取付けは、本章5.9（各屋根ふき材の水切り・雨押え）による。
7. その他の工法は、各製造所の仕様によることとし、特記による。

10.4.2 下見板張り

1. 外壁仕上げとして下見板張りを行う場合は、次の2から6までによる。
2. 下見板張りとして、シングル又はシェイクを用いる。シングルとは、米杉（レッドシーダー）を機械割りにしたもので、シェイクとは、手おの割りしたものである。
3. シングル及びシェイクの等級は、次の3種類とする。
    - イ．No.1：柾目のみ（ラベルの色：青）
    - ロ．No.2：柾目＋板目（ラベルの色：赤）
    - ハ．No.3：柾目＋板目（ラベルの色：黒）
4. シングル及びシェイクの材長は、60cm、45cm、40cmの3種類とする。
5. 外壁下地に防水紙を全面に張り、その上に働き幅間隔に胴縁を受け材としてくぎ打ちし、シングル又はシェイクを張る。この場合、働き幅は材長40cmの時は18cm以内、材長45cmの時は20cm以内、材長60cmの時は25cm以内とし、最下部においては、必ず2枚合わせ張りとする。
6. 使用くぎは、長さ30mm以上、径2.3mm以上の熱処理した亜鉛めっきくぎ又はアルミニウムくぎのようなさび止めを施したくぎを用いる。

10.4.3 金属サイディング等張り
10.4.3.1 材料
　　金属サイディング等の品質は、JIS A 6711（複合金属サイディング）に適合するもの、JIS G 3312（塗装溶融亜鉛めっき鋼板及び鋼帯）に適合するもの、又はこれと同等以上の性能を有するもので建築用外板用とする。
10.4.3.2 工法
　1. 金属サイディング等張りは、壁体内通気を可能とする構造とし、本章4.10.10.1（一般事項）の1及び本章4.10.10.2（工法）による。これによらない場合は、特記による。
　2. 金属サイディング等の留付け材及び留付け方法は、各製造所の仕様によるものとし、特記による。

10.5 開口部まわりのシーリング処理
10.5.1 材料
　　シーリング材は、JIS A 5758（建築用シーリング材）に適合するもの、又はこれと同等以上の性能を有するものとする。

10.5.2 工法
　1. シーリング材の充填は、原則として、吹付けなどの仕上げ前に行う。なお、仕上げ後にシーリング材を充填する場合は、シーリング材被着面に塗料等がかからないよう養生するとともに、シーリング材の施工にあたっては、目地周囲にシーリング材がはみ出さないようテープなどで十分養生する。
　2. プライマーを塗布したあと、製造所の指定する時間放置し、指で乾燥を確認しながらシーリング材を速やかに充填する。
　3. シーリング目地はワーキングジョイントとし、2面接着とする。目地底にボンドブレーカーを設けるなどして3面接着を避ける。

10.6 せっこうボード張り
10.6.1 材料
　　せっこうボードの品質は、JIS A 6901（せっこうボード製品）の各種類に適合するもの、又はこれと同等以上の性能を有するものとする。

10.6.2 受け材
　1. 壁にせっこうボードを取り付ける場合は、すみ部に受け材（すみ柱等）を設ける。
　2. 天井にせっこうボードを取り付ける場合は、壁との取合い部分に、寸法型式204又は204の2つ割り（38 mm×40 mm以上）若しくは、ボードクリップ等を設け受け材とする。

10.6.3 天井張り
10.6.3.1 1枚張り
　1. 天井張りに用いるせっこうボードは、4'×8'版、3'×9'版又は3'×12'版とする。ただし、やむを得ない場合は、3'×6'版とすることができる。
　2. 天井1枚張りに用いるくぎは、GNF40又はSF45若しくは長さ32 mm以上、径2.5 mm以上のスクリューネイル又はリングネイルとする。ねじを用いる場合は、長さ28 mm以上の木ねじ又はタッピンねじ若しくは本章4.2.3（くぎとねじ）の3によるねじとする。ただし、この項に掲げるもの以外のくぎ又はねじとする場合は、これらと同等以上の品質及び寸法のものとする。
　3. くぎ打ち間隔は、根太に直交して張る場合は外周部150 mm以内、根太に平行して張る場合は外周部100 mm以内、中間部はそれぞれ200 mm以内とする。ただし、ボードクリップを使用する場合、その部分のくぎ打ちを省略できる。

10.6.3.2 2枚張り

1. せっこうボードの寸法は、1枚張りの場合と同様とする。
2. 天井根太(床根太を含む)に直接取り付けるボード(以下、「1枚目ボード」という。)の取付けは、次による。
   - イ. 取付けに用いるくぎは、GNF40又はSF45若しくは長さ32mm以上、径2.5mm以上のスクリューネイル又はリングネイルとする。ねじを用いる場合は、長さ28mm以上の木ねじ又はタッピンねじ若しくは本章4.2.3(くぎとねじ)の3によるねじとする。ただし、この項に掲げるもの以外のくぎ又はねじとする場合は、これらと同等以上の品質及び寸法のものとする。
   - ロ. くぎ打ち間隔は、外周部及び中間部とも、それぞれ300mm以内とする。
3. 1枚目ボードの上に取り付けるボード(以下、「2枚目ボード」という。)の取付けは、次による。
   - イ. 取付けに用いるくぎ又はねじは、長さ50mm以上、径2.5mm以上のスクリューネイル、リングネイル、WSN又はDTSN、長さ40mm以上の木ねじ又はタッピンねじ若しくはこれらと同等以上の品質及び寸法の留め金具とする。ただし、厚さ9.5mmのせっこうボード2枚張りの場合は、GNF50、SF50又はこれらと同等以上の品質及び寸法の留め金具を使用することができる。
   - ロ. 張り方は、天井の外周部を除き、1枚目ボードの目地と2枚目ボードの目地が一致しないようにする。
   - ハ. くぎ打ち間隔は、根太に直交して張る場合は外周部150mm以内、根太に平行して張る場合は外周部100mm以内、中間部はそれぞれ200mm以内とする。

10.6.4 壁張り

10.6.4.1 1枚張り

1. 壁張りに用いるせっこうボードは、3'×8'版、3'×9'版、4'×8'版の縦張りか又は4'×8'版、4'×12'版の横張りとし、3'×6'版を用いる場合には、上下の継手部分に38mm×40mm以上の受け材を入れ、四周にくぎ打ちできるようにする。
2. 耐力壁の場合は、取付けに用いるくぎ又はねじは、GNF40、SF45、又は本章4.2.3(くぎとねじ)の3によるねじとし、外周部100mm、中間部200mm間隔で留め付ける。ただし、国土交通大臣の認定を受けた耐力壁の場合の留付けに用いるくぎ等及び留付け方法は、特記による。
3. 支持壁又は非耐力壁の場合は、2のとおりとするか、又は取付けに用いるくぎ又はねじは、GNF40、SF45、本章4.2.3(くぎとねじ)の3によるねじ若しくは長さ32mm以上、径2.5mm以上のスクリューネイル又はリングネイルを用い、外周部及び中間部とも、それぞれ200mm間隔で留め付ける。

10.6.4.2 2枚張り

1. せっこうボードの寸法は、本章10.6.4.1(1枚張り)の1の場合と同様とする。
2. たて枠に直接取り付けられるボード(以下、「1枚目ボード」という。)の取付けに用いるくぎ及び取付け方は、本章10.6.4.1(1枚張り)の2及び3と同様とする。
3. 1枚目のボードの上に取り付けられるボード(以下、「2枚目ボード」という。)の取付けは、次による。
   - イ. 取付けに用いるくぎは、GNF50、SF50又は長さ50mm以上、径2.5mm以上のスクリューネイル又はリングネイルとする。ねじを用いる場合は、本章4.2.3(くぎとねじ)の3による。
   - ロ. 張り方は、壁の外周部を除き、1枚目ボードの目地と2枚目ボードの目地が一致しないようにする。
   - ハ. くぎ打ち間隔は、外周部及び中間部とも200mm以内とする。

10.6.4.3 その他

1. 壁張りに用いるせっこうボードは、リフター等で天井面いっぱいまで持ち上げ、くぎ打ちする。また、せっこうボードは、床面からの湿気により強度が低下しないよ

うにするため、床面から13mm程度離して打ち付ける。

2. せっこうボードを張ったすべての壁の出隅の部分には、溶融亜鉛めっき鋼板等のコーナービードを取り付ける。

10.6.5 継目処理

10.6.5.1 材料

せっこうボードの継目処理に用いる材料の品質は、JIS A 6914（せっこうボード用目地処理材）に適合するもの、若しくはこれらと同等以上の性能を有するものとする。

10.6.5.2 接合部分

接合部分の施工順序は、次表による。

施工手順	紙製ジョイントテープ		グラスメッシュ製ジョイントテープ	
	テーパー突付け部	切断面突付け部	テーパー突付け部	切断面突付け部
①下　塗　り	適当な軟度に調節したジョイントコンパウンドをボードの継目部に幅100mm程度むらなく塗り付け、追いかけてジョイントテープを貼り、へらでしごきながら圧着させる。		ボードの継目部に粘着材付きグラスメッシュ製ジョイントテープをへらで押さえながら貼る（ジョイントコンパウンドの下塗りは省略）。	
	—	ジョイントテープの両側に幅150mm程度ジョイントコンパウンドを塗り付ける。		
②中　塗　り	下塗りのジョイントコンパウンドが乾燥したあと、必要により80〜100番のサンドペーパーを用いてサンディングをする。		—	
	ジョイントテープが完全におおわれ、全体が平滑になるように、ジョイントコンパウンドを以下の幅程度薄く塗り付ける。			
	150〜200mm	400〜500mm	150〜200mm	400〜500mm
③上　塗　り	中塗りのジョイントコンパウンドが完全に乾燥したあと、必要により80〜100番のサンドペーパーを用いてサンディングをし、中塗りのむらを直すよう以下の幅程度薄くジョイントコンパウンドを塗り広げ、平滑にする。			
	250〜300mm	500〜600mm	250〜300mm	500〜600mm
④サンディング	上塗りのジョイントコンパウンドが完全に乾燥したあと、120番のサンドペーパーを用いて平滑にする。			
⑤シーラー塗布	ペンキ仕上げの場合は、吸収調整のために、全面にシーラーを塗布する。また、必要によりジョイントコンパウンドで全面をしごくか、又はスポンジごてでジョイントコンパウンドののろがけをシーラーの塗布前に行う。			

10.6.5.3 入隅、出隅及びくぎ頭

1. 入隅は、ジョイントテープ及びコーナーテープを入隅部に沿ってジョイントコンパウンドとへらでジョイントテープ等を破らないよう圧着し、継目部分と同様に平たんに仕上げる。

2. 出隅部分は、コーナービード類をくぎ、ジョイントコンパウンド等を用いて下地やせっこうボード面に取り付ける。取り付けられたコーナービード類の箇所は、継目部分に準じたジョイントコンパウンドの塗付け、乾燥後のサンディングを行って平たんに仕上げる。

3. くぎ頭が、せっこうボード面に完全に埋まっているのを確かめ、下塗りをし、乾燥後上塗りを行い平滑にする。

4. 各部分とも、上塗りが完全に乾燥後、目の細かいサンドペーパーでサンディングをする。

10.6.5.4 配管及びコンセントボックス等の周囲

1. ペンキ仕上げの場合の下地処理は、接合部分と同様とする。

2. 各種配管及びコンセントボックスなどのまわりは、ジョイントテープを適当に切り、ジョイントコンパウンドで張り付け、へらで十分押さえつける。

3. 乾燥後、ジョイントテープが完全におおわれるように、ジョイントコンパウンドを
   薄く塗り付け平滑にする。

10.7 内装工事

10.7.1 一般事項

1. 内外装材料の種類、品質、形状、寸法などは仕様書の各項によるほか、この項による。
   なお、色合い模様などは、見本品を提出して、建築主又は監督者の承認を得る。
2. 内外装材料の取付けに用いるくぎ、ねじ、接着剤などは、内外装材料及び下地の種類、
   寸法、性質に応じて選択する。
3. 木造下地の材料、工法は、本仕様書の各項によるほか、この項による。
4. 下地は十分乾燥させたうえ、清掃を行って、内装仕上げを行う。

10.7.2 床下敷材

床の遮音性を確保する必要がある場合、又はその他下敷材を敷く必要がある場合は、下
敷材として、厚さ9mm以上のインシュレーションボード、ハードボード、パーティク
ルボード又はフェルト類を用い、くぎ打ちにより固定する。

10.7.3 フローリングボード張り

1. フローリングの品質及び種類は、特記による。特記がない場合は、フローリングの
   JASに適合する複合フローリングとする。
2. 張り方は、次による。
   イ. 複合フローリングを根太に直接張る場合は、くぎ、接着剤を併用し、根太に直
       角に張る。板そば木口は本ざね継ぎ、敷居付きは小穴入れ、根太当たりは雄ざ
       ね上から隠しくぎ打ちとする。
   ロ. 直張りをする場合は、下地をよく清掃したあと、エポキシ樹脂系の接着剤又は
       ウレタン樹脂系の接着剤を下地全面に均等に塗布し、入念に張り込む。
   ハ. 張り上げた後は、厚手の紙を用いて、よごれや損傷を防ぎ、雨などがかからな
       いよう入念に養生する。
   ニ. 下地材の継目とフローリングの継目が重ならないようにする。

10.7.4 畳敷き

10.7.4.1 材料

畳(畳床及び畳表を含む)の品質は、特記による。

10.7.4.2 工法

1. 畳ごしらえは、畳割りに正しく切り合わせる。縁幅は、表2目を標準とし、筋目通
   りよく、たるみなく縫い付ける。また、畳材には手掛けを付ける。
2. 敷込みは、敷居や畳寄せ部などで段違い、すき間が生じないよう、また、不陸など
   がないように行う。
3. 縁なし畳は、特記による。

10.7.5 タフテッドカーペット敷き

10.7.5.1 材料

1. タフテッドカーペットは、次による。
   イ. 品質及び種類は、特記による。
   ロ. 風合い、色合いなどは、見本品を工事監理者に提出して承認を受ける。
2. 下敷材は、特記による。
3. 取付け用付属品は、次による。
   イ. グリッパーの寸法は、下敷材の厚さにふさわしいものとする。
   ロ. くぎ、木ねじなどは、黄銅又はステンレス製とする。
4. 接着剤は、使用する材料の製造所の指定するものとし、工事監理者がいる場合は、

その承認を受ける。なお、内装工事に使用する接着剤のホルムアルデヒドの発散量に関する品質については、特記によることとし、トルエン、キシレンの放散が極力小さいものを使用する。有機溶剤系接着剤を使用する場合はその使用量を最小限に抑え、十分に養生期間を設ける等の配慮をする。

10.7.5.2 工法

敷込みは、グリッパー工法又は全面接着工法とし、その適用は特記による。ただし、特記がなければグリッパー工法とする。

10.7.6 ビニル床タイル張り

10.7.6.1 材料

1. ビニル床タイルの品質は、特記による。
2. 接着剤の品質は、JIS A 5536（床仕上げ材用接着剤）に適合するもの、又は同等以上のものとし、工事監理者がいる場合は、その承認を受ける。なお、内装工事に使用する接着剤のホルムアルデヒドの発散量に関する品質については、特記によることとし、トルエン、キシレンの放散量が極力小さいものを使用する。有機溶剤系接着剤を使用する場合はその使用量を最小限に抑え、十分に養生期間を設ける等の配慮をする。

10.7.6.2 工法

1. 張付けは、次による。
   イ．接着剤を、下地面全面に、くし目ごてを用いて塗布する。なお、必要に応じて仕上材裏面にも塗布する。
   ロ．張り方は、不陸、目違い及びたるみ等のないようべた張りとする。
2. 張付け後、接着剤の硬化を見計らい、全面を水ぶき等で清掃したうえ、乾燥後は、水溶性ワックスなどを用いてつや出しを行う。

10.7.7 ビニル床シート張り

10.7.7.1 材料

1. ビニル床シートの品質は、特記による。
2. 接着剤の品質は、本章10.7.6.1（材料）の2による。

10.7.7.2 工法

1. 仮敷きは、必要に応じて行うものとするが、施工にあたっては、割付より長めに切り、巻きぐせが取れ、十分伸縮するよう敷き並べる。
2. 本敷き及び張付けは、次による。
   イ．はぎ目及び継手の位置は、各製造所の仕様による。なお、工事監理者がいる場合は、その承認を受ける。
   ロ．施工に先立ち、下地面の清掃を十分に行ったあと、はぎ目、継目、出入口際及び柱付きなどは、すき間のないように切り込みを行う。
   ハ．接着剤を下地全面に平均に塗布するとともに、必要に応じて仕上材裏面にも塗布し、不陸、目違い及びたるみ等のないようべた張りとする。
   ニ．やむを得ず、寒冷期に施工する場合は、気温に応じて適切な養生を行う。

10.7.8 壁紙張り

10.7.8.1 材料

1. 壁紙の品質、種別は特記による。また、接着剤及びシーラーの品質、種類は、壁紙の製造所の指定するものとし、工事監理者がいる場合は、その承認を受ける。
2. 接着剤のホルムアルデヒドの発散量に関する品質については、特記による。

10.7.8.2 工法

1. 壁紙は、下地に直接又は袋張り（下地上和紙を使う方法）とし、たるみや模様などのくい違いがないよう、たち合わせて張り付ける。
2. 押縁、ひもなどを使用する場合は、通りよく接着剤、くぎ等で留め付ける。

10.7.9 ロックウール吸音板張り

1. 天井張りに用いるロックウール吸音板は厚さ12mm以上とし、1'×2'版の千鳥張りとし、根太に無機質系接着剤で張り付け、長さ25mm、径1.2mm以上、頭径3.5mmの平頭くぎを150mm間隔に平打ちする。この場合、ジョイナーを根太にくぎで緊結し、くぎ打ちしないことができる。

2. 金属製又は木製の野縁を用いる場合は、18mm×50mm以上のものと、18mm×25mm以上のものを、それぞれ310mm間隔に交互に各根太にくぎで緊結し、無機質系接着剤とくぎで直張りと同様に留め付ける。

3. 厚さ9mm以上のせっこうボードを下張材とする場合は、これに厚さ9mm以上のロックウール吸音板を無機質系接着剤とくぎによって留め付ける。

11.1 外部建具及び止水

11.1.1 材料

1. サッシは、JIS A 4706（サッシ）に適合するもの、又はこれと同等以上の品質と性能を有するものとする。
2. ドアは、JIS A 4702（ドアセット）に適合するもの、又はこれと同等以上の品質と性能を有するものとする。
3. 金属製雨戸は、JIS A 4713（住宅用雨戸）に適合するもの、又はこれと同等以上の品質と性能を有するものとする。
4. 防火戸の指定は、特記による。なお、アルミ製建具の場合は、建築基準法に基づき指定を受けたものとする。
5. 金属製網戸の品質は、特記による。ただし、特記のない場合は、外面おさまり全可動式とし、網は合成樹脂製とする。
6. 外部建具に用いるガラスの品質及び種類は、特記による。

11.1.2 工法

建具の組立ては、各製造所の仕様によることとし、特記による。

11.1.3 サッシの取付け

1. サッシの取付けは、原則として、次のいずれかの方法による。ただし、これらにより難い場合は、防水紙とサッシの取合い、サッシの取付け安定性、外壁仕上材の損傷防止等に考慮し、特記による。
   - イ．構造用面材の上にサッシくぎ打ちフィンをかぶせて取り付ける。
   - ロ．外張断熱工法等で面材からの仕上げが厚くなる場合は、十分な断面寸法の面合せ材に取り付ける。
   - ハ．内付けサッシを取り付ける場合は、各サッシ製造所の指定する方法とし、特記による。
2. 前項イ及びロで、枠の内側にもくぎ打ち又はねじ留めが必要なサッシを取り付ける場合は、たて枠に十分な掛かり代が残るように取り付ける。
3. 外壁の入隅部に取り付くサッシは、外壁入隅からサッシまでの離れ寸法が100 mm以上となるよう、入隅と反対側に寄せて取り付ける。

11.1.4 建具まわりの止水

1. 外壁開口部の窓台には、先張り防水シートを張る。窓台と柱の入隅部は、防水テープ又はサッシ枠材角部防水役物等を用いてすき間が生じないように止水処理を施す。
2. 前項の止水処理後、本章11.1.3（サッシの取付け）によりサッシを取り付ける。
3. サッシ周囲の防水テープは、サッシのたて枠と上枠に張る。防水テープの張り方は、両たて枠、上枠の順とする。防水テープの種類は、両面テープとする。
4. 防水テープの幅は、次のイ又はロとする。なお、通気構法等のサッシ外周胴縁が取り付く場合は、サッシくぎ打ちフィンに外周胴縁が重ならない取付け方法で防水テープの幅を決めるものとする。
   - イ．サッシ外周胴縁が取り付かない場合は、くぎ打ちフィンの幅とテープが下地材に十分粘着できる幅を足し合わせた幅以上の寸法とする。
   - ロ．サッシ外周胴縁が取り付く場合は、くぎ打ちフィンの幅と外周胴縁の幅を足し合わせた幅以上の寸法とする。
5. 防風防水材の張り方は、先張り防水シートの裏に差し込み、開口部両側、開口部上部の順に張る。重ね合せ幅は、本章4.10.10.2（工法）の2による。
6. サッシ外周胴縁は、防風防水材の施工後、くぎ打ちフィンに重ならないように取り

付ける。

7. 乾式外壁仕上げは、サッシの周囲をシーリング処理する。

8. 内付けサッシの止水は、各サッシ製造所の指定する方法とし、特記による。

11.1.5 モルタル塗り仕上げ外壁内通気構造のサッシまわり止水

モルタル塗り仕上げの外壁内通気構造とする場合、通気胴縁の上に施工するモルタル下地の種類に応じて、次のいずれかの止水処理を行う。

イ．□ラス下地板の場合は、サッシたて枠と取り合うラス下地板端部に、防水テープの下地材を取り付けたあと、サッシの周囲に両面テープを下枠、両たて枠、上枠の順に張り、防水紙を下から順に張り上げる。

ロ．□ボード系下地の場合は、サッシの周囲に両面テープを下枠、両たて枠、上枠の順に張り、防水紙を下から順に張り上げる。

ハ．□ラスなしボード（ラス網を必要としないモルタル下地専用のボード）類の場合は、特記による。

ニ．□防水紙付きリブラス等を張る工法（単層下地工法）の場合は、特記による。

ホ．□イからニによらない場合は、特記による。

11.2 内部建具

11.2.1 材料

1. 建具に使用する木材の品質は、十分乾燥した心去り材とし、割れ、ゆがみなどの欠点のないものとする。木材以外の材料を用いる場合は、特記による。

2. 接着剤の品質は、特記による。ただし、雨露にさらされる箇所に使用する場合は、耐水性、耐候性に効果のあるものとする。

3. 合板の耐水性は、雨がかり及びこれに準ずる箇所に使用する場合は、JASに定める1類とし、その他は2類とする。

4. 建具及び合板のホルムアルデヒドの発散量に関する品質については、特記による。

11.2.2 工法

建具の組立て及び取付けについては、各製造所の仕様によることとし、特記による。特記がない場合は、次による。

1. 框及び桟の仕口は、ほぞ組又はだぼ組とし、接着剤を併用して密着する。

2. ほぞは、框の見込み厚が36mm以上の場合は2枚ほぞ、36mm未満の場合は1枚ほぞとする。

3. 打抜きほぞとする場合は割りくさび締めとし、打込みほぞとする場合は接着剤を使用する。特記がない場合は、スプルース類の良材とする。

4. 雨がかりの引戸の召合せは、いんろうじゃくり又は雇いざねじゃくりとする。

11.2.3 障子

用材の樹種は特記によるものとし、特記がない場合は、上下桟は、框に短ほぞ差しとする。組子は、相欠きに組み合わせ、框及び桟にほぞ差しとする。

11.2.4 ふすま

和ぶすまの部材種別及び周囲縁の仕上げは、特記による。
量産ふすまは各製造所の仕様によることとし、紙張り及び周囲縁等の仕様は、特記による。

11.2.5 内装ドア等

1. 内装ドア

イ．ユニット（枠付き）

形状、寸法表面仕上げ及び色彩等は、特記による。

ロ．リーフ（フラッシュ戸、框戸）
　　種別、形状、寸法及び表面仕上げ等は、特記による。
2.　クロゼットドア
　　仕様は、特記による。
3.　浴室ドア
　　仕様は、特記による。

11.3 建具金物

11.3.1 建具金物の品質
建具金物は、形状、寸法が正しく、機構が円滑で表面にきず等の欠点のない良質なものとする。

11.3.2 丁番
丁番の形式及び寸法は、建具の種類に応じたものとする。

11.3.3 戸車・レール
戸車及びレールの形状は、建具の種類及び使用目的に応じたものとし、特記による。

11.3.4 錠前
1.　サムターン付きシリンダー面付き箱錠及びシリンダー彫込み箱錠は、特記による。
2.　各住居玄関扉用及び勝手口の扉用の錠前は、特記による（用心鎖等の安全装置及びドアスコープを設ける。）。ただし、特記がない場合は、下記による。
　　イ．サムシリンダー付きシリンダー面付き箱錠とする。シリンダー彫込み箱錠を使用する場合はシリンダー本締錠（補助錠）を設け、二重ロックとする。この場合、シリンダー本締錠は、シリンダー彫込み箱錠と同一製造所の製品とする。
　　ロ．鍵は、扉1箇所につき3本を1組とする。
3.　便所の錠前は、特記による。ただし、特記がなければ下記による。
　　内締錠（押しボタン式締錠、サムターン式空錠等で非常解錠装置付き）とし、ステンレス製とする。
4.　上記以外の建具用金物は、特記による。

11.4 階段

11.4.1 ささら桁
1.　ささら桁は、寸法型式210の根太材を切り込んでつくる。
2.　ささら桁と床開口部の合わせ根太との緊結は、根太受け金物による。
3.　階段のおさまり寸法は、1図によるものを標準とする。

1図　標準的な直行階段のおさまり寸法

11.4.2 踏み板、蹴込み板

1. 踏み板、蹴込み板の寸法及びおさまりは、2図の例による。
2. 曲がり階段の形状と寸法のとり方は、3図の例による。
3. 踏み板は、ささら桁に溝をほるか、受け材に固定する。
4. 階段に厚いカーペットを敷く場合は、踏み板を15 mm以上の合板とすることができる。

2図　踏み板及び蹴込み板の寸法

3図　曲がり階段の形状と寸法

11.4.3 階段手すり、すべり止め

階段には、手すりを設けるとともに、必要に応じて、すべり止め等の措置を講ずる。

11.5 バルコニーの床防水

11.5.1 バルコニー床をFRP塗膜防水仕上げとする床下地

バルコニー床をFRP塗膜防水仕上げとする床下地は、本章4.9.12.1（跳出しバルコニー）の4による。

11.5.2 FRP塗膜防水

1. FRP塗膜防水は、ガラスマット補強材を2層以上としたものとする。仕様は、JASS8に規定するL-FF又はこれと同等以上の防水性能を有するものとする。なお、防水層の上にモルタル等の仕上げを施す場合は、各製造所の保護仕様のものとする。
2. 防水層の立上り高さは、外部開口部の下端で120 mm以上、それ以外の部分で250 mm以上とする。

11.5.3 防水層立上りの建具まわり止水

1. サッシ取付けに対して防水工事があと施工となり、防水層を直接サッシ枠に重ねる場合は、次による。
   - イ．防水層は、サッシ下枠およびたて枠のくぎ打ちフィンの幅全体をおおう。くぎ打ちフィン面は、十分目荒らしをし、プライマーを塗布して、塗りむら等が生じないように防水層を施工する。
   - ロ．サッシ枠と防水層端部の取合い部には、シーリング処理を施す。サッシたて枠と防水層立上りの取合い部についても同様とする。
2. サッシ取付けに対して防水工事が先施工となり、防水層の立上げを窓台上端までとする場合は、次による。
   - イ．防水層は、立上り下地板の上端部まで施工する。
   - ロ．サッシたて枠と取り合う防水層端部には、シーリング処理を施す。
   - ハ．防水層にサッシが取り付く範囲は、くぎ打ちフィンと防水層の間に防水上有効なパッキング材等を挿入する。ただし、これによらない場合は、特記による。
3. サッシ取付けに対して防水工事が先施工となり、壁内側へ防水層を巻き込む場合は、次による。
   - イ．防水層は、サッシ取付け部の窓台まで施工する。
   - ロ．サッシ下枠が載る巻込み防水層上面は、防水層の塗厚を均一とし、サッシ枠にゆがみが生じないよう施工する。
   - ハ．防水層を柱の側面まで立ち上げる場合は、サッシたて枠の取付けに支障が生じない立上げ方とする。
   - ニ．防水層にサッシが取り付く範囲は、サッシくぎ打ちフィンと防水層の間に防水上有効なパッキング材等を挿入する。ただし、これによらない場合は、特記による。
4. 2及び3において、サッシたて枠が防水層に取り付く部分は、その上部の防水層がない部分との下地面の差により、サッシ枠にゆがみが生じないよう防水層の厚さを調整する。ただし、防水層の厚さによる調整としない場合は、特記による。

11.5.4 その他の防水工法

その他の防水工法は、各製造所の仕様によるものとし、特記による。

11.5.5 排水処理

1. 排水ドレインは、原則として、複数箇所設置する。やむを得ず1箇所となる場合は、オーバーフロー管を設ける。
2. バルコニーの排水管は、原則として、屋内を通らない経路とする。ただし、やむを得ず屋内を経由する場合は、適切な防水処理および結露防止措置を行い、点検口を設置する。

第Ⅱ章

11 建具まわり造作工事

—111—

11.6 バルコニー手すり

11.6.1 手すり上部の防水

1. 手すりには、金属製の笠木を設ける。

2. 手すり壁の防水紙は、手すり壁に外壁内通気措置を施す場合は、本章4.10.10.1(一般事項)の1のイ、手すり壁をモルタル下地ラス張り工法とする場合は、本章10.1.2.2(材料)の1による。手すり壁の上端に張る鞍掛シートは、改質アスファルトルーフィング又はこれと同等以上の性能を有するものとする。

3. 手すり壁の上端部は、次による。

    イ．手すり壁の外側及び内側の防水紙は、手すり壁上端からそれぞれ反対側に巻き込み、150 mm以上立ち下げる。防水紙の防水紙立下り部分は、ステープル又は防水テープで留め付ける。

    ロ．鞍掛シートは、手すり壁上端で折り曲げ、手すり壁の外側及び内側に100 mm程度立ち下げる。鞍掛シートの立下り部分は、ステープル又は防水テープで留め付ける。

    ハ．笠木を取り付ける位置の鞍掛シートに両面防水テープを張り、防水テープの上から笠木を留め付ける。

4. 手すり壁と外壁との取合い部は、手すり壁の防水紙を外壁の防水紙の裏に差し込み、防水テープで有効に止水する。

5. 手すり壁に飾り窓(風窓)を設置する場合は、1から3に準ずる。

11.6.2 外壁内通気措置

手すり壁に外壁内通気措置を施す場合は、本章4.10.10(外壁内通気措置)による。

11.6.3 笠木手すり

1. 笠木手すりは、支柱部分から笠木の内部に雨水が浸入しにくく、浸入した雨水は排出しやすい構造のものとする。

2. 笠木手すりは、熱応力等による伸縮に対して、止水材の破断等が生じにくい構造のものとする。

12. 塗装工事

12.1 一般事項

12.1.1 材料

1. 塗料の品質は、すべてJISに適合したもの、又はこれと同等以上の性能を有するものとし、特記による。なお、内装工事に使用する塗料のホルムアルデヒドの発散量に関する品質については、特記によることとし、トルエン、キシレンの放散が極力小さいものを使用する。有機系溶剤系塗料を使用する場合は、その使用量を最小限に抑え、十分に養生期間を設ける等の配慮をする。
2. マスチック塗材は、特記製造所の製品とし、種別及び仕上材塗りは、特記による。

12.1.2 塗り見本

あらかじめ塗り見本を提出し、建築主又は工事監理者の承認を受けるとともに、必要に応じて施工面に見本塗りを行う。

12.1.3 塗り工法一般

1. 塗料は、使用直前によくかき混ぜ、必要に応じて、こしわけを行う。
2. 研磨紙ずり及び水研ぎが必要な場合は、付着物などの清掃後、パテかい、下塗り、中塗りなどのつど、仕上げの程度に適した研磨紙を用いて磨く。
3. 穴埋め及びパテかいを必要とする場合は、次による。
   - イ. 穴埋めは、深い穴、大きなすき間などに、穴埋め用パテなどをへら又はこてを用いて押し込む。
   - ロ. パテかいは、面の状況に応じて、面のくぼみ、すき間、目違いなどの部分に、パテをへら又はこてを用いてなるべく薄く拾い付ける。
4. 塗り方は、塗料に適した工法とし、下記のいずれかによる。なお、色境、隅々などを乱さないよう十分注意し、区画線を明確に塗り分ける。
   - イ. ☐はけ塗りは、塗料に適したはけを用いて、はけ目正しく一様に塗る。
   - ロ. ☐吹付け塗りは、塗装用のスプレーガンを用いる。ガンの種類、口径及び空気圧は、用いる塗料の性状に応じて適切なものを選び、吹きむらのないように一様に吹き付ける。
   - ハ. ☐ローラーブラシ塗りは、ローラーブラシを用いる。すみ、ちり回りなどは、小ばけ又は専用のローラーを用い、全面が均一になるように塗る。
   - ニ. ☐さび止め塗料塗りは、イ又はロによるほか、浸漬塗りとすることもできる。

12.1.4 素地ごしらえ

1. 木部の素地ごしらえは、塗面を傷つけないように注意し、よごれや付着物を水ぶきなどで除去したうえ、やに処理、節止め、穴埋めを行ったあと、研磨紙ずりを行う。
2. 鉄部及び亜鉛めっきの素地ごしらえは、スクレーパー、ワイヤーブラシなどを用いてよごれや付着物を除去し、溶剤ぶきを行って油類を除去したあと、鉄部はディスクサンダー、スクレーパー、ワイヤーブラシ、研磨紙ずりなどでさび落しを行う。
3. コンクリート、モルタル、プラスター面の素地ごしらえは、ブラシ、研磨紙、布などを用いてよごれや付着物を除去したうえ、穴埋め、パテかいを行ったあと、研磨紙ずりを行う。
4. せっこうボード、その他のボード面の素地ごしらえは、ブラシ、研磨紙、布などを用いてよごれや付着物を除去したうえ、パテかい、研磨紙ずりを行ったあと、全面にシーラーを塗布する。
5. 塗装にかかるまでに、素地を十分乾燥させる。

第Ⅱ章

12 塗装工事

12.1.5 養生

工事中は、塗装面並びに塗装面以外の部分に、汚染や損傷を与えないように十分注意し、必要に応じて適正な養生を行う。

12.2 工法

12.2.1 合成樹脂調合ペイント塗り

1. 合成樹脂調合ペイントの塗料は、JIS K 5516（合成樹脂調合ペイント）に適合するもの、又はこれと同等以上の性能を有するものとし、種類は特記による。特記がなければ、JIS K 5516（合成樹脂調合ペイント）の1種とする。
2. 木部は、下塗りとして合成樹脂調合ペイントを塗布し、パテかい、研磨紙ずりのあと、中塗り及び上塗りを行う。
3. 鉄部及び亜鉛めっき面は、さび止め塗料塗り後、穴埋め、パテかい、研磨紙ずり又は水研ぎ後、中塗り及び上塗りを行う。

12.2.2 合成樹脂エマルションペイント塗り

1. 合成樹脂エマルションペイント塗りは、下地がコンクリート、モルタル、プラスター、せっこうボード、その他のボードなどの面に適用する。
2. 合成樹脂エマルションペイントの塗料は、JIS K 5663（合成樹脂エマルションペイント及びシーラー）に適合するもの、又はこれと同等以上の性能を有するものとし、JIS規格品を使用する場合、屋内塗りには2種を、屋外や湿気を発生する場所には1種を使用する。
3. 合成樹脂エマルションペイント塗りは、2回塗り以上とする。

12.2.3 クリヤーラッカー塗り

木部のクリヤーラッカー塗りは、下塗りとしてウッドシーラーを塗布し、目止めを必要とする材料の場合は目止め塗りを行い、研磨紙ずり後、上塗りを行う。

12.2.4 油性ステイン塗り・油性ステイン合成樹脂ワニス塗り

1. 木部の油性ステイン塗りは、1回塗り以上とし、塗り残しやむらがないよう塗る。
2. 油性ステイン合成樹脂ワニス塗りは、上記1のあと、合成樹脂ワニス塗りとする。

12.2.5 マスチック塗材塗り

1. マスチック塗材塗りは、マスチック塗材を特殊多孔質ハンドローラーを用いて1回工程で塗膜をつくる塗装工事に適用する。
2. 工具は、多孔質のハンドローラーとする。
3. マスチック塗材は、施工に先立ち、かくはん機を用いて十分かくはんする。
4. 塗付けは、下地に配り塗りを行い、次いでならし塗りをしたあと、ローラー転圧による1回塗り工程により仕上げる。塗り幅は、800 mm前後を標準とし、塗り継ぎ部が目立たないように、むらなく塗り付ける。
5. パターンの不ぞろいは、同一時間内に追掛け塗りをし、むら直しを行って調整する。
6. 凸面処理仕上げは、パターン付けを行い、凸部が適度に硬化したあと、押えローラーを用いて、見本と同様になるように行う。

13. 衛生設備工事・雑工事

13.1 衛生設備工事

1. 洗面器、手洗い器、大小便器、キッチンユニット、浴槽、バスユニット及び洗面化粧ユニットなどの品質は、特記による。
2. 混合水栓は、特記による。

13.2 浄化槽工事

13.2.1 一般事項

1. 浄化槽は、建築基準法施行令第32条（汚物処理性能に関する技術的基準）に適合するものとして、国土交通大臣が定めた構造方法（昭和55年建設省告示第1292号（屎尿浄化槽及び合併処理浄化槽の構造方法を定める件））によるもの、又は同大臣の認定を受けた合併処理浄化槽とし、かつ、特定行政庁の定める取扱い要綱などによる。
2. 浄化槽の処理対象人員の算定方法は、JIS A 3302（建築物の用途別による屎尿浄化槽の処理対象人員算定基準）による。

13.2.2 設置工事

浄化槽の設置は、特記による。

13.3 便槽工事

便槽工事は、特記による。

13.4 局所換気設備

13.4.1 一般事項

1. 台所などの火気使用室の換気設備及び浴室、洗面所、便所などの水蒸気・臭気が発生する部分の換気設備に係る事項は、この項による。
2. 炊事室、浴室及び便所には、機械換気設備又は換気のできる窓を設ける。
3. 局所換気設備の工事は、建築基準法、同法施行令、同法告示、同法に基づく条例その他関係法令及び一般社団法人日本電気協会が定める内線規程に基づいて施工する。

13.4.2 機器及び材料等

1. ダクト類及び継手類の品質は、特記による。
2. 換気扇及び関連部品は、特記による。
3. 換気設備は、衛生上有効な換気を確保するため、計算によって確かめられた換気風量を有するものとする。

13.4.3 施工

局所換気設備の施工は、特記による。

13.5 居室等の換気設備

13.5.1 一般事項

1. 居間、食堂、台所、寝室、個室、和室、その他これらに類する目的のために継続的に使用する場所において、建材の仕上材や家具等からのホルムアルデヒドの発散に対処するために設置する換気設備は、特記による。
2. この工事は、建築基準法、同法施行令、同法告示、同法に基づく条例その他関係法令に基づいて施工する。

13.6 雑工事

13.6.1 住宅用防災機器
　　住宅用防災機器は、特記による。

13.6.2 太陽光発電システム・太陽熱温水器等
　　太陽光発電システム・太陽熱温水器等は、特記による。

14.省令準耐火構造の住宅の仕様

14.1 一般事項

1. 省令準耐火構造の住宅の仕様は、この項による。
2. 本項のアンダーライン「_____」の部分は、省令準耐火構造の基準であるため、当該部分の仕様以外とする場合は、住宅金融支援機構の認めたものとする。
3. 本項は、すべての構造耐力上主要な部分に使用する枠組材に、製材、集成材、単板積層材、又はたて継ぎ材を用いた住宅に適用する。ただし、本章14.11 (その他) の7による鉄筋コンクリート造としたものについては、この限りではない。

14.2 屋根、外壁及び軒裏

1. 屋根は、次のいずれかとする。
   - イ. □不燃材料 (建築基準法第2条第9号に規定する不燃材料をいう。) で造るか、又はふく。
   - ロ. □準耐火構造 (屋外に面する部分を準不燃材料で造ったものに限る。) とする。
   - ハ. □耐火構造 (屋外に面する部分を準不燃材料で造ったもので、かつ、その勾配が水平面から30度以内のものに限る。) の屋外面に、断熱材 (ポリエチレンフォーム、ポリスチレンフォーム、硬質ポリウレタンフォーム、その他これらに類する材料を用いたもので、その厚さの合計が50 mm以下のものに限る。) 及び防水材 (アスファルト防水工法、改質アスファルトシート防水工法、塩化ビニル樹脂系シート防水工法、ゴム系シート防水工法又は塗膜防水工法を用いたものに限る。) を張ったものとする。
   - ニ. □前各号に定めるもの以外の仕様とする場合は、建築基準法施行令第136条の2の2第1号及び第2号の規定に適合するものとして、国土交通大臣が認めるものとする。
2. 外壁の屋外側及び軒裏は、次のいずれかとする。
   - イ. □鉄網モルタル塗りで、塗厚を20 mm以上とする。
   - ロ. □木毛セメント板張り又はせっこうボード張りの上に、厚さ15 mm以上モルタルを塗る。
   - ハ. □モルタル塗りの上にタイルを張り、その厚さの合計を25 mm以上とする。
   - ニ. □セメント板張り又はかわら張りの上にモルタルを塗り、その厚さの合計を25 mm以上とする。
   - ホ. □イ、ロ、ハ及びニに掲げるもの以外の防火構造 (建築基準法第2条第8号に規定する構造をいう。以下同じ。) とする。
   - ヘ. □前各号に定めるもの以外の仕様による場合は、建築基準法第2条第8号の規定に基づき国土交通大臣が認めるものとする。

14.3 界壁以外の部分の内壁

1. 外壁の室内に面する部分の防火被覆又は構造は、次のいずれかによる。ただし、外壁を防火構造の認定を受けたものとする場合は、2のロ又はハとすることができる。また、防火被覆材の取付け方法は、本章10.6.4.1 (1枚張り) 又は本章10.6.4.2 (2枚張り) による。
   - イ. □厚さ12 mm以上のせっこうボード張り
   - ロ. □厚さ9.5 mm以上のせっこうボード2枚張り
   - ハ. □防火構造
2. 1以外の室内に面する壁の防火被覆又は構造は、次のいずれかによる。防火被覆材の取付け方法は、本章10.6.4.1 (1枚張り) 又は本章10.6.4.2 (2枚張り) による。
   - イ. □厚さ12 mm以上のせっこうボード張り
   - ロ. □厚さ9 mm以上のせっこうボード2枚張り

ハ．□厚さ7mm以上のせっこうラスボード張りの上に、厚さ8mm以上のプラスター塗り

ニ．□防火構造

14.4 界床以外の部分の天井

14.4.1 上階に床がない部分の天井

室内に面する天井の防火被覆は、次のいずれかとする。防火被覆材の取付け方法は、本章14.9(天井張り)による。

イ．□厚さ12mm以上のせっこうボード張り

ロ．□厚さ9mm以上のせっこうボード2枚張り

ハ．□厚さ9mm以上のせっこうボード張りの上に、厚さ9mm以上のロックウール化粧吸音板張り

14.4.2 上階に床がある部分の天井

室内に面する天井の防火被覆は、次のいずれかとする。防火被覆材の取付け方法は、本章14.9(天井張り)による。

1. □天井の防火被覆材を厚さ12mm以上のせっこうボード張りとする。この場合の天井の構成は、本章14.4.3(天井構成)の1、2のイ又は3のイによる。

2. □天井の防火被覆材を次のいずれかとする。

   イ．□厚さ9mm以上のせっこうボード2枚張り

   ロ．□厚さ9mm以上のせっこうボード張りの上に、厚さ9mm以上のロックウール化粧吸音板張り

3. □天井の防火被覆材を厚さ12mm以上の強化せっこうボードとする。この場合、防火被覆材の目地部分には、次のいずれかの措置を講ずる。

   イ．□天井の防火被覆材の裏面には、厚さ50mm以上のロックウール(かさ比重0.024以上)、厚さ50mm以上のグラスウール(かさ比重0.024以上)、又は厚さ100mm以上のグラスウール(かさ比重0.01以上)のいずれかを充填する。

   ロ．□天井の防火被覆材の目地部分には、野縁又は当て木を設ける。当て木は、30mm×38mm以上若しくは35mm×35mm以上の木材若しくは鋼材又は厚さ0.4mm×幅90mm以上の鋼板とする。

14.4.3 天井構成

天井の構成は、次のいずれかとする。

1. 室内に面する天井の構成を直張り天井(上階の床根太に天井の防火被覆を直接張り付ける天井をいう。以下同じ。)とする。

2. 吊り木と野縁を用いた吊り天井とする場合は、次のいずれかとする。

   イ．断熱材で天井内を区画する場合の天井の構成は、次による。

   (イ)野縁は30mm×38mm以上又は35mm×35mm以上の木材とする。

   (ロ)床根太の直下に床根太と平行して野縁を設け、床根太下面と野縁上面の間隔は10mm以下とし、(ハ)の材料を用いて充填する。

   (ハ)天井の防火被覆材の裏面には、厚さ50mm以上のロックウール(かさ比重0.024以上)、厚さ50mm以上のグラスウール(かさ比重0.024以上)、又は厚さ100mm以上のグラスウール(かさ比重0.01以上)のいずれかを充填する。

   ロ．せっこうボード2枚張りの場合の天井の構成は、2のイの(イ)による。
   鋼製下地とする場合は、次による。

   (イ)吊りボルト及び吊り金具の間隔は、1.5m以下とする。

   (ロ)野縁受けの断面寸法は、[-30×30×1.6又は[-12×38×0.9とし、野縁のたわみが野縁受けの設置間隔の1/750以下となるよう取り付ける。

   (ハ)野縁は、原材料が溶融亜鉛めっき鋼板(JIS G 3302(溶融亜鉛めっき鋼板及

び鋼帯)に規定するもので、両面等厚めっきの最小付着量表示記号Z12以上のもの)、又はガルバリウム鋼板(JIS G 3321(溶融55％アルミニウム－亜鉛合板めっき鋼板及び鋼帯)に規定するもので、両面等厚めっきの最小付着量表示記号AZ120以上のもの)の角形鋼で、幅及び高さがともに40 mm以上、厚さが0.4 mm以上のものとし、340 mm以下の間隔で野縁受けに取り付ける。

ハ. 強化せっこうボード1枚張りの場合の天井の構成は、次のいずれかとする。
(イ)☐室内に面する天井の構成を、直張り天井とする。
(ロ)☐2のイの(イ)とする。
(ハ)☐2のロの(イ)、(ロ)及び(ハ)とする。

3. 天井根太を用いた吊り天井とする場合は、次のいずれかとする。
イ. 断熱材で天井内を区画する場合の天井の構成は、次による。
(イ)天井根太は38 mm×89 mm以上の木材とし、床下張材から離し、50 cm以内の間隔で取り付ける。
(ロ)天井根太の下面は、床根太の下面より下げ、床根太と天井下地材を離す。
(ハ)床根太と床根太の間には、厚さ50 mm以上のロックウール(かさ比重0.024以上)、厚さ50 mm以上のグラスウール(かさ比重0.024以上)、又は厚さ100 mm以上のグラスウール(かさ比重0.01以上)のいずれかを充填する。
ロ. せっこうボード2枚張りの場合の天井の構成は、3のイの(イ)及び(ロ)による。
ハ. 強化せっこうボード1枚張りの場合の天井の構成は、3のイの(イ)及び(ロ)とする。

14.5 界壁

住戸間の界壁は、次のいずれかとし、小屋裏又は天井裏まで達せしめる。
1. 本章4.10.14(住戸間の界壁)の構造とし、せっこうボードの取付け方法を本章10.6.4.2(2枚張り)とした界壁
2. 1時間準耐火構造の界壁

14.6 界床

重ね建ての住戸間の界床の防火被覆及び構造は、次によるか、又は本章16.2.7(界床以外の床(最下階の床を除く))の項による。
1. 界床の上面、下面は、次による。
イ. 界床の下面(天井部)は、厚さ15 mm以上のJIS A 6901(せっこうボード製品)の強化せっこうボードの適合品(以下、「強化せっこうボード」という。)の上に、厚さ12 mm以上の強化せっこうボードを本章10.6.3.2(2枚張り)に基づき取り付ける。
ロ. 界床の上面(床部)は、厚さ15 mm以上の構造用合板又は厚さ15 mm以上の構造用パネルを張ったあと、次のいずれかによる。
(イ)☐モルタル、コンクリート(軽量コンクリート及びシンダーコンクリートを含む。)を、厚さ35 mm以上となるように流し込む。
(ロ)☐せっこう系SL材を、厚さ20 mm以上となるよう流し込む。
(ハ)☐厚さ35 mm以上のALCパネルを敷き込む。
2. 室内に面する天井の構成を吊り天井とする場合の仕様は、次のいずれかによる。
イ. ☐吊り木と野縁を用いた吊り天井とする場合の仕様は、次による。
(イ)吊り木受けは、床根太より小さい寸法型式の木材とし、床下張り材から離し、床根太間に取り付ける。
(ロ)吊り木は30 mm×38 mm以上又は35 mm×35 mm以上の木材とし、1 m以内の間隔で吊り木受けに取り付ける。
(ハ)野縁は30 mm×38 mm以上又は35 mm×35 mm以上の木材とし、50 cm以内の間隔で吊り木に取り付ける。

(ニ) 野縁は床根太に平行させ、床根太の直下に設け、床根太下面と野縁上面の間隔は10 mm以下とし、(ホ)の材料を用いて充填する。

(ホ) 天井の防火被覆材の裏面には、厚さ50 mm以上のロックウール(かさ比重0.024以上)又は厚さ50 mm以上のグラスウール(かさ比重0.024以上)のいずれかを充填する。

ロ. ☐天井根太を用いた吊り天井とする場合の仕様は、次による。

(イ) 天井根太は38 mm×89 mm以上の木材とし、床下張り材から離し、50 cm以内の間隔で取り付ける。

(ロ) 天井根太の下面は、床根太と天井下地材が離れるよう、床根太の下面より下げる。

(ハ) 床根太と床根太の間には、厚さ50 mm以上のロックウール(かさ比重0.024以上)又は厚さ50 mm以上のグラスウール(かさ比重0.024以上)のいずれかを充填する。

3. 界床を設ける場合の床根太、床ばり、まぐさ等のスパンは、構造計算による。

14.7 界床の下に存する住宅の内壁

重ね建ての住宅のうち、本章14.6(界床)の1のイ及びロによる界床の下に存する住宅の壁の室内に面する部分の防火被覆は、厚さ15 mm以上のせっこうボード又は厚さ12 mm以上のせっこうボードの上に厚さ9 mm以上のせっこうボード張りとし、本章14.8(壁張り)に基づき取り付ける。ただし、地上階数2以下の重ね建ての住宅にあっては、本章14.3(界壁以外の部分の内壁)による仕様とすることができる。

14.8 壁張り

14.8.1 1枚張り
1枚張りとする場合の仕様は、本章10.6.4.1(1枚張り)による。

14.8.2 2枚張り
2枚張りとする場合の仕様は、本章10.6.4.2(2枚張り)による。

14.9 天井張り

14.9.1 1枚張り
1枚張りとする場合の仕様は、本章10.6.3.1(1枚張り)による。

14.9.2 2枚張り
2枚張りとする場合の仕様は、本章10.6.3.2(2枚張り)による。ただし、やむを得ず1枚目天井ボードの目地と2枚目天井ボードの目地が一致する場合は、当該部分の裏面には本章14.4.2(上階に床がある部分の天井)の3のイ又はロのいずれかの措置を講ずる。

14.10 下り天井

下り天井(設備機器の設置その他の必要から天井面の一部を下げた部分をいう。)を設ける場合の仕様は、次による。

1. 下り天井の防火被覆及び天井構成(吊り天井の場合に限る。)は、当該室の天井と同一とする。

2. 本章14.4.3(天井構成)の1、2のイ又は3のイのいずれかに該当する天井に設ける下り天井の仕様は、次による。

イ. 下り天井の天井立下げ部分が床根太と平行とならない場合は、当該立下げ部分と上階床との間に火炎が貫通しないよう、ころび止め等のファイヤーストップ材を設ける。

ロ. 下り天井の見付け面の形状は、短辺を1m以内とする。

14.11 その他

1. 壁及び天井の防火被覆の目地は、防火上支障のないよう処理する。
2. 壁又は天井の防火被覆を貫通して設備器具を取り付ける場合にあっては、当該器具又は当該器具の裏面を、当該部分に空隙が生じないよう不燃材料又は準不燃材料で造り又はおおうものとする。
3. 床又は天井と壁及び壁と壁との取合い部には、火炎が相互に貫通しないようころび止め(ファイヤーストップ材)を設ける。
4. ころび止め(ファイヤーストップ材)の仕様は、次による(上階に床のない天井を除く)。
   - イ. 頭つなぎ等の上部には連続してファイヤーストップ材を設け、その材料は、次のいずれかとする。
     - (イ) ☐ 床根太、床根太と同寸以上の床ばり又はころび止め
     - (ロ) ☐ 厚さ50 mm以上のロックウール(かさ比重0.024以上)、厚さ50 mm以上のグラスウール(かさ比重0.024以上)又は厚さ100 mm以上のグラスウール(かさ比重0.01以上)
     - (ハ) ☐ 厚さ12 mm以上のせっこうボード
   - ロ. 本章14.3(界壁以外の部分の内壁)及び本章14.5(界壁)に掲げる壁の仕様は、下枠から頭つなぎ等壁を構成する上部の横架材まで施工する。
5. 壁又は天井の防火被覆を部分的に貫通して木材を取り付ける場合、当該木材の寸法は、防火被覆を貫通する方向に30 mm以上とする。なお、貫通する木材と防火被覆との目地部分及び取合い部分には当て木を設ける。この場合の当て木は、断面寸法30 mm×38 mm以上又は35 mm×35 mm以上の木材とすることができる。
6. 本章14.3(界壁以外の部分の内壁)及び本章14.11(その他)の3及び4の適用にあたっては、浴室、洗面所等火気を使用しない室については、各室の面積の合計が10 m²以内の場合は連続した一つの室として取り扱うものとする。
7. 外壁、界壁、界壁以外の部分の内壁、界床及び界床以外の部分の天井のうち、鉄筋コンクリート造とするものについては、本章14.2(屋根、外壁及び軒裏)から本章14.6(界床)までの規定は適用しない。

15.3階建の仕様

15.1 一般事項

15.1.1 総則

1. 3階建の住宅の基礎、土台、床枠組、壁枠組、小屋組及び防火仕様は、この項による。
2. 前号に掲げる項目以外の項目は、それぞれ本章1(一般事項)〜3.3(地下室の基礎壁)、4.1(一般事項)〜4.7(浴室等の防水措置)、5(屋根工事)〜14(省令準耐火構造の住宅の仕様)による。

15.1.2 構造計算等

1. 3階建の住宅は、建築基準法に基づく構造計算により構造耐力上の安全性を確認したうえ、仕様を決めるものとする。
2. この項に掲げるくぎの種類、本数、くぎ打ち間隔、金物の種類、金物の設置間隔など構造設計にかかわる数値等は、すべて構造耐力上の安全性を確認したうえ決定するものとする。

15.2 基礎工事

15.2.1 一般事項

1. 基礎は、1階の外周部及び内部耐力壁の直下に設ける。
2. 基礎の構造は、地盤の長期許容応力度に応じて、次のいずれかとする。
   - イ. ☐ 布基礎(長期許容応力度　30 kN/m² 以上)
   - ロ. ☐ 腰壁と一体となった布基礎(長期許容応力度　30 kN/m² 以上)
   - ハ. ☐ べた基礎(長期許容応力度　20 kN/m² 以上 30 kN/m² 未満)
   - ニ. ☐ 基礎ぐいを用いた構造(長期許容応力度　20 kN/m² 未満)

15.2.2 基礎

15.2.2.1 布基礎

1. 布基礎の構造は、一体の鉄筋コンクリート造(部材相互を緊結したプレキャストコンクリート造を含む。)とする。
2. 根入れの深さは、構造計算による寸法以上、かつ、本章3.4.2(布基礎)による。
3. 地面からの布基礎の立上りは、構造計算による寸法以上、かつ、本章3.4.2(布基礎)による。
4. 布基礎の立上り部分の幅は、150 mm以上で土台の幅以上とする。
5. 布基礎の底盤の厚さ及び幅は、構造計算による寸法以上、かつ、本章3.4.2(布基礎)による。
6. 配筋は構造計算によるものとし、かつ、本章3.4.2(布基礎)による。

15.2.2.2 べた基礎・基礎ぐい

べた基礎及び基礎ぐいを用いた場合の構造は長期地耐力に応じ、構造計算によることとし、かつ、本章3.4.3(べた基礎・基礎ぐい)による。

15.2.3 鉄筋材料及び加工

1. 異形鉄筋及び丸鋼の品質は、JIS G 3112(鉄筋コンクリート用棒鋼)又はJIS G 3117(鉄筋コンクリート用再生棒鋼)に適合するものとし、その種類及び径などは、特記による。
2. 鉄筋の径は、異形鉄筋では呼び径、丸鋼では径とする。

15.2.4 アンカーボルト

1. アンカーボルト及び座金は、品質及び性能が明らかで良質なものとする。
2. アンカーボルトの埋設位置は、次による。

> イ．掃出窓の両端部のたて枠から150mm以内の位置
> ロ．住宅の隅角部、土台の継手部分及び土台切れの箇所
> ハ．上記イ及びロ以外の部分においては、間隔2.0m以内の位置

3. アンカーボルトの心出しは、型板を用いて基準墨に正しく合わせ、適切な機器など
で正確に行う。

4. アンカーボルトのコンクリートへの埋込み長さは、250mm以上とする。なお、ア
ンカーボルトの先端は、ナットの外にねじ山が3山以上出るように固定する。

5. アンカーボルトの保持は、型板を用いるなどして正確に行い、移動、下部の振れな
どのないように、十分固定する。

6. アンカーボルトの保持及び埋込み工法の種別は、特記による。特記がない場合は、
アンカーボルトを鉄筋などを用いて組み立て、適切な補助材で型枠の類に固定し、
コンクリートの打込みを行う。

7. アンカーボルトは、衝撃などにより有害な曲がりを生じないように取り扱う。また、
ねじ部の損傷、さびの発生、汚損を防止するために布、ビニルテープなどを巻いて
養生を行う。

15.2.5 ホールダウン専用アンカーボルト

1. ホールダウン専用アンカーボルトは、品質及び性能が明らかで良質なものとし、コ
ンクリートへの埋込み長さは360mm以上とする。

2. ホールダウン専用アンカーボルトの埋設方法は、次による。

> イ．ホールダウン金物をホールダウン専用アンカーボルトで直接緊結する場合は、
> 取り付くたて枠の位置にホールダウン専用アンカーボルトを正確に埋め込む。
> ロ．ホールダウン金物を土台専用座金付きボルトで緊結する場合は、2本のアンカ
> ーボルトをそれぞれ土台専用座金付きボルトの心より150mm内外に埋め込む。

3. ホールダウン専用アンカーボルトの心出し・保持等は、本章15.2.4（アンカーボルト）
の3、5、6及び7による。

15.3 土台

15.3.1 土台の寸法型式等

1. 土台の寸法は、寸法型式204、206、208、404、406若しくは408に適合するもの又
は厚さ38mm以上、幅89mm以上で国土交通大臣による基準強度の指定を得たも
のであって、かつ、土台と基礎若しくは床根太、端根太若しくは側根太との緊結に
支障がないものとする。なお、座金ぼりは、寸法型式404、406又は408の場合のみ
である。

2. 土台が基礎と接する面には、防水紙、その他これに類するものを敷く等の防腐措置
を講ずる。

3. 土台の幅は、下枠の幅と同寸以上とする。

15.3.2 大引き、束を用いた床組及び床下張り

本章4.8.3（大引き、束を用いた床組）及び本章4.8.4（大引き、束を用いた床組の床下張
り）による。

15.4 床枠組

15.4.1 床根太

1. 床根太、端根太及び側根太の寸法は、寸法型式206、208、210若しくは212に適合
するもの又は厚さ38mm以上、幅140mm以上で国土交通大臣による基準強度の指
定を得たものであって、かつ、床根太、端根太若しくは側根太と土台、頭つなぎ若
しくは床材との緊結に支障がないものを縦使いする。

2. 床根太のくぎ打ちは、土台、頭つなぎ、床ばりなどに対して、2本のCN75を斜め打
ちする。ただし、1,100N以上の短期許容せん断耐力を有するくぎ打ちは、特記によ

る。

15.4.2 床根太の継手

床根太の継手は、本章4.9.2(床根太の継手)による。

15.4.3 側根太と端根太

1. 側根太には、同寸の添え側根太を添え付け、くぎ打ちは、CN75を両端部2本、中間部300 mm間隔以内に千鳥に平打ちする。
2. 端根太と側根太、添え側根太及び床根太との仕口は、それぞれ3本以上のCN90を木口打ちする。
3. 端根太部には、床根太間及び床根太と添え側根太の間に端根太ころび止めを設け、それぞれ4本のCN75を平打ちする。
4. 側根太及び端根太から土台又は頭つなぎに対するくぎ打ちは、1階にあってはCN75を間隔250 mm以内に、2階又は3階にあってはCN75を間隔500 mm以内に斜め打ちする。ただし、1階にあっては2,200 N/m、2階又は3階にあっては1,100 N/m以上の短期許容せん断耐力を有するくぎ打ちは、特記による。
5. 側根太及び端根太の継手の仕様は、構造計算による。

15.4.4 ころび止め

ころび止めは、本章4.9.4(ころび止め)による。

15.4.5 床開口部

開口部を補強する開口部端根太及び開口部側根太は、これを構成する床根太と同寸以上の寸法型式のものとする。

15.4.6 床下張り

1. 床根太間隔を50 cm以下とする場合の床下張材の品質は、本章4.9.9(床下張り)の1による。
2. 床根太間隔を50 cmを超え65 cm以下とする場合の床下張材の品質は、本章4.9.11.5(床下張り)による。
3. 構造用合板は、表面繊維方向が床根太方向と直交するように張り、パーティクルボード、構造用パネル、硬質木片セメント板、MDF及び火山性ガラス質複層板は、長手方向が床根太方向と直交するように張る。
4. 床下張りは、千鳥張りし、3本以上の床根太に掛かるようにする。
5. 接着剤を用いて床下張りを行う場合は、JIS A 5550(床根太用接着剤)に適合するもののうち、構造用一類のもの又はこれと同等以上の性能を有するものを、床根太部分及び受け材部分又は本ざね部分のよごれ、付着物を除去したうえで塗布する。
6. 床下張材の突合せ部分には、寸法型式204の2つ割り(38 mm×40 mm以上)の受け材を入れる。
7. 床下張材のくぎ打ちは、次による。
   - イ．CN50(床下張材の厚さが15 mm以上の場合はCN65)を周辺部150 mm間隔以内、中間部200 mm間隔以内で床根太又は床ばり及び受け材に平打ちする。ただし、MDF及び火山性ガラス質複層板のくぎ打ちは、特記による。
   - ロ．短期許容せん断耐力が周辺部2,800 N/m、中間部2,100 N/m以上を有するくぎ打ちは、特記による。
8. 床下張材に湿潤によるふくらみ等のおそれがある材料を用いる場合は、突付け部分を2〜3 mmあけ、かつ、適切な防水措置を施す場合は、次のいずれかによる。
   - イ．□タール系のペイント又は油性ペイントで、木口全面を塗布する。
   - ロ．□目地の部分に防水テープを張る。
   - ハ．□床養生シートを張る。

15.5 壁枠組

15.5.1 耐力壁

1. 耐力壁の幅は、その高さの1/3以上とする。
2. 耐力壁線相互の間隔は12m以下とし、かつ、耐力壁線により囲まれた部分の面積は60m²以下とする。
3. 耐力壁の下枠、たて枠及び上枠の寸法は、寸法型式204、205、206、208、304、306、404、405、406、408若しくは204Wに適合するもの又は厚さ38mm以上、幅89mm以上で国土交通大臣による基準値強度の指定を得たものであって、かつ、下枠、たて枠若しくは上枠と床版の枠組材、頭つなぎ、まぐさ受け若しくは筋かいの両端部との緊結及び下枠若しくは上枠とたて枠との緊結に支障がないものとする。
4. 3階部分を小屋としない場合の1階のたて枠は、寸法型式206若しくは208に適合するもの又は厚さ38mm以上、幅140mm以上の製材で、国土交通大臣による基準強度の指定を得たものとする。
5. たて枠相互の間隔は、650mm以内とする。
6. 3階部分を小屋としない場合の1階のたて枠相互の間隔は、当該たて枠に寸法型式206に適合するもの又は厚さ38mm以上、幅140mm以上の製材で、国土交通大臣による基準強度の指定を得たものを使用する場合は、500mm以内とする。
7. 2階又は3階の耐力壁の直下には、原則として、耐力壁を設ける。なお、これらによらない場合は、当該耐力壁直下の床根太を構造力上有効に補強する。
8. 耐力壁の種類は、耐力壁のたて枠相互の間隔が50cm以下の場合は、本章4.10.1（耐力壁）の5、当該間隔が50cmを超える場合は、本章4.10.17.4（耐力壁）による。
9. 通常の耐力壁の下枠の下端から頭つなぎの上端までの寸法は、2,450mmを標準とする。

15.5.2 1階たて枠と基礎（土台）との緊結

1. 外周部の主要な隅角部のたて枠及び引抜き応力が大きいたて枠は、接合金物（ホールダウン金物）を用いて基礎と緊結する。
2. 接合金物は、品質及び性能が明らかで良質なものとする。
3. ホールダウン金物で、土台を介して基礎とたて枠を直接緊結する場合は、次による。
   - イ．ホールダウン金物は、たて枠の下部に締め代をとり、六角形ボルト、ラグスクリュー又はZN90でたて枠に緊結する。
   - ロ．ホールダウン金物の下部は、ホールダウン専用アンカーボルトに土台を介してナットで緊結する。
4. ホールダウン金物で、土台を介して基礎とたて枠を緊結する場合、次による。
   - イ．ホールダウン金物の取付けは、前号イによる。
   - ロ．ホールダウン金物の下部は、土台専用座金付きボルトに固定し、本章15.2.5（ホールダウン専用アンカーボルト）の2のロにより緊結する。
5. 外周部の主要な隅角部及び引抜き応力が大きいたて枠と基礎又は土台との緊結に、接合金物としてホールダウン金物以外のものを使用する場合は、特記による。

15.5.3 耐力壁の上枠及び下枠

1. 上枠及び下枠は、それぞれの壁面ごとに一体のものを用いる。
2. 上枠とたて枠の仕口は、上枠側から2本以上のCN90を木口打ちとする。また、下枠とたて枠の仕口は、下枠側から2本以上のCN90を木口打ちとするか、たて枠から3本以上のCN75を斜め打ちする。ただし、1,000N以上の短期許容せん断耐力を有するくぎ打ちは、特記による。

15.5.4 耐力壁の頭つなぎ

1. 頭つなぎ、上枠と同寸の寸法型式のものとし、なるべく長尺材を用い、継手は上枠の継手位置より600mm以上離す。

2. 隅角部及びT字部での頭つなぎの仕口は、上枠と頭つなぎが相互に交差し重なるようにおさめる。

3. 頭つなぎと上枠との接合は、頭つなぎから上枠へCN90を端部は2本以上、中間部は500 mm間隔以内に平打ちとする。ただし、1,600 N/m以上の短期許容せん断耐力を有するくぎ打ちは、特記による。

15.5.5 耐力壁のすみ柱

1. 耐力壁のすみ柱は、3本以上のたて枠で構成する。ただし、たて枠を寸法型式206以上とし、その間隔を一般地で50 cm以下、多雪区域、垂直積雪量1.0 m以下の区域で45 cm以下、垂直積雪量1.0 mを超え2.0 m以下の区域で35 cm以下とする場合、すみ柱のたて枠を2本とすることができる。

2. 隅角部におけるたて枠とたて枠の緊結は、合わせたて枠、かい木等を介して、CN90を間隔300 mm以内に平打ちする。

15.5.6 耐力壁線の開口部

1. 耐力壁線に設ける開口部の幅は4 m以下として、その開口部の幅の合計は、その耐力壁線の長さの3/4以下とする。

2. 耐力壁線に幅900 mm以上の開口部を設ける場合は、原則として、まぐさ及びまぐさ受けを用いる。

3. 開口部にまぐさ受けを用いる場合のたて枠とまぐさ受けの緊結は、まぐさ受けからたて枠へCN90を間隔300 mm以内に平打ちする。

15.5.7 外壁の耐力壁線相互の交差部の耐力壁

外壁の耐力壁線相互の交差部には、原則として、長さ90 cm以上の耐力壁を1以上設ける。

15.5.8 外壁下張り

外壁下張りは、本章4.10.9(外壁下張り)による。

15.5.9 筋かい

筋かいは、本章4.10.11(筋かい)による。

15.5.10 ころび止め

ころび止めは、本章4.10.12(ころび止め)による。

15.5.11 住戸間の界壁

連続建ての住戸間の界壁は、本章4.10.14(住戸間の界壁)による。

15.5.12 壁枠組と床組及び土台との緊結

1. 壁枠組と床枠組との緊結は、下枠から床根太、側根太、端根太及びころび止めへ、1階にあってはCN90を間隔250 mm以内に、2階又は3階にあってはCN90を間隔500 mm以内に平打ちする。ただし、1階にあっては3,200 N/m、2階又は3階にあっては1,600 N/m以上の短期許容せん断耐力を有するくぎ打ちは、特記による。

2. 外壁の隅角部すみ柱及び外壁の開口部の両端に接する耐力壁のまぐさ受けが取り付くたて枠は、直下の壁のたて枠、床枠組又は土台にホールダウン金物、帯金物又はかど金物で構造耐力上有効に緊結する。

3. 前号において壁材で構造耐力上有効に緊結する場合は、金物を省略することができる。

15.5.13 ホールダウン金物を用いる場合の1階の壁枠組と2階の壁枠組との緊結方法

1. 1階の耐力壁の端部で、外周部の主要な隅角部のたて枠及び引抜き応力の大きいた

て枠は、ホールダウン金物を用いて2階の耐力壁端部のたて枠と緊結する。
2. 接合金物(ホールダウン金物)は、品質及び性能が明らかで良質なものとする。
3. ホールダウン金物の取り付くたて枠は、2本以上の合わせたて枠とする。
4. ホールダウン金物は、2階の合わせたて枠の下部及び1階の合わせたて枠の上部に締め代をとり、六角ボルト、ラグスクリュー又はZN90でたて枠に取り付ける。また、ホールダウン金物同士は六角ボルトを用いて緊結する。

15.6 小屋組

15.6.1 一般事項

1. 小屋組を構成するたる木及び天井根太の寸法は、寸法型式204、206、208、210若しくは212に適合するもの又は厚さ38mm以上、幅89mm以上で国土交通大臣による基準強度の指定を得たものであって、かつ、たる木若しくは天井根太とむな木、頭つなぎ若しくは屋根下地材との緊結に支障がないものとし、それら相互の間隔は650mm以内とする。
2. たる木又はトラスは、頭つなぎ及び上枠に金物で構造耐力上有効に緊結する。
3. 小屋組は、振止めを設ける等、水平力に対して安全なものとする。

15.6.2 小屋組の各部材相互及び小屋組の部材と頭つなぎとの緊結

15.6.2.1 天井根太と頭つなぎ又ははりの接合

天井根太から頭つなぎ又ははりに対しては、2本のCN75を斜め打ちする。ただし、1,100N以上の短期許容せん断耐力を有するくぎ打ちは、特記による。

15.6.2.2 むな木とたる木の接合

1. むな木は、たる木より1サイズ以上大きな寸法型式のものを用い、頂部は勾配に沿って角度を付ける。
2. たる木からむな木へは、3本のCN75を斜め打ちする。ただし、1,700N以上の短期許容せん断耐力を有するくぎ打ちは、特記による。

15.6.2.3 たる木と頭つなぎの接合

たる木と頭つなぎの接合は、本章4.12.2.4(たる木と頭つなぎの接合)による。

15.6.2.4 たる木と天井根太の接合

たる木と天井根太の接合は、本章4.12.2.5(たる木と天井根太の接合)による。

15.6.2.5 トラスと頭つなぎの接合

トラスと頭つなぎの接合は、本章4.12.4.2(トラスと頭つなぎの接合)による。

15.6.3 屋根下張り

1. たる木間隔を50cm以下とする場合の屋根下張材の品質は、本章4.12.15(屋根下張り)の1による。
2. たる木間隔を50cmを超え65cm以下とする場合の屋根下張材の品質は、本章4.12.17.4(屋根下張り)による。
3. 構造用合板は、表面繊維方向がたる木又はトラス上弦材と直交するように張り、パーティクルボード、構造用パネル、硬質木片セメント板、MDF及び火山性ガラス質複層板は、長手方向がたる木又はトラス上弦材と直交するように張る。
4. 屋根下張りは千鳥張りとし、3本以上のたる木又はトラス上弦材に掛かるようにし、軒先面から張り始め、むな木頂部で寸法調整する。
5. 屋根下張材の継手部分には、寸法型式204の2つ割り(38mm×40mm以上)の受け材を入れる。
6. 屋根下張材のくぎ打ちは、次による。
   イ. CN50(床下張材の厚さが15mm以上の場合はCN65)を周辺部150mm間隔以内、中間部300mm間隔以内でたる木、屋根ばり又はトラス上弦材及び受け材に平打ちする。ただし、MDF及び火山性ガラス質複層板のくぎ打ちは、特記による。
   ロ. 短期許容せん断耐力が周辺部2,600N/m、中間部1,300N/m以上を有するくぎ

打ちは、特記による。

7. 屋根下張材にパーティクルボード（耐水性のある接着剤を用いた規格を除く。）を用いる場合は、本章4.9.9（床下張り）の8に準じて防水処理を行う。

15.7 防火仕様

15.7.1 一般事項

1. 準防火地域で3階建の木造の住宅とする場合の防火仕様は、この項による。
2. 準耐火構造の住宅の防火仕様は、本章14（省令準耐火構造の住宅の仕様）又は本章16（準耐火構造の住宅の仕様）による。なお、本章14（省令準耐火構造の住宅の仕様）により準防火地域で3階建の木造の住宅を建設する場合は、同仕様によるほか、本章15.7.5（屋根の裏面又は屋根の直下の天井）及び本章15.7.7（3階部分の区画）並びに本章15.7.8（外壁の開口部）による。

15.7.2 外壁・軒裏

外壁・軒裏は、本章14.2（屋根、外壁及び軒裏）による。

15.7.3 外壁の屋内に面する部分及び耐力壁

外壁の屋内に面する部分及び耐力壁の防火被覆は、次のいずれかとする。

- イ. ☐厚さ12mm以上のせっこうボード張り
- ロ. ☐厚さ5.5mm以上の難燃合板の上に、厚さ9.5mm以上のせっこうボード張り
- ハ. ☐厚さ9.5mm以上のせっこうボードの上に、厚さ9.5mm以上のせっこうボード張り
- ニ. ☐イ、ロ又はハと同等以上の防火性能を有すると国土交通大臣が認めたもの

15.7.4 天井

天井の防火被覆は、次のいずれかとする。

- イ. ☐本章14.4.1（上階に床がない部分の天井）による
- ロ. ☐厚さ5.5mm以上の難燃合板の上に、厚さ9mm以上のせっこうボード張り
- ハ. ☐厚さ5.5mm以上の難燃合板の上に、厚さ9mm以上のロックウール吸音張り
- ニ. ☐イ、ロ又はハと同等以上の防火性能を有すると国土交通大臣が認めたもの

15.7.5 屋根の裏面又は屋根の直下の天井

屋根の裏面又は屋根の直下の天井の防火被覆は、次のいずれかによる。

- イ. ☐厚さ12mm以上のせっこうボード張りの上に、厚さ9mm以上のせっこうボード張り
- ロ. ☐厚さ12mm以上のせっこうボード張りの上に、厚さ9mm以上のロックウール吸音板張り
- ハ. ☐厚さ9mm以上のせっこうボード張りの上に、厚さ12mm以上のせっこうボード張り
- ニ. ☐イ、ロ又はハと同等以上の防火性能を有すると国土交通大臣が認めたもの

15.7.6 防火被覆材の目地、取合い部等

防火被覆材の目地、取合い部等は、本章14.11（その他）の1及び2による。

15.7.7 3階部分の区画

3階の室の部分（居室、物置、便所等）とその他の部分（廊下、階段、吹抜け等）とは、壁又は戸（ふすま、障子等を除く。）で区画する。

15.7.8 外壁の開口部

外壁の開口部に設ける建具は、特記による。

15.7.9 屋根

屋根の構造方法は、次のいずれかとする。

- イ. ☐不燃材料で造るか、又はふくこと
- ロ. ☐準耐火構造（屋外に面する部分を準不燃材料で造ったものに限る。）

15.8 避難措置等

15.8.1 避難用器具

3階の部屋又はバルコニーには、避難用器具を設ける。

15.8.2 火災報知設備

火気使用室には、火災報知設備を設ける。

15.8.3 手すり

3階の部屋及びバルコニーには、手すりを設ける。

16.1 45分準耐火構造の住宅の仕様

16.1.1 一般事項

1. 45分準耐火構造の住宅（建築基準法第2条第9号の3のイに該当する住宅をいう。）の防火仕様は、この項による。

   ただし、界壁及び界床を除く主要構造部の各部分を、耐火構造（建築基準法施行令（以下、「令」という。）第107条に規定する構造をいう。）又は国土交通大臣の準耐火構造の認定（建築基準法第2条第7号の2及び令第112条第2項の規定に基づく認定をいう。）を受けたものとする場合には、この項によらず特記による。

2. 層間変形角が1/150以内であることを確認することとする。ただし、計算又は実験により、主要構造部が防火上有害な変形、き裂その他の損傷を生じないことが確認されている場合においてはこの限りでない。

16.1.2 外壁の耐力壁

16.1.2.1 外壁の耐力壁の室内に面する部分

1. 外壁の耐力壁の室内に面する部分の防火被覆は、次のいずれかとする。

   イ．☐厚さ15mm以上のせっこうボード（強化せっこうボードを含む。以下同じ。）張り

   ロ．☐厚さ12mm以上のせっこうボードの上に、厚さ9mm以上のせっこうボード張り

   ハ．☐厚さ12mm以上のせっこうボードの上に、厚さ9mm以上の難燃合板張り

   ニ．☐厚さ9mm以上のせっこうボードの上に、厚さ12mm以上のせっこうボード張り

   ホ．☐厚さ9mm以上の難燃合板の上に、厚さ12mm以上のせっこうボード張り

   ヘ．☐厚さ7mm以上のせっこうラスボードの上に、厚さ8mm以上のせっこうプラスター塗り

2. 1に掲げる材料の品質は、JIS又はJASに適合するもの、若しくはこれらと同等以上の性能を有するものとする。

3. 防火被覆材の取付け方法は、次による。

   イ．防火被覆材は、長さ40mm以上のGNFくぎ、木ねじ、ステープル、タッピンねじ又はこれらに類する留め金具で確実に留め付ける。

      ただし、被覆材を2枚重ねて張る場合は、2枚目に張る防火被覆材は、1枚目の防火被覆材と目地が重ならないように割付け、長さ50mm以上の留め金具で留め付ける。

   ロ．留め金具の間隔は、防火被覆材の周辺部は150mm以下、中間部は200mm以下とする。

   ハ．防火被覆材は、目地部分及び取合い部分の裏面に当て木を設け、留め付ける。なお、たて枠その他の構造材をもって当て木に代えることができる。

   ニ．当て木の断面寸法は、38mm×40mmを標準とする。

16.1.2.2 外壁の耐力壁の屋外に面する部分

1. 外壁の耐力壁の屋外に面する部分の防火被覆は、次のいずれかによる。

   イ．☐厚さ12mm以上のせっこうボードの上に金属板張り

   ロ．☐木毛セメント板又はせっこうボードの上に、厚さ15mm以上のモルタル又はしっくい塗り

   ハ．☐モルタルの上にタイルを張ったもので、その厚さの合計が25mm以上のもの

   ニ．☐セメント板又はかわらの上にモルタルを塗ったもので、その厚さの合計が25mm以上のもの

   ホ．☐厚さ25mm以上のロックウール保温板の上に金属板張り

2. 1に掲げる材料の品質は、JISに適合するもの、又はこれと同等以上の性能を有するものとする。

3. 防火被覆材の取付け方法は、次による。

 イ. 防火被覆材は、500 mm以下の間隔で配置したたて枠及び土台、はり、胴縁その他の横架材に、長さ40 mm以上のGNFくぎ、木ねじ、ステープル、タッピンねじ又はこれらに類する留め金具で確実に留め付ける。ただし、被覆材を2枚重ねて張る場合は、2枚目に張る防火被覆材は、1枚目の防火被覆材と目地が重ならないように割付け、長さ50 mm以上の留め金具で留め付ける。

 ロ. 留め金具の間隔は、防火被覆材の周辺部は150 mm以下、外周部は200 mm以下とする。

 ハ. 防火被覆材は、目地部分及び取合い部分の裏面に当て木を設け、留め付ける。なお、たて枠その他の構造材をもって当て木に代えることができる。

 ニ. 当て木の断面寸法は、38 mm×40 mmを標準とする。

16.1.3 外壁の非耐力壁

16.1.3.1 外壁の非耐力壁の室内に面する部分

1. 外壁の非耐力壁の室内に面する部分の防火被覆は、次のいずれかによる。ただし、延焼のおそれのある部分については、本章16.1.2.1（外壁の耐力壁の室内に面する部分）の1による。

 イ. ☐厚さ12 mm以上のせっこうボード張り

 ロ. ☐厚さ8 mm以上のスラグせっこう系セメント板張り

2. 1に掲げる材料の品質は、JIS又はJASに適合するもの、又はこれと同等以上の性能を有するものとする。

3. 防火被覆材の取付け方法は、本章16.1.2.1（外壁の耐力壁の室内に面する部分）の3による。

16.1.3.2 外壁の非耐力壁の屋外に面する部分

1. 外壁の非耐力壁の屋外に面する部分の防火被覆は、次のいずれかによる。

 イ. ☐厚さ12 mm以上のせっこうボードの上に金属板張り

 ロ. ☐木毛セメント板又はせっこうボードの上に、厚さ15 mm以上モルタル又はしっくい塗り

 ハ. ☐モルタルの上にタイルを張ったもので、その厚さの合計が25 mm以上のもの

 ニ. ☐セメント板又はかわらの上にモルタルを塗ったもので、その厚さの合計が25 mm以上のもの

 ホ. ☐厚さ25 mm以上のロックウール保温板の上に金属板張り

2. 1に掲げる材料の品質は、JISに適合するもの、又はこれと同等以上の性能を有するものとする。

3. 防火被覆材の取付け方法は、本章16.1.2.2（外壁の耐力壁の屋外に面する部分）の3による。

16.1.4 界壁以外の内壁

1. 界壁以外の内壁の室内に面する部分の防火被覆は、次のいずれかとする。

 イ. ☐厚さ15 mm以上のせっこうボード（強化せっこうボードを含む。以下同じ。）張り

 ロ. ☐厚さ12 mm以上のせっこうボードの上に、厚さ9 mm以上のせっこうボード張り

 ハ. ☐厚さ12 mm以上のせっこうボードの上に、厚さ9 mm以上の難燃合板張り

 ニ. ☐厚さ9 mm以上のせっこうボードの上に、厚さ12 mm以上のせっこうボード張り

 ホ. ☐厚さ9 mm以上の難燃合板の上に、厚さ12 mm以上のせっこうボード張り

へ. □厚さ7mm以上のせっこうラスボードの上に、厚さ8mm以上のせっこうプラスター塗り

2. 1に掲げる材料の品質は、JIS又はJASに適合するもの、若しくはこれらと同等以上の性能を有するものとする。

3. 防火被覆材の取付け方法は、本章16.1.2.1(外壁の耐力壁の室内に面する部分)の3による。

16.1.5 住戸間の界壁(連続建て)

住戸間の界壁の仕様は、本章4.10.14(住戸間の界壁)による。

16.1.6 柱

柱を設ける場合の防火被覆は、本章16.1.4(界壁以外の内壁)に準じる。ただし、本章16.1.2(外壁の耐力壁)及び本章16.1.3(外壁の非耐力壁)に掲げる防火被覆を設けた壁の内部にあるものについては、これによらないことができる。

16.1.7 界床以外の床(最下階の床を除く)

16.1.7.1 床の表側の部分

1. 床の表側の部分の防火被覆は、次のいずれかとする。
   - イ. □畳敷きの床(ポリスチレンフォームの畳床を除く。)
   - ロ. □厚さ12mm以上の構造用合板、構造用パネル、パーティクルボード又はデッキプレート(以下、「合板等」という。)の上に、厚さ9mm以上のせっこうボード張り
   - ハ. □厚さ12mm以上の合板等の上に、厚さ8mm以上の硬質木片セメント板張り
   - ニ. □厚さ12mm以上の合板等の上に、厚さ9mm以上の軽量気泡コンクリート張り
   - ホ. □厚さ12mm以上の合板等の上に、厚さ9mm以上のモルタル、コンクリート(軽量コンクリート及びシンダーコンクリートを含む。)敷き流し
   - ヘ. □厚さ12mm以上の合板等の上に、厚さ9mm以上のせっこうを塗ったもの
   - ト. □厚さ30mm以上の木材(木材で造られた荒床の厚さを含む。)

2. 1に掲げる材料の品質は、JIS又はJASに適合するもの、若しくはこれらと同等以上の性能を有するものとする。

16.1.7.2 床の裏側の部分又は直下の天井

1. 床の裏側の部分又は直下の天井の防火被覆は、次のいずれかとする。
   - イ. □厚さ15mm以上の強化せっこうボード張り
   - ロ. □厚さ12mm以上の強化せっこうボード張りとし、その裏側に厚さ50mm以上のロックウール(かさ比重0.024以上)又は厚さ50mm以上のグラスウール(かさ比重0.024以上)のいずれかを充填

2. 1に掲げる材料の品質は、JISに適合するもの、又はこれと同等以上の性能を有するものとする。

3. 防火被覆材の取付け方法は、次による。
   - イ. 防火被覆材は、根太、野縁等の横架材に、長さ40mm以上のGNFくぎ、木ねじ、ステープル、タッピンねじ又はこれらに類する留め金具で確実に留め付ける。ただし、被覆材を2枚重ねて張る場合は、2枚目に張る防火被覆材は、1枚目の防火被覆材と目地が重ならないように割付け、長さ50mm以上の留め金具で留め付ける。
   - ロ. 留め金具の間隔は、防火被覆材の周辺部は100mm以下、中間部は150mm以下とする。
   - ハ. 防火被覆材の目地部分及び取合い部分は、その裏面に当て木を設ける。なお、根太、野縁等の横架材をもって当て木に代えることができる。
   - ニ. 当て木の断面寸法は、38mm×40mmを標準とする。

16.1.8 住戸間の界床

重ね建ての住戸間の界床の仕様は、次による。

16.1.8.1 床の表側の部分

1. 床の表側の部分の防火被覆は、次のいずれかとする。

　イ. ☐畳敷きの床(ポリスチレンフォームの畳床を除く。)

　ロ. ☐厚さ12mm以上の構造用合板、構造用パネル、パーティクルボード又はデッキプレート(以下、「合板等」という。)の上に、厚さ12mm以上のせっこうボード張り

　ハ. ☐厚さ12mm以上の合板等の上に、厚さ12mm以上の硬質木片セメント板張り

　ニ. ☐厚さ12mm以上の合板等の上に、厚さ12mm以上の軽量気泡コンクリート板張り

　ホ. ☐厚さ12mm以上の合板等の上に、厚さ12mm以上のモルタル、コンクリート(軽量コンクリート及びシンダーコンクリートを含む。)敷き流し

　ヘ. ☐厚さ12mm以上の合板等の上に、厚さ12mm以上のせっこう敷き流し

　ト. ☐厚さ40mm以上の木材(木材で造られた荒床の厚さを含む。)

2. 1に掲げる材料の品質は、JIS又はJASに適合するもの、若しくはこれらと同等以上の性能を有するものとする。

16.1.8.2 床の裏側の部分又は直下の天井

1. 床の裏側の部分又は直下の天井の防火被覆は、次のいずれかとする。

　イ. ☐厚さ12mm以上のせっこうボードの上に、厚さ12mm以上のせっこうボード張りとし、その裏側に厚さ50mm以上のロックウール(かさ比重0.024以上)又は厚さ50mm以上のグラスウール(かさ比重0.024以上)のいずれかを充填

　ロ. ☐厚さ12mm以上の強化せっこうボードの上に、厚さ12mm以上の強化せっこうボード張り

　ハ. ☐厚さ15mm以上の強化せっこうボードの裏側に、厚さ50mm以上のロックウール(かさ比重0.024以上)又は厚さ50mm以上のグラスウール(かさ比重0.024以上)のいずれかを充填

　ニ. ☐厚さ12mm以上の強化せっこうボードの上に、厚さ9mm以上のロックウール吸音板張り

2. 1に掲げる材料の品質は、JISに適合するもの、又はこれと同等以上の性能を有するものとする。

3. 防火被覆材の取付け方法は、本章16.1.7.2(床の裏側の部分又は直下の天井)の3による。

16.1.9 はり

はりの防火被覆は、本章16.1.7.2(床の裏側の部分又は直下の天井)に準ずる。ただし、本章16.1.7(界床以外の床(最下階の床を除く))に掲げる防火被覆を設けた床の内部にあるものについては、これによらないことができる。

16.1.10 屋根・軒裏

1. 屋根(軒裏を除く。)の表側の部分は不燃材料で造り又はふき、屋根の裏側の部分又は屋根の直下の天井の防火被覆は、次のいずれかとする。

　イ. ☐厚さ12mm以上の強化せっこうボード張り

　ロ. ☐厚さ9mm以上のせっこうボード2枚張り

　ハ. ☐厚さ12mm以上のせっこうボード張りとし、その裏側に厚さ50mm以上のロックウール(かさ比重0.024以上)又は厚さ50mm以上のグラスウール(かさ比重0.024以上)のいずれかを充填

　ニ. ☐厚さ12mm以上の硬質木片セメント板張り

　ホ. ☐厚さ20mm以上の鉄網モルタル塗り

　ヘ. ☐繊維混入けい酸カルシウム板を2枚以上張ったもので、その厚さの合計が

16 mm 以上のもの
　　　ト．□本章16.1.2.2(外壁の耐力壁の屋外に面する部分)の1に掲げる防火被覆材
2. 軒裏(外壁によって小屋裏又は天井裏と防火上有効に遮られているものを除く。)の防火被覆は、次のいずれかとする。
　　　イ．□厚さ12 mm以上の硬質木片セメント板張り
　　　ロ．□厚さ20 mm以上の鉄網モルタル塗り
　　　ハ．□繊維混入けい酸カルシウム板を2枚以上張ったもので、その厚さの合計が16 mm以上のもの
　　　ニ．□本章16.1.2.2(外壁の耐力壁の屋外に面する部分)の1に掲げる防火被覆材
3. 1及び2に掲げる材料の品質は、JISに適合するもの、又はこれと同等以上の性能を有するものとする。
4. 防火被覆材の取付け方法は、次による。
　　　イ．防火被覆材は、たる木、根太、野縁等の横架材に、長さ40 mm以上のGNFくぎ、木ねじ、ステープル、タッピンねじ又はこれらに類する留め金具で確実に留め付ける。ただし、被覆材を2枚重ねて張る場合は、2枚目に張る防火被覆材は、1枚目の防火被覆材と目地が重ならないように割付け、長さ50 mm以上の留め金具で留め付ける。
　　　ロ．留め金具の間隔は、防火被覆材の周辺部は100 mm以下、中間部は150 mm以下とする。
　　　ハ．防火被覆材の目地部分及び取合い部分は、その裏面に当て木を設ける。なお、たる木、野縁等の横架材をもって当て木に代えることができる。
　　　ニ．当て木の断面寸法は、38 mm×40 mmを標準とする。

16.1.11 階段

階段を木材で造る場合は、段板及び段板を支えるけたは、次のいずれかとする。
　　　イ．□厚さ6 cm以上とする。
　　　ロ．□厚さ3.5 cm以上とし、段板の裏側を本章16.1.10(屋根・軒裏)の1のイからニ又はトの被覆材により被覆し、かつ、ささら桁の外側を本章16.1.3.1(外壁の非耐力壁の室内に面する部分)(屋外側の場合は、本章16.1.3.2(外壁の非耐力壁の屋外に面する部分))の1の被覆材により被覆する。
　　　ハ．□段板の裏側を本章16.1.7.2(床の裏側の部分又は直下の天井)の被覆材により被覆し、かつ、ささら桁の外側を本章16.1.4(界壁以外の内壁)(屋外側の場合は本章16.1.3.2(外壁の非耐力壁の屋外に面する部分))の1の被覆材により被覆する。

16.1.12 その他の措置

16.1.12.1 壁内部の措置

耐火構造以外の主要構造部である壁については、防火被覆の内部での火災伝播を有効に防止するため、次のいずれか、又はこれらと同等以上のファイヤーストップ材を3 m以内ごとに設ける。
　　　イ．□たて枠と同寸の寸法型式の製材
　　　ロ．□厚さ12 mm以上のせっこうボード
　　　ハ．□厚さ8 mm以上のスラグせっこう系セメント板
　　　ニ．□厚さ50 mm以上のロックウール(かさ比重0.024以上)
　　　ホ．□厚さ50 mm以上のグラスウール(かさ比重0.024以上)

16.1.12.2 壁と床等の接合部の措置

耐火構造以外の主要構造部である壁と床及び屋根の接合部、階段と床の接合部に、防火被覆の内部での火災伝播を有効に防止するため、ファイヤーストップ材を設ける。なお、ファイヤーストップ材の種類は、本章16.1.12.1(壁内部の措置)による。

16.1.12.3 照明器具等の周辺の措置
　　　防火被覆を施した壁、床又は天井に設ける照明器具、天井換気孔、コンセントボックス、スイッチボックス、その他これらに類するものの周りには、防火上支障のない措置を講じる。
16.1.12.4 外壁の開口部
　　　外壁の開口部に設ける建具は、特記による。

16.2 1時間準耐火構造の住宅の仕様

16.2.1 一般事項

1. 1時間準耐火構造の住宅の防火性能は、この項による。
   　ただし、主要構造部の各部分を耐火構造（建築基準法施行令第107条に規定する耐火性能を有する構造をいう。）又は国土交通大臣の1時間準耐火構造の認定（建築基準法施行令第112条第2項の規定に基づく認定をいう。）を受けたものとする場合は、この項によらず特記による。
2. 層間変形角が1/150以内であることを確認することとする。ただし、計算又は実験により、主要構造部が防火上有害な変形、き裂その他の損傷を生じないことが確認されている場合においては、この限りでない。

16.2.2 外壁の耐力壁

16.2.2.1 外壁の耐力壁の室内に面する部分

1. 外壁の耐力壁の室内に面する部分の防火被覆は、次のいずれかとする。
   - イ．□厚さ12mm以上のせっこうボード（強化せっこうボードを含む。以下同じ。）の上に、厚さ12mm以上のせっこうボード張り
   - ロ．□厚さ8mm以上のスラグせっこう系セメント板の上に、厚さ12mm以上のせっこうボード張り
   - ハ．□厚さ16mm以上の強化せっこうボード張り
   - ニ．□厚さ12mm以上の強化せっこうボードの上に、厚さ9mm以上のせっこうボード又は難燃合板張り
   - ホ．□厚さ9mm以上のせっこうボード又は難燃合板の上に、厚さ12mm以上の強化せっこうボード張り
2. 1に掲げる材料の品質は、JIS又はJASに適合するもの、若しくはこれらと同等以上の性能を有するものとする。
3. 防火被覆材の取付け方法は、本章16.1.2.1（外壁の耐力壁の室内に面する部分）の3による。

16.2.2.2 外壁の耐力壁の屋外に面する部分

1. 外壁の耐力壁の屋外に面する部分の防火被覆は、次のいずれかによる。
   - イ．□厚さ18mm以上の硬質木片セメント板張り
   - ロ．□厚さ20mm以上の鉄網モルタル塗り
2. 1に掲げる材料の品質は、JISに適合するもの、又はこれと同等以上の性能を有するものとする。
3. 防火被覆材の取付け方法は、本章16.1.2.2（外壁の耐力壁の屋外に面する部分）の3による。

16.2.3 外壁の非耐力壁

16.2.3.1 外壁の非耐力壁の室内に面する部分

1. 外壁の非耐力壁の室内に面する部分の防火被覆は、本章16.1.3.1（外壁の非耐力壁の室内に面する部分）の1による。ただし、延焼のおそれのある部分については、本章16.2.2.1（外壁の耐力壁の室内に面する部分）による。
2. 1に掲げる材料の品質は、JIS又はJASに適合するもの、若しくはこれらと同等以上の性能を有するものとする。

3. 防火被覆材の取付け方法は、本章16.1.2.1（外壁の耐力壁の室内に面する部分）の3による。

16.2.3.2 外壁の非耐力壁の屋外に面する部分

1. 外壁の非耐力壁の屋外に面する部分の防火被覆は、本章16.1.3.2（外壁の非耐力壁の屋外に面する部分）の1による。ただし、延焼のおそれのある部分については、本章16.2.2.2（外壁の耐力壁の屋外に面する部分）による。
2. 1に掲げる材料の品質は、JISに適合するもの、又はこれと同等以上の性能を有するものとする。
3. 防火被覆材の取付け方法は、本章16.1.2.2（外壁の耐力壁の屋外に面する部分）の3による。

16.2.4 界壁以外の内壁

1. 界壁以外の内壁の室内に面する部分の防火被覆は、次のいずれかとする。
    - イ．□厚さ12mm以上のせっこうボードの上に、厚さ12mm以上のせっこうボード張り
    - ロ．□厚さ8mm以上のスラグせっこう系セメント板の上に、厚さ12mm以上のせっこうボード張り
    - ハ．□厚さ16mm以上の強化せっこうボード張り
    - ニ．□厚さ9mm以上のせっこうボード又は難燃合板の上に、厚さ12mm以上の強化せっこうボード張り
    - ホ．□厚さ12mm以上の強化せっこうボードの上に、厚さ9mm以上のせっこうボード又は難燃合板張り
2. 1に掲げる材料の品質は、JIS又はJASに適合するもの、若しくはこれらと同等以上の性能を有するものとする。
3. 防火被覆材の取付け方法は、本章16.1.2.1（外壁の耐力壁の室内に面する部分）の3による。

16.2.5 住戸間の界壁

住戸間の界壁の構造は、本章4.10.14（住戸間の界壁）による。

16.2.6 柱

柱の防火被覆は、本章16.2.4（界壁以外の内壁）に準ずる。ただし、本章16.2.2（外壁の耐力壁）及び本章16.2.3（外壁の非耐力壁）に掲げる防火被覆を設けた壁の内部にあるものについては、これによらないことができる。

16.2.7 界床以外の床（最下階の床を除く）

16.2.7.1 床の表側の部分

1. 床の表側の部分の防火被覆は、次のいずれかとする。
    - イ．□畳敷きの床（ポリスチレンフォームの畳床を除く。）
    - ロ．□厚さ12mm以上の構造用合板、構造用パネル、パーティクルボード又はデッキプレート（以下、「合板等」という。）の上に、厚さ12mm以上のせっこうボード張り
    - ハ．□厚さ12mm以上の合板等の上に、厚さ12mm以上の硬質木片セメント板張り
    - ニ．□厚さ12mm以上の合板等の上に、厚さ12mm以上の軽量気泡コンクリート板張り
    - ホ．□厚さ12mm以上の合板等の上に、厚さ12mm以上のモルタル、コンクリート（軽量コンクリート及びシンダーコンクリートを含む。）敷き流し
    - ヘ．□厚さ12mm以上の合板等の上に、厚さ12mm以上のせっこう敷き流し
    - ト．□厚さ40mm以上の木材（木材で造られた荒床の厚さを含む。）

2. 1に掲げる材料の品質は、JIS又はJASに適合するもの、若しくはこれらと同等以上
の性能を有するものとする。

16.2.7.2 床の裏側の部分又は直下の天井

1. 床の裏側の部分又は直下の天井の防火被覆は、次のいずれかとする。
   - イ. ☐厚さ12 mm以上のせっこうボードの上に、厚さ12 mm以上のせっこうボー
     ド張りとし、その裏側に厚さ50 mm以上のロックウール（かさ比重0.024以上）
     又は厚さ50 mm以上のグラスウール（かさ比重0.024以上）のいずれかを充填
   - ロ. ☐厚さ12 mm以上の強化せっこうボードの上に、厚さ12 mm以上の強化せっ
     こうボード張り
   - ハ. ☐厚さ15 mm以上の強化せっこうボード張りとし、その裏側に厚さ50 mm以
     上のロックウール（かさ比重0.024以上）又は厚さ50 mm以上のグラスウール（か
     さ比重0.024以上）のいずれかを充填
   - ニ. ☐厚さ12 mm以上の強化せっこうボードの上に、厚さ9 mm以上のロックウー
     ル吸音板張り
2. 1に掲げる材料の品質は、JISに適合するもの、又はこれと同等以上の性能を有する
   ものとする。
3. 防火被覆材の取付け方法は、本章16.1.7.2（床の裏側の部分又は直下の天井）の3によ
   る。

16.2.8 住戸間の界床

重ね建ての住戸間の界床の仕様は、本章16.2.7（界床以外の床（最下階の床を除く））によ
る。

16.2.9 はり

はりの防火被覆は、本章16.2.7.2（床の裏側の部分又は直下の天井）に準ずる。ただし、
本章16.2.7（界床以外の床（最下階の床を除く））に掲げる防火被覆を設けた床の内部にあ
るものについては、これらによらないことができる。

16.2.10 屋根・軒裏

1. 屋根（軒裏を除く。）の表側の部分は不燃材料で造り又はふき、屋根の裏側の部分又は
   屋根の直下の天井の防火被覆は、次のいずれかとする。
   - イ. ☐厚さ12 mm以上の強化せっこうボード張り
   - ロ. ☐厚さ9 mm以上のせっこうボード2枚張り
   - ハ. ☐厚さ12 mm以上のせっこうボード張りとし、その裏側に厚さ50 mm以上の
     ロックウール（かさ比重0.024以上）又は厚さ50 mm以上のグラスウール（かさ
     比重0.024以上）のいずれかを充填
   - ニ. ☐厚さ12 mm以上の硬質木片セメント板張り
   - ホ. ☐厚さ20 mm以上の鉄網モルタル塗り
   - ヘ. ☐繊維混入けい酸カルシウム板を2枚以上張ったもので、その厚さの合計が16
     mm以上のもの
   - ト. ☐本章16.1.2.2（外壁の耐力壁の屋外に面する部分）の1に掲げる防火被覆材
2. 延焼のおそれのある部分にある軒裏（外壁によって小屋裏又は天井裏と防火上有効に
   遮られている軒裏を除く。）の防火被覆は、次のいずれかとする。
   - イ. ☐厚さ15 mm以上の強化せっこうボードの上に金属板を張ったもの
   - ロ. ☐厚さ18 mm以上の硬質木片セメント板張り
   - ハ. ☐厚さ20 mm以上の鉄網モルタル塗り
   - ニ. ☐繊維混入けい酸カルシウム板を2枚以上張ったもので、その厚さの合計が16
     mm以上のもの
3. 軒裏（延焼のおそれのある部分にある軒裏及び外壁によって小屋裏又は天井裏と防火
   上有効に遮られている軒裏を除く。）の防火被覆は、次のいずれかとする。

イ．☐厚さ12mm以上の硬質木片セメント板張り

ロ．☐厚さ20mm以上の鉄網モルタル塗り

ハ．☐繊維混入けい酸カルシウム板を2枚以上張ったもので、その厚さの合計が16mm以上のもの

ニ．☐本章16.1.2.2（外壁の耐力壁の屋外に面する部分）の1に掲げる防火被覆材

4．1から3に掲げる材料の品質は、JISに適合するもの、又はこれと同等以上の性能を有するものとする。

5．防火被覆材の取付け方法は、本章16.1.10（屋根・軒裏）の4による。

16.2.11 階段

階段を木材で造る場合は、段板及び段板を支えるけたは、本章16.1.11（階段）による。

16.2.12 その他の措置

16.2.12.1 壁内部の措置

耐火構造以外の壁の内部の措置は、本章16.1.12.1（壁内部の措置）による。

16.2.12.2 壁と床等の接合部の措置

耐火構造以外の主要構造部である壁と床及び屋根の接合部、並びに階段と床の接合部の防火措置は、本章16.1.12.2（壁と床等の接合部の措置）による。

16.2.12.3 照明器具等の周辺の措置

防火被覆を施した壁、床又は天井に設ける照明器具、天井換気孔、コンセントボックス、スイッチボックス、その他これらに類するものの周辺部の措置は、本章16.1.12.3（照明器具等の周辺の措置）による。

16.2.12.4 外壁の開口部

外壁の開口部に設ける建具は、特記による。

17. 耐火構造の住宅の仕様

17.1 一般事項

耐火構造（建築基準法第2条第7号に該当する構造をいう。）の住宅の防火仕様は、耐火構造の構造方法を定める件（平成12年建設省告示第1399号）によるか、又は国土交通大臣の認定を受けたものとすることとし、特記による。

〔第Ⅲ章〕 フラット35S（金利Bプラン）工事仕様書

フラット35S（金利Bプラン）の技術基準(※1)

フラット35S（金利Bプラン）をご利用いただく場合は、フラット35の技術基準に加えて次表の1～4のいずれか1つ以上の基準を満たす住宅であることが必要です。

1 省エネルギー性	断熱等性能等級4の住宅、かつ、一次エネルギー消費量等級4以上の住宅 又は 建築物エネルギー消費性能基準に適合する住宅（※2）
2 耐 震 性	耐震等級（構造躯体の倒壊等防止）2以上の住宅 又は 免震建築物（※3）
3 バリアフリー性	高齢者等配慮対策等級3以上の住宅
4 耐久性・可変性	劣化対策等級3の住宅、かつ、維持管理対策等級2以上の住宅 （共同住宅等の場合は、一定の更新対策（※4）が必要）

※1 各技術基準（建築物エネルギー消費性能基準に適合する住宅を除く。）は、「住宅の品質確保の促進等に関する法律」に基づく住宅性能表示制度の性能等級等と同じです。なお、住宅性能評価書を取得しなくても、所定の物件検査に合格すれば、フラット35S（金利Bプラン）をご利用いただけます。
※2 建築物エネルギー消費性能基準とは、「建築物のエネルギー消費性能の向上に関する法律（平成27年法律第53号）（通称 建築物省エネ法）」第2条第1項第3号に定める基準です。
※3 免震建築物は、評価方法基準第5の1-3に適合しているものを対象とします。
※4 一定の更新対策とは、躯体天井高の確保（2.5m以上）及び間取り変更の障害となる壁又は柱がないことです。

フラット35S工事仕様書の使い方

(1) ［第Ⅱ章］工事仕様書のフラット35の基準事項に加え、「1. 省エネルギー性に関する基準（断熱等性能等級4かつ一次エネルギー消費量等級4）に係る仕様」、「2. 耐震住宅に関する基準（耐震等級（構造躯体の倒壊等防止）2）に係る仕様」、「3. 免震住宅に関する基準（地震に対する構造躯体の倒壊等防止及び損傷防止）に係る仕様」、「4. バリアフリー性に関する基準（高齢者等配慮対策等級3）に係る仕様」又は「5. 耐久性・可変性に関する基準（劣化対策等級3及び維持管理対策等級2など）に係る仕様」によってください。

(2) 本文のアンダーライン「＿＿＿」の部分は、基準に係る項目ですので、訂正するとフラット35Sが利用できない場合があります。
　　なお、アンダーライン「＿＿＿」以外の仕様については、ご自分の工事内容に合わせて当該仕様部分を適宜添削するなどしてご使用ください。

1.省エネルギー性に関する基準(断熱等性能等級4かつ一次エネルギー消費量等級4)に係る仕様

フラット35Sの省エネルギー性に適合する住宅は、「1-1.省エネルギー性に関する基準①(断熱等性能等級4)に係る仕様」かつ「1-2.省エネルギー性に関する基準②(一次エネルギー消費量等級4)に係る仕様」であることとする。なお、これによらない場合は、「建築物エネルギー消費性能基準」(建築物のエネルギー消費性能の向上に関する法律(平成27年法律第53号)(通称 建築物省エネ法))第2条第1項第3号に適合する住宅であることとする。

1-1.省エネルギー性に関する基準①(断熱等性能等級4)に係る仕様

1-1.1 一般事項

1-1.1.1 総則

1. フラット35Sにおける省エネルギー性に関する基準のうち、断熱等性能等級4に適合する住宅の仕様は、この項による。ただし、これによらない場合は、住宅の品質確保の促進等に関する法律(平成11年法律第81号)に基づく評価方法基準(平成13年国土交通省告示第1347号)第5の5-1の断熱等性能等級4に規定されている外皮平均熱貫流率による基準、冷房期の平均日射熱取得率に関する基準及び結露の発生を防止する対策に関する基準に適合する仕様とする。このうち、結露の発生を防止する対策については、本章1-1.2(適用)の7による。
2. 本項におけるアンダーライン「_____」の付された項目事項は、フラット35Sにおける省エネルギー性に関する基準のうち、断熱等性能等級4に係る仕様であるため、当該部分の仕様以外とする場合は、住宅金融支援機構の認めたものとする。

1-1.1.2 適用

1. 地域の区分は、巻末付録1(地域の区分一覧表)による。
2. 断熱工事の施工部位は、本章1-1.2(施工部位)による。
3. 各部位の断熱性能は、本章1-1.3(断熱性能)による。
4. 気密工事は、充填断熱工法又は繊維系断熱材を用いた外張断熱工法による場合は本章1-1.5、発泡プラスチック系断熱材を用いた外張断熱工法による場合は本章1-1.6による。
5. 開口部の断熱性能は、本章1-1.7(開口部の断熱性能)による。
6. 開口部の日射遮蔽措置は、本章1-1.8(開口部の日射遮蔽措置)による。
7. 防湿材の施工、通気層の設置及び防風層の設置は、本章1-1.4.3(防湿材の施工)の2、本章1-1.4.7(壁の施工)の5及び6、本章1-1.4.9(屋根の施工)の2及び3による。

1-1.1.3 断熱材

1. 断熱材の品質は、JISの制定のあるものはその規格に適合したもので、原則として、JISマーク表示品とする。
2. 断熱材の形状及び種類は、下表による。なお、これ以外の断熱材を使用する場合は、性能及び生産品質が確かめられたものとする。

形　状	種　　　類	
	材　種	材　料　名
フェルト状断熱材	無機繊維系断熱材	グラスウール断熱材
		ロックウール断熱材
ボード状断熱材	無機繊維系断熱材	グラスウール断熱材
		ロックウール断熱材
	木質繊維系断熱材	インシュレーションファイバー断熱材
		建材畳床
	発泡プラスチック系断熱材	ビーズ法ポリスチレンフォーム断熱材
		押出法ポリスチレンフォーム断熱材
		硬質ウレタンフォーム断熱材
		ポリエチレンフォーム断熱材
		フェノールフォーム断熱材
吹込み用断熱材	無機繊維系断熱材	吹込み用グラスウール断熱材
		吹込み用ロックウール断熱材
	木質繊維系断熱材	吹込み用セルローズファイバー
現場発泡断熱材	発泡プラスチック系断熱材	建築物断熱用吹付け硬質ウレタンフォーム

　　3.　断熱材のホルムアルデヒドの発散量に関する品質については、特記による。

1-1.1.4 構造材及び主要な下地材
　　断熱構造部を構成する構造材には、含水率19%以下の乾燥した材料を用いる。

1-1.1.5 断熱材の保管・取扱い
　　1.　断熱材が雨などによって濡れることがないよう十分配慮する。
　　2.　無機繊維系断熱材については、断熱材の上に重量物を載せないように十分注意する。
　　3.　発泡プラスチック系断熱材については、火気に十分注意する。

1-1.1.6 養生
　　1.　断熱工事終了後、後続の工事によって断熱材及び防湿材が損傷を受けないよう、必要に応じて養生を行う。
　　2.　施工中、屋外に面する断熱材は、雨水による濡れ、あるいは直射日光による劣化などにより損傷を受けないよう、必要に応じてシート類で養生する。

1-1.1.7 注意事項
　　1.　断熱工事は、他種工事との関連に十分留意し、確実な施工に最も適した時期に実施する。
　　2.　使用する断熱材、防湿材の種類に応じ、工具、作業衣などをあらかじめ準備する。

1-1.2 施工部位

1-1.2.1 断熱構造とする部分
　　断熱工事の施工部位は、次による。ただし、本章1-1.2.2（断熱構造としなくてもよい部分）については、断熱構造としなくてもよい。
　　　　イ．住宅の屋根（小屋裏又は天井裏が外気に通じていない場合）、又は屋根の直下の天井（小屋裏又は天井裏が外気に通じている場合）
　　　　ロ．外気に接する壁
　　　　ハ．外気に接する床及びその他の床（床下換気孔等により外気と通じている床）
　　　　ニ．外気に接する土間床等の外周部及びその他の土間床等の外周部（床下換気孔等により外気と通じている土間床等の外周部）

1-1.2.2 断熱構造としなくてもよい部分

本章1-1.2.1(断熱構造とする部分)にかかわらず、断熱構造としなくてもよい部分は、次による。

イ. 居住区画に面する部位が断熱構造となっている物置、車庫、その他これに類する区画の外気に接する部位
ロ. 外気に通じる床裏、小屋裏又は天井裏の壁で外気に接するもの
ハ. 断熱構造となっている外壁から突き出した軒、袖壁、ベランダ、その他これらに類するもの
ニ. 玄関土間、勝手口土間及び玄関土間又は勝手口土間につながる非居室の土間部分
ホ. 床下換気孔等により外気に通じている場合で、バスユニットの裏面に断熱材が貼り付けられている、又は吹き付けられていることにより、断熱構造になっている浴室下部における土間床部分

1-1.3 断熱性能

1-1.3.1 一般事項

断熱材の厚さは、この項による。ただし、住宅の品質確保の促進等に関する法律(平成11年法律第81号)に基づく評価方法基準(平成13年国土交通省告示第1347号)第5の5-1の断熱等性能等級4に規定されている躯体の熱貫流率又は断熱材の熱抵抗の基準に適合する断熱材の厚さを、計算等によって決定する場合、この項によらず特記による。

1-1.3.2 断熱材の種類

断熱材は、表1-1.3.2に掲げる種類の断熱材又は同表の熱伝導率を有する断熱材とする。

表1-1.3.2　記号別の断熱材の種類と規格

記号		断熱材の種類	λ:熱伝導率 (W/(m·K))
A	A-1	吹込み用グラスウール 　(LFGW1052、LFGW1352、LFGW1852) インシュレーションファイバー断熱材(ファイバーボード) 建材畳床(Ⅲ形)	λ = 0.052～0.051
	A-2	グラスウール断熱材 　通常品(10-50、10-49、10-48) 　高性能品(HG10-47、HG10-46) 吹込み用ロックウール(LFRW2547) 建材畳床(K、N形)	λ = 0.050～0.046
B		グラスウール断熱材 　通常品(12-45、12-44、16-45、16-44、20-42、20-41) 　高性能品(HG10-45、HG10-44、HG10-43、HG12-43、 　　　　　HG12-42、HG12-41) ロックウール断熱材(LA、LB、LC) ビーズ法ポリスチレンフォーム断熱材4号 ポリエチレンフォーム断熱材1種1号、2号	λ = 0.045～0.041
C		グラスウール断熱材 　通常品(20-40、24-38、32-36、40-36、48-35、64-35) 　高性能品(HG14-38、HG14-37、HG16-38、HG16-37、 　　　　　HG16-36、HG20-38、HG20-37、HG20-36、 　　　　　HG20-35、HG24-36、HG24-35、HG28-35、 　　　　　HG32-35) インシュレーションファイバー断熱材(ファイバーマット) 吹込み用グラスウール 　(LFGW2040、LFGW2238、LFGW3238、LFGW3240、 　LFGW3540) ロックウール断熱材(LD、MA、MB、MC、HA、HB) ビーズ法ポリスチレンフォーム断熱材2号、3号	λ = 0.040～0.035

C	押出法ポリスチレンフォーム断熱材1種b(A、B、C) ポリエチレンフォーム断熱材2種 吹込み用セルローズファイバー 　(LFCF2540、LFCF4040、LFCF4540、LFCF5040、 　　LFCF5540) フェノールフォーム断熱材 　2種1号(AⅠ、AⅡ)、3種1号(AⅠ、AⅡ) 吹付け硬質ウレタンフォーム断熱材A種3 吹込み用ロックウール(LFRW6038)	$\lambda = 0.040 \sim 0.035$
D	グラスウール断熱材 　通常品(80-33、96-33) 　高性能品(HG20-34、HG24-34、HG24-33、HG28-34、 　　　　HG28-33、HG32-34、HG32-33、HG36-34、 　　　　HG36-33、HG36-32、HG36-31、HG38-34、 　　　　HG38-33、HG38-32、HG38-31、HG40-34、 　　　　HG40-33、HG40-32、HG48-33、HG48-32、 　　　　HG48-31) ロックウール断熱材(HC) ビーズ法ポリスチレンフォーム断熱材1号 押出法ポリスチレンフォーム断熱材2種b(A、B、C) フェノールフォーム断熱材2種2号(AⅠ、AⅡ) 硬質ウレタンフォーム断熱材1種1号(Ⅰ、Ⅱ) ポリエチレンフォーム断熱材3種 吹付け硬質ウレタンフォーム断熱材A種1、2	$\lambda = 0.034 \sim 0.029$
E	押出法ポリスチレンフォーム断熱材 　スキン層なし3種a(A、B、C)、3種b(A、B、C) 　スキン層付き3種a(AⅠ、AⅡ、BⅠ、BⅡ、CⅠ、CⅡ)、 　　　　　　3種b(AⅠ、AⅡ、BⅠ、BⅡ、CⅠ、CⅡ) 硬質ウレタンフォーム断熱材 　1種2号(Ⅰ、Ⅱ)、3号(Ⅰ、Ⅱ)、 　2種1号(AⅠ、AⅡ)、2号(AⅠ、AⅡ、BⅠ、BⅡ)、 　　3号(Ⅰ、Ⅱ)、4号(Ⅰ、Ⅱ)、 　3種1号(AⅠ、AⅡ、BⅠ、BⅡ、CⅠ、CⅡ、DⅠ、DⅡ)、 　3種2号(AⅠ、AⅡ、BⅠ、BⅡ、CⅠ、CⅡ、DⅠ、DⅡ) フェノールフォーム断熱材2種3号(AⅠ、AⅡ) 吹付け硬質ウレタンフォーム断熱材A種1H、2H	$\lambda = 0.028 \sim 0.023$
F	押出法ポリスチレンフォーム断熱材 　スキン層なし3種aD、3種bD 　スキン層付き3種a(DⅠ、DⅡ)、3種b(DⅠ、DⅡ) 硬質ウレタンフォーム断熱材2種 　1号(BⅠ、BⅡ、CⅠ、CⅡ、DⅠ、DⅡ、EⅠ、EⅡ)、 　2号(CⅠ、CⅡ、DⅠ、DⅡ、EⅠ、EⅡ、FⅠ、FⅡ) フェノールフォーム断熱材1種 　1号(AⅠ、AⅡ、BⅠ、BⅡ、CⅠ、CⅡ、DⅠ、DⅡ、EⅠ、EⅡ)、 　2号(AⅠ、AⅡ、BⅠ、BⅡ、CⅠ、CⅡ、DⅠ、DⅡ、EⅠ、EⅡ)、 　3号(AⅠ、AⅡ、BⅠ、BⅡ、CⅠ、CⅡ、DⅠ、DⅡ、EⅠ、EⅡ)	$\lambda = 0.022$以下

1-1.3.3 断熱材の熱抵抗値又は厚さ

断熱材の熱抵抗値又は厚さは、地域の区分、施工部位、断熱材の種類及び断熱材の施工方法に応じ、次の早見表に掲げる数値以上とする。ただし、使用する断熱材に、その断熱材の熱抵抗値が表示されている場合には、各部位ごとに必要な熱抵抗値に適合していること。(「必要な熱抵抗値」の単位は$m^2 \cdot K/W$)

【早見表の活用にあたっての注意】

1. 以下の早見表の断熱材の厚さは、断熱材の各グループのうち、熱伝導率の最大値を用いて算出した厚さを5mm単位で切り上げたものである。したがって、使用する断熱材によっては、必要厚さを早見表に掲げる数値よりも低い値とすることが可能であり、この場合の断熱材の種類・厚さは特記する。
2. 部位(屋根又は天井、壁、床)によって異なる断熱材の施工方法(充填断熱工

法、外張断熱工法又は内張断熱工法）を採用する場合には、当該施工方法に該当するそれぞれの熱抵抗値又は厚さを適用する。

3.「土間床等の外周部」の断熱材厚さは、基礎の外側、内側又は両側に、地盤面に垂直に施工される断熱材の厚さを示す。なお、断熱材の垂直方向の深さは、基礎底盤上端から基礎天端まで、又はこれと同等以上の断熱性能を確保できるものとすること。

1. 1地域及び2地域に建設する充填断熱工法の住宅における断熱材の熱抵抗値又は必要厚さは、次による。

部位	断熱材の厚さ	必要な熱抵抗値	断熱材の種類・厚さ（単位：mm）						
			A-1	A-2	B	C	D	E	F
屋根又は天井	屋根	6.6	345	330	300	265	225	185	150
	天井	5.7	300	285	260	230	195	160	130
壁		3.6	190	180	165	145*	125	105	80
床	外気に接する部分	4.2	220	210	190	170	145	120	95
	その他の部分	3.1	165	155	140	125	110	90	70
土間床等の外周部	外気に接する部分	3.5	185	175	160	140	120	100	80
	その他の部分	1.2	65	60	55	50	45	35	30

＊外壁のたて枠を206材（幅140 mm）とする場合には、熱伝導率が0.038（単位：W/(m・K)）以下の断熱材を140 mm施工すれば所要熱抵抗値が確保される。

2. 1地域及び2地域に建設する外張断熱工法又は内張断熱工法の住宅における断熱材の熱抵抗値又は必要厚さは、次による。

部位	断熱材の厚さ	必要な熱抵抗値	断熱材の種類・厚さ（単位：mm）						
			A-1	A-2	B	C	D	E	F
屋根又は天井		5.7	300	285	260	230	195	160	130
壁		2.9	155	145	135	120	100	85	65
床	外気に接する部分	3.8	200	190	175	155	130	110	85
	その他の部分	－	－	－	－	－	－	－	－
土間床等の外周部	外気に接する部分	3.5	185	175	160	140	120	100	80
	その他の部分	1.2	65	60	55	50	45	35	30

3. 3地域に建設する充填断熱工法の住宅における断熱材の熱抵抗値又は必要厚さは、次による。

部位	断熱材の厚さ	必要な熱抵抗値	断熱材の種類・厚さ（単位：mm）						
			A-1	A-2	B	C	D	E	F
屋根又は天井	屋根	4.6	240	230	210	185	160	130	105
	天井	4.0	210	200	180	160	140	115	90
壁		2.3	120	115	105	95*	80	65	55
床	外気に接する部分	4.2	220	210	190	170	145	120	95
	その他の部分	3.1	165	155	140	125	110	90	70
土間床等の外周部	外気に接する部分	3.5	185	175	160	140	120	100	80
	その他の部分	1.2	65	60	55	50	45	35	30

＊外壁のたて枠を204材（幅89 mm）とする場合には、熱伝導率が0.038（単位：W/(m・K)）以下の断熱材を89 mm施工すれば所要性能が確保される。

4. 3地域に建設する外張断熱工法又は内張断熱工法の住宅における断熱材の熱抵抗値又は必要厚さは、次による。

断熱材の厚さ 部位		必要な熱抵抗値	断熱材の種類・厚さ（単位：mm）						
			A-1	A-2	B	C	D	E	F
屋根又は天井		4.0	210	200	180	160	140	115	90
壁		1.7	90	85	80	70	60	50	40
床	外気に接する部分	3.8	200	190	175	155	130	110	85
	その他の部分	–	–	–	–	–	–	–	–
土間床等の外周部	外気に接する部分	3.5	185	175	160	140	120	100	80
	その他の部分	1.2	65	60	55	50	45	35	30

5. 4地域、5地域、6地域及び7地域に建設する充填断熱工法の住宅における断熱材の熱抵抗値又は必要厚さは、次による。

断熱材の厚さ 部位		必要な熱抵抗値	断熱材の種類・厚さ（単位：mm）						
			A-1	A-2	B	C	D	E	F
屋根又は天井	屋根	4.6	240	230	210	185	160	130	105
	天井	4.0	210	200	180	160	140	115	90
壁		2.3	120	115	105	95*	80	65	55
床	外気に接する部分	3.1	165	155	140	125	110	90	70
	その他の部分	2.0	105	100	90	80	70	60	45
土間床等の外周部	外気に接する部分	1.7	90	85	80	70	60	50	40
	その他の部分	0.5	30	25	25	20	20	15	15

＊外壁のたて枠を204材（幅89mm）とする場合には、熱伝導率が0.038（単位：W/(m・K)）以下の断熱材を89mm施工すれば所要性能が確保される。

6. 4地域、5地域、6地域及び7地域に建設する外張断熱工法又は内張断熱工法の住宅における断熱材の熱抵抗値又は必要厚さは、次による。

断熱材の厚さ 部位		必要な熱抵抗値	断熱材の種類・厚さ（単位：mm）						
			A-1	A-2	B	C	D	E	F
屋根又は天井		4.0	210	200	180	160	140	115	90
壁		1.7	90	85	80	70	60	50	40
床	外気に接する部分	2.5	130	125	115	100	85	70	55
	その他の部分	–	–	–	–	–	–	–	–
土間床等の外周部	外気に接する部分	1.7	90	85	80	70	60	50	40
	その他の部分	0.5	30	25	25	20	20	15	15

7. 8地域に建設する充填断熱工法の住宅における断熱材の熱抵抗値又は必要厚さは、次による。

断熱材の厚さ 部位		必要な熱抵抗値	断熱材の種類・厚さ（単位：mm）						
			A-1	A-2	B	C	D	E	F
屋根又は天井	屋根	0.96	50	50	45	40	35	30	25
	天井	0.89	50	45	45	40	35	25	20
壁		–	–	–	–	–	–	–	–
床	外気に接する部分	–	–	–	–	–	–	–	–
	その他の部分	–	–	–	–	–	–	–	–
土間床等の外周部	外気に接する部分	–	–	–	–	–	–	–	–
	その他の部分	–	–	–	–	–	–	–	–

8. 8地域に建設する外張断熱工法又は内張断熱工法の住宅における断熱材の熱抵抗値又は必要厚さは、次による。

断熱材の厚さ	必要な熱抵抗値	断熱材の種類・厚さ（単位：mm）						
部位		A-1	A-2	B	C	D	E	F
屋根又は天井	0.78	45	40	40	35	30	25	20
壁	－	－	－	－	－	－	－	－
床　外気に接する部分	－	－	－	－	－	－	－	－
その他の部分	－	－	－	－	－	－	－	－
土間床等の外周部　外気に接する部分	－	－	－	－	－	－	－	－
その他の部分	－	－	－	－	－	－	－	－

1-1.3.4 断熱材の厚さの特例

一戸建て住宅にあっては、床の「外気に接する部分」のうち、住宅の床面積の合計の5%以下の部分については、本章1-1.3.3（断熱材の熱抵抗値又は厚さ）における早見表において、「その他の部分」とみなすことができる。

1-1.4 断熱材等の施工

1-1.4.1 断熱材の加工

1. 切断などの材料の加工は、清掃した平たんな面上で、定規等を用い正確に行う。
2. 加工の際、材料に損傷を与えないように注意する。
3. ロールになったフェルト状断熱材を切断する場合は、はめ込む木枠の内のり寸法より5～10 mm大きく切断する。
4. ボード状断熱材は、専用工具を用いて、内のり寸法にあわせて正確に切断する。

1-1.4.2 断熱材の施工

1. 断熱材は、すき間なく施工する。
2. 断熱材を充填する場合は、周囲の木枠との間及び室内側下地材との間に、すき間が生じないよう均一にはめ込む。
3. 充填工法の場合は、フェルト状、ボード状又は吹込み用断熱材を、根太やたて枠などの木枠の間にはめ込み、又は天井の上に敷き込むことにより取り付ける。
4. ボード状断熱材を充填する場合、すき間が生じた時は、現場発泡断熱材などで適切に補修する。
5. ボード状断熱材又はフェルト状断熱材をたる木、屋根下張材等の外側に張り付ける（外張りする）場合は、断熱材の突付け部を、たる木などの下地がある部分にあわせ、すき間が生じないようにくぎ留めする。
6. 住宅の次に掲げる部位では、おさまりと施工に特に注意し、断熱材及び防湿材にすき間が生じないようにする。
   - イ．外壁と天井又は屋根との取合い部
   - ロ．外壁と床との取合い部
   - ハ．間仕切り壁と天井又は屋根及び床との取合い部
   - ニ．下屋の小屋裏の天井と壁との取合い部
7. 上記以外の取付けを行う場合は、特記による。

1-1.4.3 防湿材の施工

1. 防湿材は、次のいずれかに該当するもの、又はこれらと同等以上の透湿抵抗を有するものとする。
   - イ．□JIS A 6930（住宅用プラスチック系防湿フィルム）に適合するもの
   - ロ．□JIS Z 1702（包装用ポリエチレンフィルム）に適合するもので、厚さ0.05 mm以上のもの

ハ. □ JIS K 6781(農業用ポリエチレンフィルム)に適合するもので、厚さ0.05 mm
以上のもの

2. グラスウール、ロックウール、セルローズファイバー等の繊維系断熱材及びJIS A
9526に規定する吹付け硬質ウレタンフォームA種3、その他これらに類する透湿抵
抗の小さい断熱材(以下「繊維系断熱材等」という。)を使用する場合は、外気等に接
する部分に防湿材等を室内側に施工して防湿層を設ける。ただし、次のいずれかの
場合は、当該部位について防湿層の設置を省略することができる。

　イ. 床断熱において、断熱材下側が床下に露出する場合又は湿気の排出を妨げない
　　　構成となっている場合
　ロ. 建設地の地域の区分が8地域(沖縄県)の場合
　ハ. 断熱層が単一の材料で均質に施工され、透湿抵抗比(断熱層の外気側表面より室
　　　内側に施工される材料の透湿抵抗の合計値を、断熱層の外気側表面より外気側
　　　に施工される材料の透湿抵抗の合計値で除した値)が、次の値以上である場合
　　　(イ)1地域、2地域及び3地域で、壁は5、屋根又は天井は6
　　　(ロ)4地域で、壁は3、屋根又は天井は4
　　　(ハ)5地域、6地域及び7地域で、壁は2、屋根又は天井は3
　ニ. イからハと同等以上の結露の発生の防止に有効な措置を講ずる場合は、特記に
　　　よる。

3. 防湿材の施工は、次のいずれかによる。
　イ. □防湿材は、幅広の長尺シートを用い、連続させ、すき間のできないように施
　　　工する。また、継目は下地材のあるところで30 mm以上重ね合わせる。
　ロ. □イによらず耳付きの防湿材を備えたフェルト状断熱材を用いる場合は、防湿
　　　材を室内側に向けて施工する。なお、防湿材の継目は、すき間が生じないよう
　　　十分突き付け施工する。すき間が生じた場合は、1の防湿材、アルミテープ等
　　　の防湿テープで補修する。

4. 防湿材は、電気配線や設備配管などにより破られないよう注意して施工する。万一、
防湿材が破れた場合は、アルミテープ等の防湿テープで補修する。

1-1.4.4 防風材の施工

1. 防風材は、通気層を通る外気が断熱層に侵入することを防止する材料とし、十分な
強度及び透湿性を有するもので、次のいずれか、又はこれらと同等以上の強度及び
透湿性を有するものとする。
　イ. JIS A 6111(透湿防水シート)に適合するシート
　ロ. 合板
　ハ. シージングボード
　ニ. 火山性ガラス質複層板、MDF、構造用パネル(OSB)等の面材
　ホ. 付加断熱材として使用される発泡プラスチック系断熱材、ボード状繊維系断熱
　　　材
　ヘ. 付属防湿層付き断熱材の外気側シート

2. 繊維系断熱材等を屋根・外壁の断熱に用い、通気層がある場合は、防風材を断熱層
の屋外側に施工して防風層を設ける。

3. 防風材は、すき間のないように施工する。

4. シート状防風材は、通気層の厚さを確保するため、ふくらまないように施工する。

1-1.4.5 基礎の施工

基礎断熱の場合の基礎の施工は、次による。

1. 床下空間を有する基礎断熱工法とする場合又は土間コンクリート床の場合、断熱位
置は、基礎の外側、内側又は両側のいずれかとする。

2. 断熱材は吸水性が小さい材料を用い、原則として、基礎底盤上端から基礎天端まで、
打込み工法により施工する。

3. 断熱材の継目は、すき間ができないように施工する。型枠脱型後、すき間が生じている時は、現場発泡断熱材などで補修する。
4. 基礎の屋外側に設ける断熱材は、外気に接しないよう、外装仕上げを行う。
5. 基礎天端と土台との間には、すき間が生じないようにする。
6. 床下防湿は、Ⅱ-3.5.5(床下防湿・防蟻措置)による。
7. ポーチ、テラス、ベランダ等の取合い部分で、断熱欠損が生じないよう施工する。

1-1.4.6 床の施工

床断熱の場合の床の施工は、次による。
1. 最下階の床及び外気に接する床の断熱材の施工にあたっては、施工後、有害なたるみ、ずれ、屋内側の材料との間にすき間が生じないよう、原則として、受け材を設ける。
2. 床下の換気は、Ⅱ-3.4.9(床下換気)による。
3. 地面からの水蒸気の発生を防ぐため、Ⅱ-3.4.13(床下防湿)による床下防湿工事を行う。
4. 土間コンクリート床は、Ⅱ-3.4.5(土間コンクリート床)による。

1-1.4.7 壁の施工

1. 断熱材の施工にあたっては、長期間経過してもずり落ちないよう施工する。
2. 断熱材は、原則として、たて枠間及び下枠から上枠まですき間なくはめ込むか、又は外張りとする。
3. 断熱材は、配管部分にすき間ができないように注意して施工する。
4. 配管部は、管の防露措置を行うとともに、断熱材は配管の屋外側に施工する。
5. 断熱層の屋外側に通気層を設け、壁内結露を防止する構造とする。通気層の施工は、Ⅱ-4.10.10(外壁内通気措置)による。
   ただし、次のいずれかに該当する場合は、通気層を設置しないことができる。
   イ. 1地域及び2地域以外で、防湿層にJIS A 6930(住宅用プラスチック系防湿フィルム)を用いる場合
   ロ. 1地域及び2地域以外で、防湿層が0.082 m²・s・Pa/ng以上の透湿抵抗を有する場合
   ハ. 1地域及び2地域以外で、断熱層の外気側にALCパネル又はこれと同等以上の断熱性及び吸湿性を有する材料を用い、防湿層が0.019 m²・s・Pa/ng以上の透湿抵抗を有する場合
   ニ. 断熱層が単一の材料で均質に施工され、透湿抵抗比が次の値以上である場合
   　(イ)1地域、2地域及び3地域は5
   　(ロ)4地域は3
   　(ハ)5地域、6地域及び7地域は2
   ホ. 建設地の地域の区分が8地域(沖縄県)の場合
   ヘ. イからホと同等以上の結露の発生の防止に有効な措置を講ずる場合は、特記による。
6. 断熱層の屋外側に通気層を設け、かつ、繊維系断熱材等を使用する場合には、断熱材と通気層の間に本章1-1.4.4(防風材の施工)の1による防風層を設ける。

1-1.4.8 天井の施工

天井断熱の場合の天井の施工は、次による。
1. 天井の断熱材は、天井と外壁との取合い部、間仕切り壁との交差部、天井根太間の部分ですき間が生じないよう注意して、天井全面に施工する。
2. 天井の断熱材は、天井根太間にはめ込む。
3. 天井の断熱材により小屋裏換気経路がふさがれないように注意して施工する。
4. 小屋裏換気については、Ⅱ-4.13(小屋裏換気・軒裏換気)による。
5. 埋込み照明器具(ダウンライト)を使用する場合には、器具を断熱材でおおうことができるS形ダウンライト等を使用し、グラスウール、ロックウール等の不燃性の断

熱材を連続して施工し、断熱層を設ける。

1-1.4.9 屋根の施工

1. 屋根断熱の場合の屋根の施工は、次による。
   - イ. 断熱材を屋根のたる木間に施工する場合は、施工後、有害なたるみ、ずれ、すき間などが生じないよう、原則として、受け材を設ける。
   - ロ. 断熱材を屋根のたる木の屋外側に取り付ける場合は、屋根と外壁の取合い部で、断熱材のすき間が生じないよう注意して施工する。
   - ハ. 屋根断熱の通気層への入気等のため、軒裏には通気孔を設ける。
2. 断熱材の外側には、通気層を設ける。ただし、次のいずれかに該当する場合は、通気層を設置しないことができる。
   - イ. 1地域及び2地域以外で、防湿層にJIS A 6930（住宅用プラスチック系防湿フィルム）を用いる場合
   - ロ. 1地域及び2地域以外で、防湿層が0.082 m²·s·Pa/ng以上の透湿抵抗を有する場合
   - ハ. 1地域及び2地域以外で、断熱層の外気側にALCパネル又はこれと同等以上の断熱性及び吸湿性を有する材料を用い、防湿層が0.019 m²·s·Pa/ng以上の透湿抵抗を有する場合
   - ニ. 断熱層が単一の材料で均質に施工され、透湿抵抗比が次の値以上である場合
     - （イ）1地域、2地域及び3地域は6
     - （ロ）4地域は4
     - （ハ）5地域、6地域及び7地域は3
   - ホ. 建設地の地域の区分が8地域（沖縄県）の場合
   - ヘ. イからホと同等以上の結露の発生の防止に有効な措置を講ずる場合は、特記による。
3. 断熱層の屋外側に通気層を設け、かつ、繊維系断熱材等を使用する場合には、断熱材と通気層の間に本章1-1.4.4(防風材の施工)の1による防風層を設ける。
4. 埋込み照明器具（ダウンライト）を使用する場合には、器具を断熱材でおおうことができるS形ダウンライト等を使用し、グラスウール、ロックウール等の不燃性の断熱材を連続して施工し、断熱層を設ける。

1-1.5 気密工事（充填断熱工法又は繊維系断熱材を用いた外張断熱工法による場合）

1-1.5.1 一般事項

充填断熱工法又は繊維系断熱材を用いた外張断熱工法による気密工事は、この項による。

1-1.5.2 材料・工法一般

1. 気密工事に使用する気密材の種類及び品質は、次のとおりとする。ただし、1地域、2地域及び3地域において建設する場合の気密材は、イ、ハ、ホ、トの材、又はこれと同等以上の気密性、強度、耐久性を有する材料とする。
   - イ. 住宅用プラスチック系防湿フィルム（JIS A 6930（住宅用プラスチック系防湿フィルム））、又はこれと同等以上の気密性を有するもの
   - ロ. 透湿防水シート（JIS A 6111（透湿防水シート））、又はこれと同等以上の気密性を有するもの
   - ハ. 合板、せっこうボード、構造用パネル（JAS）、又はこれと同等以上の気密性を有するもの
   - ニ. 発泡プラスチック保温材（JIS A 9511）、建築物断熱用吹付け硬質ウレタンフォーム（JIS A 9526）、又はこれと同等以上の気密性を有するもの
   - ホ. 乾燥木材等
   - ヘ. 金属部材
   - ト. コンクリート部材

2. 気密工事に使用する防湿フィルムは、JIS A 6930(住宅用プラスチック系防湿フィルム)に適合するもの、又はこれと同等以上の防湿性、強度及び耐久性を有するものとする。また、寸法は所定の重ね寸法が確保できるものとし、できるだけ幅広の長尺フィルムを用いる。

3. 防湿フィルムは連続させ、すき間のできないように施工する。また、継目は下地材のある部分で30 mm以上重ね合わせ、その部分を合板、せっこうボード、乾燥した木材等で挟みつける。

4. 気密層の連続性を確保するため、気密材の継目の生じる部分に使用する気密補助材には、以下の材料、その他これらに類する材料を用いる。

　イ．気密テープ(ブチル系テープ、アスファルト系テープ等、気密性又は水密性のあるものとし、経年によって粘着性を失わないもの)

　ロ．気密パッキン材(気密性のあるものとし、経年によって弾力性を失わないもの)

　ハ．現場発泡断熱材(高い気密性を有するもの)

　ニ．シーリング材(経年によって弾性と付着力を失わないもの)

1-1.5.3 壁、床、天井(又は屋根)の施工

1. 防湿フィルムは、継目を縦、横とも下地材のある部分で30 mm以上重ね合わせ、留め付ける。

2. 留付けはステープルを用い、継目部分は200〜300 mm程度の間隔に、その他の箇所は要所に行い、たるみ、しわのないように張る。

3. 防湿フィルムの端部は、下地材のある部分で気密テープを用いて留め付けるか、木材等で挟みつけくぎ留めする。

4. 中間階床の横架材部分(端根太又は側根太)に乾燥木材(含水率19%以下のものをいう。以下同じ。)を使用した場合には、その部分に防湿フィルムを張らないことができる。

5. 床に防湿フィルムを張らない場合は、次のいずれかによる。

　イ．□側面に本ざね加工のある厚さ15 mm以上の構造用合板、構造用パネル、パーティクルボード(以下、「床合板等」という。)を突き合わせる。

　ロ．□厚さ15 mm以上の床合板等を下地材がある部分で突き合わせ、その突合せ部をくぎで留め付ける。

　ハ．□床下張材に床合板等を用い、その継目を気密補助材で処理する。

1-1.5.4 壁、床、天井(又は屋根)の取合い部等の施工

1. 防湿フィルムは、屋根又は天井と壁、壁と床の取合い部、壁の隅角部で、これを構成する各部位が外気等に接する部分においては、下地材のある部分で30 mm以上重ね合わせる。

2. 留付けはステープルを用い、継目部分は200〜300 mm程度の間隔に、その他の箇所は要所に行い、たるみ、しわのないように張る。

3. 最下階の床と外壁の取合い部は、次のいずれかとする。

　イ．□外壁に用いる防湿フィルムを、床合板等に30 mm以上のばして留め付ける。

　ロ．□外壁の防湿フィルム端部を外壁下枠(乾燥木材に限る。)に、本章1-1.5.3(壁、床、天井(又は屋根)の施工)の3により留め付ける。

4. その他の階の床と外壁の取合い部は、次のいずれかによる。

　イ．□下階の外壁の壁枠組の際に、先張りの防風材を上枠及び頭つなぎに沿って壁の防湿フィルムと下地材のある部分で、30 mm以上重ね合わせて張る。この場合に、先張りの防風シートは、上階の外壁の防湿フィルムとの重ねがとれる幅(400 mm内外)を上枠及び頭つなぎの外側に出しておく。上階の外壁の壁枠組の際に、上枠及び頭つなぎの外側に出た先張りの防風材を、外壁の防湿フィルム側にまわり込ませ、外壁の防湿フィルムに下地材のある部分で30 mm以上重ね合わせて張る。

　ロ．□上階の端根太ころび止め(添え側根太)の屋内側又は屋外側には、25 mm以

上の防湿性のある板状断熱材を張り付ける。この場合、下階の外壁の防湿フィルムは、シーリング材又は気密テープにより板状断熱材に留め付ける。上階の外壁の防湿フィルムは、30 mm以上室内側にのばして留め付ける。

ハ. ☐外壁に用いる防湿フィルムを外壁と下階の天井との取合い部で折曲げ、天井に沿ってのばし、床根太又はころび止めに留め付ける。上階の床はロに準ずる。

ニ. ☐下階の外壁防湿フィルム端部は下階の頭つなぎ材(乾燥木材に限る。)に、上階の防湿フィルム端部は上階の下枠(乾燥木材に限る。)に、本章1-1.5.3(壁、床、天井(又は屋根)の施工)の3により留め付ける。なお、下階の頭つなぎ、側根太、端根太(添え側根太、端根太ころび止め)、上階の下枠等を配管・配線等が貫通する場合は、その部分ですき間が生じないよう気密補助材を施工する。

5. 外壁と内部壁枠組の取合い部は、次のいずれかとする。

イ. ☐内部壁枠組の組立て前に、内部壁枠組の取り付く部分に先張り防湿フィルムを張る。この場合、先張り防湿フィルムは、外壁の防湿フィルムと下地材のある部分で30 mm以上重ね合わせるよう留め付ける。

ロ. ☐内部壁枠組の組立て前に、外壁の防湿フィルムを張る。

ハ. ☐外壁の防湿フィルム端部を内部壁の壁枠材(乾燥木材に限る。)に、本章1-1.5.3(壁、床、天井(又は屋根)の施工)の3により留め付ける。なお、外壁と取り合う内部壁枠組の壁枠材を配管・配線等が貫通する場合は、その部分ですき間が生じないよう気密補助材を施工する。

6. 屋根の直下の天井(又は屋根)と内部壁枠組の取合いは、次のいずれかとする。

イ. ☐内部壁枠組の組立て後に、頭つなぎ材の上部又は頭つなぎ材と上枠の間に先張り防湿フィルムを留め付けてから、天井根太の施工を行い、天井の防湿フィルムを張る。

この場合、先張りの防湿フィルムは、下地材のある部分で30 mm以上重ね合わせるよう留め付ける。

ロ. ☐内部壁枠組の組立て前に、天井の防湿フィルムを張る。

ハ. ☐天井の防湿フィルム端部を内部壁枠組の頭つなぎ、上枠(乾燥木材に限る。)に、本章1-1.5.3(壁、床、天井(又は屋根)の施工)の3により留め付ける。なお、頭つなぎ、上枠を配管・配線等が貫通する場合は、その部分ですき間が生じないよう気密補助材を施工する。

7. 下屋部分の床、天井、外壁の取合い部は、次のいずれかによる。

イ. ☐下屋部分の天井と上階床との取合いは、下屋天井の防湿フィルムを上階の位置より室内側へのばし、留め付ける。上階の外壁に用いる防湿フィルムは30 mm以上室内側にのばし、留め付けるとともに、外壁下枠と床合板等の取合い部にすき間が生じないように気密補助材を施工する。

ロ. ☐吊り天井とする場合の下屋部分の天井と上階床との取合いは、せっこうボード受け材(野縁)の下端と同寸法になるように下地材を取り付け、上階外壁下部の添え側根太又は端根太ころび止めの内部に取り付けた板状断熱材等に、下屋天井の防湿フィルムを、シーリング材又は気密テープにより留め付ける。上階の外壁と上階床との取合いは、イに準ずる。

ハ. ☐下屋天井の防湿フィルムの端部は、床枠組材の端根太、側根太又は下地材等(乾燥木材に限る。)に留め付ける。上階外壁の防湿フィルムの端部は、壁枠組の下枠(乾燥木材に限る。)へ留め付ける。

ニ. ☐吊り天井とする場合の下屋天井の防湿フィルムを、気密テープ又は押え材により、添え側根太又は端根太ころび止め(乾燥木材に限る。)に留め付ける。

1-1.5.5 ボード状繊維系断熱材を用いた外張断熱工法による場合

ボード状繊維系断熱材を用いた外張断熱工法による場合の防湿フィルムの施工は、次による。

イ. 防湿フィルムは、縦、横ともたて枠・下地材・たる木又は屋根下張材などの外

側（断熱材の内側）に施工し、その取合い部は下地材のある部分で30 mm以上重ね合わせ、留め付ける。

ロ．防湿フィルムは、屋根と外壁部、外壁部と床の取合い部、外壁の隅角部などの取合い部では、下地材のある部分で30 mm以上重ね合わせ、留め付ける。

ハ．留付けはステープルを用い、継目部分は200〜300 mm程度の間隔に、たるみ、しわのないように張る。

1-1.5.6 基礎断熱部の取合い

基礎を断熱し、基礎部分を気密層とする場合には、土台と基礎の間に気密材又は気密補助材を施工すること等により、当該部分にすき間が生じないようにする。なお、基礎断熱とした場合は、最下階の床には気密層を施工しない。

1-1.5.7 細部の気密処理（1地域、2地域及び3地域において建設する場合）

1. 枠組材が防湿フィルムを貫通する部分は、防湿フィルムと構造材を気密テープなどですき間が生じないように留め付ける。
2. 開口部等のまわりの施工は、次による。

イ．開口部まわりは、サッシ枠取付け部で結露が生じないよう、構造材や防湿フィルムとサッシ枠のすき間を気密補助材で処理する。

ロ．床下及び小屋裏等の点検口まわりは、防湿フィルムを点検口の枠材に、気密テープなどによって留め付ける。

ハ．断熱構造とする部分に用いる床下及び小屋裏点検口は、気密性の高い構造とする。

3. 設備配管まわりの施工は、次による。

イ．設備配管又は配線により外壁、天井、床の防湿フィルムが切れる部分は、貫通する外壁、天井、床のそれぞれの防湿フィルムを切り開き、切り開いた部分を留め代とし、設備配管又は配線に気密テープで留め付けるなど、気密層が連続するよう処理する。

ロ．電気配線のコンセント、スイッチボックスのまわりの施工は、次のいずれかとし、外壁、天井、床のそれぞれの防湿フィルムと気密テープで留め付ける。

(イ) ☐ 気密措置が講じられた専用のボックスを使用する。

(ロ) ☐ コンセント、スイッチボックスのまわりを防湿フイルムでくるむ。

1-1.5.8 注意事項

1. 4地域、5地域、6地域、7地域及び8地域に建設する場合であっても、細部の気密処理の施工に十分注意する。
2. 燃焼系の暖房器具又は給湯機器を設置する場合には、密閉型又は屋外設置型の機器が設置できるように計画する。

1-1.6 気密工事（発泡プラスチック系断熱材を用いた外張断熱工法による場合）

1-1.6.1 一般事項

発泡プラスチック系断熱材を用いた外張断熱工法による場合の各部位の気密工事は、この項による。

1-1.6.2 材料・工法一般

1. 気密工事に使用する気密材の種類及び品質は、次のとおりとする。ただし、1地域、2地域及び3地域において建設する場合の気密材は、イ、ハ、ホ、トの材、又はこれと同等以上の気密性、強度、耐久性を有する材料とする。

イ．住宅用プラスチック系防湿フィルム（JIS A 6930（住宅用プラスチック系防湿フィルム））、又はこれと同等以上の気密性を有するもの

ロ．透湿防水シート（JIS A 6111（透湿防水シート））、又はこれと同等以上の気密性

を有するもの

　　ハ．合板、せっこうボード、構造用パネル(JAS)、又はこれと同等以上の気密性を
　　　有するもの

　　ニ．発泡プラスチック保温材(JIS A 9511)、建築物断熱用吹付け硬質ウレタンフォ
　　　ーム(JIS A 9526)、又はこれと同等以上の気密性を有するもの

　　ホ．乾燥木材等

　　ヘ．金属部材

　　ト．コンクリート部材

2. 気密工事に使用する防湿フィルムは、JIS A 6930(住宅用プラスチック系防湿フィ
　ルム)に適合するもの、又はこれと同等以上の防湿性、強度及び耐久性を有するもの
　とする。また、寸法は所定の重ね寸法が確保できるものとし、できるだけ幅広の長
　尺フィルムを用いる。

3. 気密工事に使用する透湿防水シートは、JIS A 6111(透湿防水シート)に適合するも
　の、又はこれと同等以上の気密性、強度及び耐久性を有するものとする。また、寸
　法は所定の重ね寸法が確保できるものとし、できるだけ幅広の長尺フィルムを用い
　る。ただし、1地域、2地域及び3地域においては使用しない。

4. 防湿フィルムは連続させ、すき間のできないように施工する。また、継目は下地材
　のある部分で30 mm以上重ね合わせ、その部分を合板、せっこうボード、乾燥した
　木材、発泡プラスチック系断熱材等で挟みつける。

5. 気密層の連続性を確保するため、板状の気密材の相互の継目又はその他の材料との
　継目は、本章1-1.5.2(材料・工法一般)の4に掲げる気密補助材を施工する。

1-1.6.3 壁、屋根及びその取合い部の施工

1. 1地域、2地域及び3地域において建設する場合の壁、屋根及びその取合い部の施工は、
　次のいずれかとする。

　　イ．☐発泡プラスチック系断熱材の屋内側に、防湿フィルムを張る。

　　ロ．☐発泡プラスチック系断熱材の屋内側に、構造用合板など通気性の低い乾燥し
　　　た面材を張る。

　　ハ．☐発泡プラスチック系断熱材の屋外側に、透湿防水シートを張る。

2. 4地域、5地域、6地域、7地域及び8地域において建設する場合の壁、屋根及びその
　取合い部の施工は、次のいずれかとする。

　　イ．☐発泡プラスチック系断熱材の屋内側に、防湿フィルムを張る。

　　ロ．☐発泡プラスチック系断熱材の屋内側に、構造用合板など通気性の低い乾燥し
　　　た面材を張る。

　　ハ．☐発泡プラスチック系断熱材の屋外側に、透湿防水シートを張る。

　　ニ．☐外張断熱に用いた発泡プラスチック系断熱材の継目を、気密補助材を用いて
　　　すき間が生じないように施工する。

　　ホ．☐2層以上の発泡プラスチック系断熱材の継目が重ならないように張る。

3. 屋根と壁の取合い部及び壁の隅角部においては、気密補助材を利用して、すき間が
　生じないようにする。

4. 外壁を発泡プラスチック系断熱材を用いた外張断熱工法とし、床又は天井を充填断
　熱工法とする場合には、床、天井の施工は本章1-1.5.3(壁、床、天井(又は屋根)の施
　工)により、床と外壁、天井と外壁との取合い部の施工は本章1-1.5.4(壁、床、天井
　(又は屋根)の取合い部等の施工)による。

5. 屋根を発泡プラスチック系断熱材を用いた外張断熱工法とし、外壁を充填断熱工法
　とする場合には、外壁の施工は本章1-1.5.3(壁、床、天井(又は屋根)の施工)により、
　屋根と外壁との取合い部の施工は本章1-1.5.4(壁、床、天井(又は屋根)の取合い部
　等の施工)による。

1-1.6.4 基礎断熱部の取合い等

基礎断熱部の取合い、細部の気密処理、注意事項については、それぞれ本章1-1.5.6（基礎断熱部の取合い）、本章1-1.5.7（細部の気密処理（1地域、2地域及び3地域において建設する場合））及び本章1-1.5.8（注意事項）による。

1-1.7 開口部の断熱性能

1-1.7.1 開口部比率

開口部比率（屋根又は天井、外壁、開口部、床等の外皮等面積の合計に占める開口部面積の合計の割合）を計算する場合の開口部の断熱性能は、一戸建の住宅にあっては表1-1.7.1-1、共同住宅等にあっては表1-1.7.1-2の開口部比率の区分に応じて、本章1-1.7.2（開口部建具の種類）により決定する。

表1-1.7.1-1　一戸建の住宅における開口部比率の区分

地域の区分	開口部比率の区分			
	（い）	（ろ）	（は）	（に）
1・2・3地域	0.07未満	0.07以上0.09未満	0.09以上0.11未満	0.11以上
4・5・6・7・8地域	0.08未満	0.08以上0.11未満	0.11以上0.13未満	0.13以上

表1-1.7.1-2　共同住宅等における開口部比率の区分

地域の区分	開口部比率の区分			
	（い）	（ろ）	（は）	（に）
1・2・3地域	0.05未満	0.05以上0.07未満	0.07以上0.09未満	0.09以上
4・5・6・7・8地域	0.05未満	0.05以上0.07未満	0.07以上0.08未満	0.08以上

1-1.7.2 開口部建具の種類

1. 開口部の断熱の仕様は、地域の区分に応じ、次のいずれかとする。

　イ．開口部比率を計算する場合は、下表の開口部比率の区分に応じた熱貫流率を満たすものとする。

地域の区分	開口部比率の区分			熱貫流率
		一戸建ての住宅	共同住宅等	
1・2・3地域	（い）	0.07未満	0.05未満	2.91以下
	（ろ）	0.07以上0.09未満	0.05以上0.07未満	2.33以下
	（は）	0.09以上0.11未満	0.07以上0.09未満	1.90以下
	（に）	0.11以上	0.09以上	1.60以下
4地域	（い）	0.08未満	0.05未満	4.07以下
	（ろ）	0.08以上0.11未満	0.05以上0.07未満	3.49以下
	（は）	0.11以上0.13未満	0.07以上0.08未満	2.91以下
	（に）	0.13以上	0.08以上	2.33以下
5・6・7地域	（い）	0.08未満	0.05未満	6.51以下
	（ろ）	0.08以上0.11未満	0.05以上0.07未満	4.65以下
	（は）	0.11以上0.13未満	0.07以上0.08未満	4.07以下
	（に）	0.13以上	0.08以上	3.49以下
8地域	―			

　ロ．開口部比率を計算しない場合は、イの表のうち、開口部比率（に）の区分に掲げる熱貫流率を満たすものとする。

2. 窓の合計面積が住宅の床面積の2%以下となるものについては、前記1によらず施工することができる。

1-1.7.3 開口部の気密性

開口部に用いる建具(本章1‐1.7.2(開口部建具の種類)の1に該当する建具は除く。)は、地域の区分に応じ、次の気密性能の等級に該当するものとする。

　　イ．1地域、2地域及び3地域における開口部は、JIS A 4706(サッシ)に定める気密性等級「A-4」を満たすもの

　　ロ．4地域、5地域、6地域、7地域及び8地域における開口部は、JIS A 4706(サッシ)に定める気密性等級「A-3」又は「A-4」を満たすもの

1-1.7.4 注意事項

1. 建具の重量によって、窓台、まぐさ等の建具取付け部に、有害な変形が生じないような配慮をする。

2. 建具の取付け部においては、漏水及び構造材の腐朽を防止するために、すき間が生じないようにする。

1-1.8 開口部の日射遮蔽措置

1-1.8.1 一戸建ての住宅における開口部の日射遮蔽措置

1. <u>5地域、6地域及び7地域における住宅の開口部(全方位)は、日射遮蔽措置を講じた次のいずれかとする。</u>

　　イ．ガラスの日射熱取得率が0.49以下であるもの

　　ロ．ガラスの日射熱取得率が0.74以下のものに、ひさし、軒等を設けるもの

　　ハ．付属部材(南±22.5度に設置するものについては、外付けブラインドに限る)を設けるもの

　　ニ．開口部比率を計算する場合は、表1-1.7.1-1の区分に応じて、次のいずれかとする。

(ろ) 開口部比率 0.08以上 0.11未満 開口部比率要計算	イ．	☐	ガラスの日射熱取得率が0.74以下であるもの
	ロ．	☐	付属部材又はひさし、軒等を設けるもの
(は)及び(に) 開口部比率 0.11以上 開口部比率要計算	イ．	☐	ガラスの日射熱取得率が0.49以下であるもの
	ロ．	☐	ガラスの日射熱取得率が0.74以下のものに、ひさし、軒等を設けるもの
	ハ．	☐	付属部材(南±22.5度に設置するものについては、外付けブラインドに限る)を設けるもの

2. <u>8地域における住宅の開口部(全方位)は、日射遮蔽措置を講じた次のいずれかとする。</u>

　　イ．付属部材又はひさし、軒等を設けるもの

　　ロ．開口部比率を計算する場合は、表1-1.7.1-1の区分に応じて、次のいずれかとする。

| (ろ)
開口部比率
0.08以上
0.11未満
開口部比率要計算 | ☐ | 北±22.5度の方位を除く開口部に付属部材又はひさし、軒等を設けるもの |
| (は)及び(に)
開口部比率
0.11以上
開口部比率要計算 | ☐ | 付属部材又はひさし、軒等を設けるもの |

1-1.8.2 共同住宅等における開口部の日射遮蔽措置

1. <u>8地域における住宅の開口部(全方位)は、日射遮蔽措置を講じた次のいずれかとする。</u>

　　イ．北±22.5度の方位を除く開口部に付属部材又はひさし、軒等を設けるもの

　　ロ．開口部比率を計算する場合は、表1-1.7.1-2の区分に応じて、次による。

(に) 開口部比率 0.08以上 開口部比率要計算	□	北±22.5度の方位を除く開口部に付属部材又はひさし、軒等を設けるもの

1-1.8.3 小窓等における日射遮蔽措置

窓（直達光が入射する天窓は除く。）の合計面積が、住宅の床面積の4%以下となるものについては、本章1-1.8.1及び1-1.8.2によらず施工することができる。

1.省エネルギー性に関する基準(断熱等性能等級4かつ一次エネルギー消費量等級4)に係る仕様

フラット35Sの省エネルギー性に適合する住宅は、「1-1. 省エネルギー性に関する基準①(断熱等性能等級4)に係る仕様」かつ「1-2. 省エネルギー性に関する基準②(一次エネルギー消費量等級4)に係る仕様」であることとする。
なお、これによらない場合は、「建築物エネルギー消費性能基準」(建築物のエネルギー消費性能の向上に関する法律(平成27年法律第53号)(通称 建築物省エネ法))第2条第1項第3号に適合する住宅であることとする。

1-2.省エネルギー性に関する基準②(一次エネルギー消費量等級4)に係る仕様

1-2.1 一般事項

1-2.1.1 総則

1. フラット35Sにおける省エネルギー性に関する基準のうち、一次エネルギー消費量等級4に適合する住宅の仕様は、この項による。
2. 本項におけるアンダーライン「＿＿＿＿」の付された項目事項は、フラット35Sにおける省エネルギー性に関する基準のうち、一次エネルギー消費量等級4に係る仕様である。

1-2.1.2 適用

本項の適用となる住宅は、次の1又は2のいずれかとする。
1. ☐「住宅に関する省エネルギー基準に準拠したプログラム(https://house.app.lowenergy.jp/)」等を用いて、巻末付録1(地域の区分一覧表)の地域の区分及び床面積等に応じて算定した対象住宅の一次エネルギー消費量が基準一次エネルギー消費量を上回らないことを確認したもの
2. ☐建築物のエネルギー消費性能の向上に関する法律(平成27年法律第53号)(通称 建築物省エネ法)の規定により基準適合建築物に認定された住宅で、竣工年月日が平成28年4月1日以後の一戸建て住宅

1-2.2 地域の区分

基準一次エネルギー消費量及び住宅の一次エネルギー消費量の算出における地域の区分は、巻末付録1(地域の区分一覧表)による。

1-2.3 躯体の断熱性能

躯体及び開口部の断熱性能は、原則として、本章1-1(省エネルギー性に関する基準①(断熱等性能等級4)に係る仕様)による。この仕様以外とする場合は、特記による。

1-2.4 設備機器

設備機器は、本章1-2.2(地域の区分)による地域の区分及び床面積等に応じた一次エネルギー消費量を確認し、仕様を決めるものとし、特記による。

2. 耐震住宅に関する基準(耐震等級(構造躯体の倒壊等防止)2)に係る仕様

2.1 一般事項

2.1.1 総則

1. フラット35Sにおける耐震住宅に関する基準(耐震等級(構造躯体の倒壊等防止)2)に適合する住宅の仕様は、この項による。
2. 本項におけるアンダーライン「＿＿＿」の付された項目事項は、フラット35Sにおける耐震住宅に関する基準(耐震等級(構造躯体の倒壊等防止)2)に係る仕様であるため、当該部分の仕様以外とする場合は、住宅金融支援機構の認めたものとする。

2.1.2 基本原則

枠組壁工法の建築物における基準(壁量計算等)、保有水平耐力計算等、又は限界耐力計算により、住宅性能表示制度「耐震等級（構造躯体の倒壊等防止）2」以上の耐震性能を確保することとする。

2.1.3 構造計算等

1. 3階建の住宅は、建築基準法および住宅性能表示制度「耐震等級(構造躯体の倒壊等防止)」1-1(3)イ又はロに基づく構造計算により、構造耐力上の安全性を確認したうえで、仕様を決めるものとする。
2. 階数が2以下の住宅は、建築基準法および住宅性能表示制度「耐震等級(構造躯体の倒壊等防止)」1-1(3)イ又はロに基づく構造計算、若しくは、へに基づく枠組壁工法の建築物における基準(壁量計算等)により、構造耐力上の安全性を確認したうえで、仕様を決めるものとする。

2.2 基礎

1. 平屋建又は2階建の基礎工事は、Ⅱ-3.4(平屋建又は2階建の基礎工事)による。
2. 3階建の基礎工事は、Ⅱ-15.2(基礎工事)による。

2.3 耐力壁

1. 平屋建又は2階建の耐力壁は、Ⅱ-4.10.1(耐力壁)による。
2. 3階建の耐力壁は、Ⅱ-15.5.1(耐力壁)による。

2.4 床組等

1. 平屋建又は2階建の床組等は、Ⅱ-4.9(平屋建又は2階建の床枠組(最下階以外の床枠組))及びⅡ-4.12(平屋建又は2階建の小屋組)による。
2. 3階建の水平構面は、Ⅱ-15.4(床枠組)及びⅡ-15.6(小屋組)による。

2.5 接合部

たて枠上下端の接合部に必要とする引張力が、当該部分の引張耐力を超えていないことを、周囲の耐力壁の配置等を考慮して確認したうえで、仕様を決めるものとする。

2.6 横架材及び基礎

小屋組、床組、基礎、その他の構造耐力上主要な部分の部材の種別、寸法、量及び間隔については、構造計算等により、常時又は積雪時に作用する固定荷重及び積載荷重、並びに積雪時に建築物に作用する積雪荷重による力が、上部構造及び基礎を通じて適切に地盤に伝わり、かつ、地震力及び風圧力に対し上部構造から伝達される引張力に対して、基礎の耐力が十分であることを確かめること。

3.免震住宅に関する基準(地震に対する構造躯体の倒壊等防止及び損傷防止)に係る仕様

3.1 一般事項

3.1.1 総則

1. フラット35Sにおける免震住宅に関する基準(地震に対する構造躯体の倒壊等防止及び損傷防止)に適合する住宅の仕様は、この項による。
2. 本項において、アンダーライン「_____」の付された項目事項は、フラット35Sにおける免震住宅に関する基準(地震に対する構造躯体の倒壊等防止及び損傷防止)に係る仕様であるため、当該部分の仕様以外とする場合は、住宅金融支援機構の認めたものとする。

3.2 基礎

3.2.1 一般事項

1. 基礎の構造は、次のいずれかとする。
   - イ. ☐ 基礎ぐいを用いた構造
   - ロ. ☐ べた基礎
2. 基礎の底部を第一種地盤又は第二種地盤(地震時に液状化するおそれのないものに限る。)に達するものとする。

3.2.2 基礎ぐい

基礎ぐいの構造は、次による。
1. 基礎ぐいは、構造耐力上安全に基礎ぐいの上部を支えるように配置する。
2. 基礎ぐいの構造は、次のいずれかによるか、又はこれらと同等以上の支持力を有するものとする。
   - イ. ☐ 場所打ちコンクリートぐいとする場合は、次による。
     - (イ)主筋として異形鉄筋を6本以上用い、帯筋と緊結する。
     - (ロ)主筋の断面積の合計のくい断面積に対する割合を0.4%以上とする。
   - ロ. ☐ 高強度プレストレストコンクリートぐいとする場合は、JIS A 5337(プレテンション方式遠心力高強度プレストレストコンクリートくい)-1995に適合するものとする。
   - ハ. ☐ 遠心力鉄筋コンクリートぐいとする場合は、JIS A 5310(遠心力鉄筋コンクリートくい)-1995に適合するものとする。
   - ニ. ☐ 鋼管ぐいとする場合は、くいの肉厚は6mm以上とし、かつ、くいの直径の1/100以上とする。

3.2.3 べた基礎

べた基礎の構造は、次による。
1. べた基礎の構造は、一体の鉄筋コンクリート構造(2以上の部材を組み合わせたもので、これらの部材相互を緊結したものを含む。)とする。
2. 基礎の底盤の厚さは、250mm以上とする。
3. 根入れ深さは、150mm以上とし、かつ、建設地域の凍結深度よりも深いものとする。
4. 立上り部分の主筋はD13以上とし、立上り部分の上端に1本以上、かつ、立上り部分の下部の底盤に2本以上配置し、それぞれ5及び6の補強筋と緊結する。
5. 立上り部分の補強筋はD10以上のものを縦に配置し、その間隔は300mm以下とする。
6. 底盤の補強筋はD13以上、間隔は縦横に200mm以下とし、複配筋とする。

3.3 免震層

免震層は、次による。

1. 免震層の上下の床版又はこれに類するものの間隔が、免震材料及び配管その他の建築設備の点検上支障ないものとする。
2. 上部構造に作用する荷重及び外力を、免震材料のみによって安全に下部構造に伝える構造とする。ただし、地震に対して安全上支障ないことを確かめた場合にあっては、暴風により生ずる免震層の著しい変位を防止するための措置に必要な部材を設けることができる。
3. 免震材料は、次による。
   イ．検査及び点検を容易に行うことができる位置に設ける。
   ロ．上部構造の構造耐力上主要な柱及び耐力壁に対し、つり合いよく配置する。
   ハ．上部構造の最下階の床版その他これに類する上部構造の構造耐力上主要な部分及びべた基礎の底盤、又は下部構造の上端に設ける床版その他これらに類する下部構造の構造耐力上主要な部分に緊結する。
4. 免震層の設計限界変位は、350 mm以上とする。
5. 上部構造の建築面積を、支承材の総数で除した数値を15 m²以下とする。
6. 次表の建築物の種類に応じて、それぞれ次による。
   イ．免震層の降伏時に各免震材料に生ずる水平力（単位：kN）の合計を建築面積で除した数値を、(1)の欄の数値以上(2)の欄の数値以下とする。
   ロ．免震層において、免震層の設計限界変位に相当する変位が生じているときに、各免震材料に生ずる水平力（単位：kN）の合計を建築面積で除した数値を、(3)の欄の数値以上(4)の欄の数値以下とする。

建築物の種類		(1)	(2)	(3)	(4)
木造、鉄骨造その他これらに類する重量の小さな建築物	平屋建	0.22	0.36	0.72	1.09
	2階建	0.29	0.49	0.98	1.47
その他の建築物		0.34	0.58	1.17	1.75

7. 免震層の設計限界変位時の等価粘性減衰定数を20%以上とする。

3.4 上部構造

上部構造は、次による。

1. 上部構造の最下階の構造耐力上主要な部分である柱及び耐力壁の脚部並びに土台は、上部構造の最下階の床版その他これに類する部分に存在応力を伝えるよう緊結する。
2. 平面形状が長方形その他これに類する整形な形状であり、張り間方向及びけた行方向の長さの数値の大きいほうの数値を小さいほうの数値で除した数値を4以下とする。
3. 立面形状を長方形その他これに類する安定した形状とする。
4. 倉庫その他これに類する積載荷重の変動の大きな用途には供しない。
5. 上部構造と当該建築物の下部構造及び周囲の構造物その他の物件との水平距離は、上部構造の部分ごとに周囲に人の通行がある場合は500 mm以上とし、その他の場合は400 mm以上とする。
6. 上部構造の最下階の床版は、厚さ180 mm以上の一体の鉄筋コンクリート造とし、かつ、D13以上の異形鉄筋を縦横に200 mm以下の間隔で複配筋として配置する。

3.5 下部構造

下部構造（基礎を除く。）は、次による。

1. 一体の鉄筋コンクリート造とする。
2. 下部構造の上端に鉄筋コンクリート造の床版を設け、本章3.3（免震層）の3のハにより免震材料と緊結する場合は、当該床版の厚さは180 mm以上とし、D13以上の異形鉄筋を縦横に200 mm以下の間隔で複配筋として配置し、その周囲の構造耐力上主要な部分に存在応力を伝えるよう緊結する。

3. 階を設ける場合は、土圧がその全周にわたり一様に作用するようにする。

4. 免震建築物の周囲に安全上支障のある空隙を生じさせないものとする。

5. 出入口その他の見やすい場所に免震建築物であること、その他必要な事項を表示する。

6. 暴風により生ずる免震層の著しい変位を防止するための措置を講じた場合は、構造耐力上安全であることを確かめる。

7. 必要がある場合は、積雪時に免震建築物の変位を妨げないような措置を講ずる。

8. 必要に応じて免震材料の交換を行うことができる構造とする。

9. 免震層に浸水するおそれのある場合は、基礎の底盤に排水口を設けるなど、免震材料の冠水を防止するための措置を講ずる。

3.6 維持管理等に関する事項

免震建築物の維持管理に関し、イ及びロについて明示することとし、特記による。

    イ．免震材料等の維持管理に関する計画
    ロ．実況に応じた敷地の管理に関する計画

4. バリアフリー性に関する基準（高齢者等配慮対策等級3）に係る仕様

4.1 一般事項

4.1.1 総則

1. フラット35Sにおけるバリアフリー性に関する基準（高齢者等配慮対策等級3）に適合する住宅の仕様は、この項による。

2. 本項において、アンダーライン「____」の付された項目事項は、フラット35Sにおけるバリアフリー性に関する基準（高齢者等配慮対策等級3）に係る仕様であるため、当該部分の仕様以外とする場合は、住宅金融支援機構の認めたものとする。

3. 「日常生活空間」とは、高齢者等の利用を想定する一の主たる玄関、便所、浴室、脱衣室、洗面所、寝室（以下、「特定寝室」という。）、食事室及び特定寝室の存する階（接地階を除く。）にあるバルコニー、特定寝室の存する階にあるすべての居室並びにこれらを結ぶ一の主たる経路をいう。

4.2 部屋の配置

4.2.1 部屋の配置

特定寝室がある階には、便所を配置する。

4.3 住戸内の段差の解消

4.3.1 段差の解消

1. 日常生活空間内の床は、段差のない構造（仕上がり5mm以下の段差が生じるものを含む。以下同じ。）とする。ただし、次のイ〜ヘに掲げる部分にあっては、この限りでない。なお、ヘに掲げる部分に踏み段を設ける場合、踏み段は1段とし、奥行は300mm以上、幅は600mm以上で、踏み段とバルコニーの端との距離を1,200mm以上とする。ヘに掲げる部分以外に踏み段を設ける場合は、踏み段の奥行は300mm以上、幅は600mm以上とする。

   イ．玄関の出入口の段差で、くつずりと玄関外側の高低差を20mm以下とし、かつ、くつずりと玄関土間の高低差を5mm以下としたもの

   ロ．勝手口その他の屋外に面する開口部（玄関を除く。以下、本項において「勝手口等」という。）の出入口及び上がり框の段差

   ハ．玄関の上がり框の段差

   ニ．浴室の出入口の段差で、20mm以下の単純段差とする、又は浴室内外の高低差を120mm以下、またぎ高さを180mm以下とし、かつ、手すりを設置したもの

   ホ．接地階を有する住宅のバルコニーの出入口の段差

   ヘ．接地階を有しない住宅のバルコニーの出入口の段差のうち、次の（イ）〜（ホ）に掲げる段差

   （イ）180mm以下の単純段差

   （ロ）250mm以下の単純段差とし、手すりを設置できるようにしたもの

   （ハ）踏み段を設ける場合、360mm以下の単純段差とし、バルコニーと踏み段との段差及び踏み段と框との段差を180mm以下の単純段差としたもの

   （ニ）屋内側及び屋外側の高さが180mm以下のまたぎ段差とし、手すりを設置できるようにしたもの

   （ホ）踏み段を設ける場合、屋内側の高さが180mm以下で、屋外側の高さが360mm以下のまたぎ段差とし、バルコニーと踏み段との段差及び踏み段と框との段差を180mm以下の単純段差とし、手すりを設置できるようにしたもの

2. 日常生活空間内の居室の部分の床のうち、次のイ〜ホに掲げるすべてに適合するものとその他の部分の床との間には、300mm以上450mm以下の段差を設けることができるものとする。

イ．介助用車いすの移動の妨げとならない位置にあること

ロ．面積が $3\,\mathrm{m}^2$ 以上 $9\,\mathrm{m}^2$（当該居室の面積が $18\,\mathrm{m}^2$ 以下の場合にあっては、当該面積の1/2）未満であること

ハ．当該部分の面積の合計が、当該居室の面積の1/2未満であること

ニ．間口（工事を伴わない撤去等により確保できる部分の長さを含む。）が $1,500\,\mathrm{mm}$ 以上であること

ホ．その他の部分の床より高い位置にあること

3. 日常生活空間外の床は、段差のない構造とする。ただし、次のイ～へに掲げる部分にあっては、この限りではない。

イ．玄関の出入口の段差

ロ．玄関の上がり框の段差

ハ．勝手口等の出入口及び上がり框の段差

ニ．バルコニーの出入口の段差

ホ．浴室の出入口の段差

へ．室内又は室の部分の床とその他の部分の床の $90\,\mathrm{mm}$ 以上の段差

4.3.2 床枠組

床枠組による和室と廊下・洋室等との段差の解消方法は、次のいずれかによる。

イ．□すべての範囲の床下張りを同一レベルで張り、和室以外の部分を二重床にする。

ロ．□1階に限り、和室の床根太とその他の部分の床根太の寸法型式を変え、床仕上げ面の段差を解消する。

ハ．□その他、水平構面の剛性に十分配慮した方法で、特記による。

4.3.3 床板張り

洋室と廊下等との床仕上げ面の取合いは、次による。

イ．開き戸のくつずりには、戸当たりを設けないものとする。

ロ．出入口両側の床仕上材の厚さが異なる場合は、仕上材の下に調整材等を敷いて段差を解消するとともに、取合い部に床見切り枠等を設ける。

4.4 住戸内階段

4.4.1 住戸内階段の勾配

住戸内階段の勾配及び踏み面と蹴上げの寸法は、次のイ、ロ及びハ（ただし、階段の曲がり部分で、その形状が、次の(イ)、(ロ)又は(ハ)に該当する部分については、この限りではない。）による。ただし、ホームエレベーターを設置する場合にあっては、この限りではない。

イ．階段の勾配（R/T）を、22/21以下とする。

ロ．踏み面（T）を、$195\,\mathrm{mm}$ 以上とする。

ハ．踏み面（T）と蹴上げ（R）の関係を、$550\,\mathrm{mm} \leqq \mathrm{T}+2\mathrm{R} \leqq 650\,\mathrm{mm}$ とする。

〈イ、ロ及びハが緩和される曲がり部分〉

(イ) 90°曲がり部分が、下階床から上り3段以内となる場合で、その踏み面の狭いほうの形状が、すべて30°以上となる回り階段の部分

(ロ) 90°曲がり部分が、踊り場から上り3段以内となる場合で、その踏み面の狭いほうの形状が、すべて30°以上となる回り階段の部分

(ハ) 180°曲がり部分が4段となる場合で、その踏み面の狭いほうの形状が60°、30°、30°及び60°の順となる回り階段の部分

4.4.2 住戸内階段の構造

1. 住戸内階段の形状は、直階段又は折れ階段とし、中間には踊り場を設ける。

2. 住戸内階段の蹴込みは、$30\,\mathrm{mm}$ 以内とする。ただし、ホームエレベーターを設置す

る場合にあっては、この限りではない。

4.5 手すり

4.5.1 手すりの設置箇所

1. 住戸内階段は、以下のとおりとする。
    - イ．住戸内階段には、手すりを設置する。
    - ロ．勾配が45°を超える場合（本章4.4.1（住戸内階段の勾配）のハ（イ）～（ハ）のいずれかに該当する部分を除く。）にあっては、両側に手すりを設置する（ホームエレベーター設置時は、この限りではない。）。
    - ハ．設置高さは、踏み面の先端からの高さ700mmから900mmの位置とする（ホームエレベーター設置時は、この限りではない。）。
    - ニ．階段の手すりを片側に設置する場合の設置箇所は、原則として、下階に向かって利用者の利き腕側に設置する。

2. 浴室は、以下のとおりとする。
    - イ．浴室には、手すりを設置する。
    - ロ．日常生活空間内の浴室の手すりの設置は、用途に応じて、次の設置箇所及び種類を標準とする。
        - （イ）□浴槽出入りのためのものを設置する。
        - （ロ）□浴槽内における、立ち座り及び姿勢保持のためのL型手すり又は横手すりを、浴槽の側部壁面に設置する。
        - （ハ）□浴室内外の移動時の歩行安定のための縦手すりを、出入口部の壁面に設置する。
        - （ニ）□洗い場における立ち座り時の姿勢安定用は縦手すりとし、洗い場の壁面に設置する。
        - （ホ）□浴室内移動時の歩行安定用は横手すりとし、出入口から洗い場までの壁面に設置する。

3. 日常生活空間内の便所には、立ち座りのための手すりを設置する。

4. 日常生活空間内の玄関には、上がり框部の昇降及び靴の着脱のための手すりを設置するか、又は設置準備をする。

5. 日常生活空間内の脱衣室には、衣服の着脱のための手すりを設置するか、又は設置準備をする。

6. バルコニーには、転落防止のために手すりを、次のいずれかにより設置する。ただし、外部の地面、床等からの高さが1m以下の範囲、又は開閉できない窓、その他転落のおそれのないものについては、この限りではない。
    - イ．□腰壁、その他足掛かりとなるおそれのある部分（以下、本項において「腰壁等」という。）の高さが650mm以上1,100mm未満の場合、床面から1,100mm以上の高さに達するように設置する。
    - ロ．□腰壁等の高さが300mm以上650mm未満の場合、腰壁等から800mm以上の高さに達するように設置する。
    - ハ．□腰壁等の高さが300mm未満の場合、床面から1,100mm以上の高さに達するように設置する。

7. 2階以上の窓には、転落防止のための手すりを、次のいずれかにより設置する。ただし、外部の地面、床等からの高さが1m以下の範囲、又は開閉できない窓、その他転落のおそれのないものについては、この限りではない。
    - イ．□窓台、その他足掛かりとなるおそれのある部分（以下、本項において「窓台等」という。）の高さが650mm以上800mm未満の場合、床面から800mm（3階以上の窓は1,100mm）以上の高さに達するように設置する。
    - ロ．□窓台等の高さが300mm以上650mm未満の場合、窓台等から800mm以上の高さに達するように設置する。
    - ハ．□窓台等の高さが300mm未満の場合、床面から1,100mm以上の高さに達す

るように設置する。

8. 廊下及び階段（高さ1m以下の階段を除く。）のうち、片側又は両側が壁となっていない部分には、開放されている側に転落防止のための手すりを、次のいずれかにより設置する。ただし、外部の地面、床等からの高さが1m以下の範囲、又は開閉できない窓、その他転落のおそれのないものについては、この限りではない。

    イ．☐腰壁等の高さが650mm以上800mm未満の場合、床面（階段にあっては踏み面の先端）から800mm以上の高さに達するように設置する。

    ロ．☐腰壁等の高さが650mm未満の場合、腰壁等から800mm以上の高さに達するように設置する。

9. 転落防止のための手すりの手すり子で、床面（階段にあっては踏み面の先端）及び腰壁等又は窓台等（腰壁等又は窓台等の高さが650mm未満の場合に限る。）からの高さが、800mm以内の部分に存するものの相互の間隔は、内のり寸法で110mm以下とする。

4.5.2 手すりの取付け等

1. 手すりの形状は、次による。

    イ．手すりの直径は28mm～40mmとし、断面形状は、原則として、円形とする。やむを得ず、上部を平たんとする場合は、使用箇所を廊下及び階段に限る。

    ロ．手すりの端部は、原則として、壁側又は下側に曲げる。

2. 手すりの取付けは、次による。

    イ．柱に直接取り付けるか、又は補強した受け材等に取り付ける。

    ロ．適切な支持間隔で取り付ける。

    ハ．手すりと壁のあき寸法は、30mm～50mmを標準とする。

    ニ．持ち替えが生じる位置を除き、連続して手すりを使用するところでは、原則として、手すりが途中で切れないように設置する。なお、持ち替えが生じる位置での手すり端部間距離は400mm以下とする。

4.5.3 手すり取付け下地

1. 手すりの設置又は設置準備のための壁下地の補強方法は、次のいずれかによる。

    イ．☐手すり受け材による方法は、断面寸法206以上の受け材を平使いとしてたて枠等の壁枠組内に緊結する。

    ロ．☐構造用合板による方法は、厚さ12mm以上の構造用合板をたて枠等に緊結する。

2. 手すりの設置準備を行う場合の壁下地の補強範囲は、次による。

    イ．縦手すり設置のための下地補強の場合は、長さ600mm以上の縦手すりの下端を、床面から750mm程度の位置に設置できる範囲とする。

    ロ．横手すり設置のための下地補強の場合は、床面から600mm～900mmの範囲で全面行うか、又は横手すり上端を床面から750mmの位置に設置できる範囲を補強し、かつ、補強箇所を壁面にピンなどで示す。

4.6 廊下及び出入口の幅員

4.6.1 廊下及び出入口の幅員の確保

1. 日常生活空間内の通路の有効な幅員は、780mm（柱等の箇所にあっては750mm）以上とする。

2. 出入口の幅員については、次による。

    イ．日常生活空間内（浴室を除く。）の出入口の幅員は、次のいずれかに該当するものとする。

      （イ）☐出入口の有効幅員を、750mm以上とする。

      （ロ）☐やむを得ず、将来の改造（構造耐力上主要な部分である柱又は壁の撤去、若しくは改造を要しないものに限る。）により出入口の幅を確保する場合は、開口部枠を取り外した開口の内のり（ラフ開口幅）を750mm以上と

する(玄関を除く。)。
ロ．日常生活空間内の浴室の出入口の有効幅員は、600 mm以上とする。

4.6.2 内壁下地

910 mmモデュールによる大壁造の廊下において、廊下の有効幅員を780 mm以上確保するための廊下両側の内壁の下地は、次のいずれかによる。

- イ．□胴縁を用いた内壁下地は、柱と胴縁の面が同一になるように間柱を欠き込み、柱に取り付けた受け材と間柱に胴縁をくぎ打ちし、下地板等を張る。
- ロ．□その他の内壁下地は、たて枠に構造用合板等の面材を直接張り付ける。

4.7 寝室、便所及び浴室

4.7.1 寝室、便所及び浴室の規模

1. 日常生活空間内の浴室は、短辺方向の内のり寸法を1,300 mm以上、かつ、有効面積(内のり寸法による面積)を2.0 m²以上とする。
2. 日常生活空間内の便所は、次のいずれかに掲げるものとし、かつ、当該便所の便器を腰掛け式とする。
   - イ．□長辺(軽微な改造により確保できる部分の長さを含む。)が、内のり寸法で1,300 mm以上であること。
   - ロ．□便器の前方又は側方について、便器と壁の距離(ドアの開放により確保できる部分又は軽微な改造により確保できる部分の長さを含む。)が、500 mm以上であること。
3. 特定寝室の面積は、内のり寸法で9m²以上とする。

4.8 その他の配慮

4.8.1 温熱環境

居室、便所、洗面所・脱衣室及び居間・食事室には、暖房設備を設置する。ただし、設置しない場合は、設置できるように専用コンセントを設ける。

4.8.2 設備

1. キッチンシステム及び洗面器の水栓金具は、レバー式とする。
2. 浴室の水栓金具は、レバー付きダイヤル式とし、熱源器が出湯温度抑制型でない場合は、湯温調節式とする。
3. 室内灯のスイッチは、床面より900 mmから1,200 mmの間の高さとし、特記による。特記がない場合は1,100 mmとする。
4. 各室のコンセント(洗面化粧台等の設備機器用のものを除く。)のうち、抜き差しを繰り返して使用する箇所のものは、床面より400 mmの高さとする。
5. 階段の照明は、上下階に複数設置し、三路スイッチとする。
6. ガス調理器具は、立消え安全装置付きとする。
7. 台所には、ガス漏れ検知器又はこれに代わる器具を設置する。
8. 便所及び浴室には、通報装置を設置する。ただし、設置しない場合は、設置できるように器具取付け下地及び配線用空配管をあらかじめ行う。

4.8.3 床・壁等の仕上げ

1. 居室及び廊下の床は、乾燥時において滑りにくい仕上げとし、特記による。
2. 浴室、脱衣室、洗面所、便所及び台所の床は、水に濡れた状態でも滑りにくい仕上げとし、特記による。
3. 居室、廊下、脱衣室、洗面所及び便所の壁は、皮膚面にすり傷が生じにくい仕上げとし、特記による。

4.8.4 屋外通路の高低差処理

玄関に通じる屋外通路の高低差処理は、傾斜路に本章4.4(住戸内階段)の階段を併設したものとする。

5. 耐久性・可変性に関する基準(劣化対策等級3及び維持管理対策等級2など)に係る仕様

5.1 一般事項
5.1.1 総則
1. フラット35Sにおける耐久性・可変性に関する基準(劣化対策等級3及び維持管理対策等級2など)に適合する住宅の仕様は、この項による。
2. 本項において、アンダーライン「＿＿＿」の付された項目事項は、フラット35Sにおける耐久性・可変性に関する基準(劣化対策等級3及び維持管理対策等級2など)に係る仕様であるため、当該部分の仕様以外とする場合は、住宅金融支援機構の認めたものとする。

5.2 基礎工事
1. 基礎工事において布基礎とする場合は、Ⅱ-3.4.2(布基礎)の2による。
2. 基礎工事において、べた基礎又は基礎ぐいを用いる場合は、Ⅱ-3.4.3(べた基礎・基礎ぐい)の2による。

5.3 床下換気
床下換気は、Ⅱ-3.4.9(床下換気)の1による。

5.4 床下防湿
床下防湿は、Ⅱ-3.4.13(床下防湿)による。

5.5 木部の防腐・防蟻措置
5.5.1 土台の防腐・防蟻措置
土台の防腐・防蟻措置は、Ⅱ-4.4.1(土台の防腐・防蟻措置)による。

5.5.2 外壁の枠組の防腐・防蟻措置
地面から高さが1m以内の外壁の枠組(土台及び室内側に露出した部分を除く。)の防腐・防蟻措置(北海道及び青森県にあっては防腐措置のみ。)は、次の1又は2による。
1. □次のイ及びロによる。
   イ. 外壁は、壁体内に通気層を設け、壁体内通気を可能とする構造とし、特記による。特記のない場合は、Ⅱ-4.10.10(外壁内通気措置)による。
   ロ. 枠組は、次のいずれかとする。
      (イ)□枠組は、枠組壁工法構造用製材又は集成材等(次表に掲げるものをいう。以下、本項において同じ。)を用い、防腐及び防蟻に有効な薬剤を塗布、加圧注入、浸漬、若しくは吹き付けられたもの、又は防腐及び防蟻に有効な接着剤が混入されたものとする。

化粧ばり構造用集成柱	集成材のJASに適合するもの
構造用集成材	集成材のJASに適合するもの
構造用単板積層材	単板積層材のJASに適合するもの
枠組壁工法構造用たて継ぎ材	枠組壁工法構造用製材及び枠組壁工法構造用たて継ぎ材のJASに適合するもの

      (ロ)□ヒノキ、ヒバ、ベイヒ、ベイヒバ、クリ、ケヤキ、ベイスギ、タイワンヒノキ、コウヤマキ、サワラ、ネズコ、イチイ、カヤ、ウェスタンレッドシーダー、インセンスシーダー又はセンペルセコイヤを用いた枠組壁工法構造用製材、若しくはこれらの樹種により構成された構造用集成柱、構造用集成材、構造用単板積層材又は枠組壁工法構造用たて継ぎ材を用いる。
2. □JASに定める保存処理性能区分K3以上の防腐・防蟻処理材(JIS K 1570に規定す

る木材保存剤、又はこれと同等の薬剤を用いたK3以上の薬剤の浸潤度及び吸収量を
確保する工場処理等を含む。)を用いる。

5.5.3 外壁下地材の防腐・防蟻措置

地面から高さが1m以内の木質系外壁下地材(室内側に露出した部分を除く。)の防腐・
防蟻措置(北海道及び青森県にあっては防腐措置のみ。)は、次の1又は2による。

1. ☐次のイ及びロによる。
   - イ. 外壁は、壁体内に通気層を設け、壁体内通気を可能とする構造とし、特記による。特記のない場合は、Ⅱ-4.10.10(外壁内通気措置)による。
   - ロ. 外壁下地材は、次のいずれかとする。
     - (イ) ☐外壁下地材には、枠組壁工法構造用製材又は集成材等又は構造用合板等（次表に掲げるものをいう。）を用いるとともに、防腐及び防蟻に有効な薬剤を塗布、加圧注入、浸漬、若しくは吹き付けられたもの、又は防腐及び防蟻に有効な接着剤が混入されたものとする。

構造用合板	合板のJASに適合するもの
構造用パネル	構造用パネルのJASに適合するもの
パーティクルボードのPタイプ	JIS A 5908
ミディアムデンシティファイバーボード(MDF)のPタイプ	JIS A 5905

     - (ロ) ☐ヒノキ、ヒバ、ベイヒ、ベイヒバ、クリ、ケヤキ、ベイスギ、タイワンヒノキ、コウヤマキ、サワラ、ネズコ、イチイ、カヤ、ウェスタンレッドシーダー、インセンスシーダー又はセンペルセコイヤを用いた枠組壁工法構造用製材、若しくはこれらの樹種により構成された構造用集成柱、構造用集成材、構造用単板積層材又は枠組壁工法構造用たて継ぎ材を用いる。
2. ☐JASに定める保存処理性能区分K3以上の防腐・防蟻処理材(JIS K 1570に規定する木材保存剤、又はこれと同等の薬剤を用いたK3以上の薬剤の浸潤度及び吸収量を確保する工場処理等を含む。)を用いる。

5.6 床下地面の防蟻措置

床下地面の防蟻措置は、Ⅱ-4.6(床下地面の防蟻措置)による。ただし、基礎断熱工法を
用いる場合は、Ⅱ-3.5.5(床下防湿・防蟻措置)による。

5.7 浴室等の防水措置

1. 浴室の壁の枠組等(木質の下地材・室内側に露出した部分を含む。)、床組(地上2階以上にある場合は下地材を含む。)及び天井は、次のいずれかの防水措置を行う。ただし、1階の浴室まわりをコンクリートブロック造の腰壁又は鉄筋コンクリート造の腰高布基礎とした部分は除く。
   - イ. ☐JIS A 4416(住宅用浴室ユニット)に規定する浴室ユニットとする。
   - ロ. ☐浴室の壁の枠組等、床組及び天井に対して、防水上有効な仕上げを行う。
   - ハ. ☐浴室の壁の枠組等、床組及び天井に対して、本章5.5.2(外壁の枠組の防腐・防蟻措置)の1又は2及び本章5.5.3(外壁下地材の防腐・防蟻措置)の1又は2による防腐・防蟻措置を行う。
2. 脱衣室の壁の枠組等(木質の下地材・室内側に露出した部分を含む。)及び床組(地上2階以上にある場合は下地材を含む。)は、次のいずれかの防水措置を行う。
   - イ. ☐脱衣室の壁の枠組等及び床組に対して、防水紙、ビニル壁紙、シージングせっこうボード、ビニル床シート又は耐水合板(普通合板1類、構造用合板特類又は1類)を用いる。
   - ロ. ☐脱衣室の壁の枠組等及び床組に対して、本章5.5.2(外壁の枠組の防腐・防蟻措置)の1又は2及び本章5.5.3(外壁下地材の防腐・防蟻措置)の1又は2による防腐・

防蟻措置を行う。

5.8 小屋裏換気

小屋裏換気は、Ⅱ-4.13(小屋裏換気・軒裏換気)による。

5.9 専用配管

専用配管は、次による。

1. 専用配管は、壁、柱、床、はり及び基礎の立上り部分を貫通する場合を除き、コンクリート内に埋め込まない。

2. 地中に埋設された専用配管の上には、コンクリート(建物の外部に存在する土間床コンクリート及び建物の構造躯体に影響を及ぼさないものは除く。)を打設しない。ただし、法令(条例を含む。)の規定により、凍結のおそれがあるとして配管を地中に埋設する場合は、打設することができる。

3. 専用の排水管(継手及びヘッダーを含む。)の内面が、排水管内の清掃に支障を及ぼさないように凹凸がなく、かつ、当該排水管にたわみ、抜け、その他変形が生じないように設置する。

5.10 共用配管等

共同住宅等の共用配管等は、次による。

1. 共用配管は、壁、床、柱、はり又は基礎の立上り部分を貫通する場合を除き、コンクリート内に埋め込まない。

2. 地中に埋設された共用配管の上には、コンクリート(建物の外部に存在する土間床コンクリート及び建物の構造躯体に影響を及ぼさないものは除く。)を打設しない。ただし、法令(条例を含む。)の規定により、凍結のおそれがあるとして配管を地中に埋設する場合は、打設することができる。

3. 共用の排水管には、共用立管にあっては最上階又は屋上、最下階及び3階以内おきの中間階又は15 m以内ごとに、横主管にあっては15m以内ごと、かつ、管の曲がりが連続すること、管が合流すること等により管の清掃に支障が生じやすい部分がある場合にあっては支障なく清掃が行える位置に、掃除口が設けられていることとする。

4. 専用配管と共用配管の接合部及び共用配管のバルブ、又は排水管の掃除口が仕上材等により隠ぺいされている場合には、それらを点検するために必要な開口又は掃除口による清掃を行うために必要な開口を設ける。

5. 共用の排水管(継手及びヘッダーを含む。)の内面が、排水管内の清掃に支障を及ぼさないように凹凸がなく、かつ、当該排水管にたわみ、抜け、その他変形が生じないように設置する。

6. 専用配管は、他の住戸等の専用部分には設置しない。

5.11 更新対策(住戸専用部)

共同住宅等の場合は、次による。

1. 躯体天井高は、2,500 mm以上とする。

2. 住戸内の構造躯体の壁又は柱は、間取りの変更の障害とならないように設ける。

〔第Ⅳ章〕 フラット35S（金利Aプラン）工事仕様書

1. 省エネルギー性に関する基準（認定低炭素住宅）に係る仕様

フラット35S（金利Aプラン）の技術基準^(※1)

フラット35S（金利Aプラン）をご利用いただく場合は、フラット35の技術基準に加えて次表の1～4のいずれか1つ以上の基準を満たす住宅であることが必要です。

1	省エネルギー性	一次エネルギー消費量等級5の住宅（※2）（※3）
2	耐 震 性	耐震等級（構造躯体の倒壊等防止）3の住宅
3	バリアフリー性	高齢者等配慮対策等級4以上の住宅
4	耐久性・可変性	長期優良住宅（※4）

※1 各技術基準（長期優良住宅を除く。）は、「住宅の品質確保の促進等に関する法律」に基づく住宅性能表示制度の性能等級と同じです。なお、住宅性能評価書を取得しなくても、所定の物件検査に合格すれば、フラット35S（金利Aプラン）をご利用いただけます。
※2 都市の低炭素化の促進に関する法律（平成24年法律第84号）の規定により低炭素建築物新築等計画が認定された住宅又は、同法の規定により集約都市開発事業計画が認定された住宅も該当します。
※3 建築物のエネルギー消費性能の向上に関する法律（平成27年法律第53号）（通称 建築物省エネ法）の規定により建築物エネルギー消費性能向上計画が認定された住宅も該当します。
※4 長期優良住宅の普及の促進に関する法律（平成20年法律第87号）の規定により長期優良住宅建築等計画が認定された住宅です。

フラット35S工事仕様書の使い方

(1) ［第Ⅱ章］工事仕様書のフラット35の基準事項に加え、「1. 省エネルギー性に関する基準（認定低炭素住宅）に係る仕様」、「2. 省エネルギー性に関する基準（一次エネルギー消費量等級5）に係る仕様」、「3. 省エネルギー性に関する基準（性能向上計画認定住宅（建築物省エネ法））に係る仕様」、「4. 耐震性に関する基準（耐震等級（構造躯体の倒壊等防止）3）に係る仕様」、「5. バリアフリー性に関する基準（高齢者等配慮対策等級4）に係る仕様」又は「6. 耐久性・可変性に関する基準（長期優良住宅）に係る仕様」によってください。

(2) 本文のアンダーライン「_____」の部分は、基準に係る項目ですので、訂正すると当制度が利用できない場合があります。
　　なお、アンダーライン「_____」以外の仕様については、ご自分の工事内容に合わせて当該仕様部分を適宜添削するなどしてご使用ください。

1.省エネルギー性に関する基準（認定低炭素住宅）に係る仕様

1.1 一般事項

1.1.1 総則

1. フラット35Sにおける省エネルギー性に関する基準（認定低炭素住宅）に適合する住宅の仕様は、この項による。
2. 本項におけるアンダーライン「_____」の付された項目事項は、フラット35Sにおける省エネルギー性に関する基準「認定低炭素住宅」に係る仕様である。

1.1.2 基本原則

本項の適用となる住宅は、都市の低炭素化の促進に関する法律（平成24年法律第84号）の規定により認定の通知を受けた低炭素建築物新築等計画に基づき建築された住宅等であるものとする。

【低炭素建築物の認定基準に関する留意事項】

認定基準に関する最新情報等については、次のホームページを参照すること。

■ 建築物のエネルギー消費性能に関する技術情報(国立研究開発法人建築研究所)
　https://www.kenken.go.jp/becc/index.html

■ 認定申請手続、申請の手引き、Q&A等について(一般社団法人住宅性能評価・表示協会)
　https://www.hyoukakyoukai.or.jp/teitanso/index.php

2.省エネルギー性に関する基準（一次エネルギー消費量等級5）に係る仕様

2.1 一般事項

2.1.1 総則

1. フラット35Sにおける省エネルギー性に関する基準（一次エネルギー消費量等級5）に適合する住宅の仕様は、この項による。
2. 本項におけるアンダーライン「_____」の付された項目事項は、フラット35Sにおける省エネルギー性に関する基準（一次エネルギー消費量等級5）に係る仕様である。

2.1.2 適用

本項の適用となる住宅は、「住宅に関する省エネルギー基準に準拠したプログラム（https://house.app.lowenergy.jp/）」等を用いて、巻末付録1（地域の区分一覧表）の地域の区分及び床面積等に応じて算定した対象住宅の一次エネルギー消費量が基準一次エネルギー消費量を上回らないことを確認したものとする。

2.2 地域の区分

基準一次エネルギー消費量及び住宅の一次エネルギー消費量の算出における地域の区分は、巻末付録1（地域の区分一覧表）による。

2.3 躯体の断熱性能

躯体及び開口部の断熱性能は、原則として、Ⅲ-1-1（省エネルギー性に関する基準①（断熱等性能等級4）に係る仕様）による。この仕様以外とする場合は、特記による。

2.4 設備機器

設備機器は、本章2.2（地域の区分）による地域の区分及び床面積等に応じた一次エネルギー消費量を確認し、仕様を決めるものとし、特記による。

3.省エネルギー性に関する基準(性能向上計画認定住宅(建築物省エネ法))に係る仕様

3.1 一般事項

3.1.1 総則

1. フラット35Sにおける省エネルギー性に関する基準(性能向上計画認定住宅(建築物省エネ法))に適合する住宅の仕様は、この項による。

2. 本項におけるアンダーライン「_____」の付された項目事項は、フラット35Sにおける省エネルギー性に関する基準(性能向上計画認定住宅(建築物省エネ法))に係る仕様である。

3.1.2 適用

本項の適用となる住宅は、建築物のエネルギー消費性能の向上に関する法律(平成27年法律第53号)(通称 建築物省エネ法)の規定により建築物エネルギー消費性能向上計画の認定を受けた住宅で、竣工年月日が平成28年4月1日以後の住宅であるものとする。

> **【性能向上計画認定住宅(建築物省エネ法)に関する留意事項】**
> 認定基準に関する最新情報等については、次のホームページを参照すること。
> ■ 建築物省エネ法のページ(国土交通省)
> https://www.mlit.go.jp/jutakukentiku/jutakukentiku_house_tk4_000103.html
> ■ 建築物のエネルギー消費性能に関する技術情報(国立研究開発法人建築研究所)
> https://www.kenken.go.jp/becc/index.html

4. 耐震性に関する基準(耐震等級(構造躯体の倒壊等防止)3)に係る仕様

4.1 一般事項

4.1.1 総則

1. フラット35Sにおける耐震性に関する基準(耐震等級(構造躯体の倒壊等防止)3)に適合する住宅の仕様は、この項による。
2. 本項において、アンダーライン「____」の付された項目事項は、フラット35Sにおける耐震性に関する基準(耐震等級(構造躯体の倒壊等防止)3)に係る仕様であるため、当該部分の仕様以外とする場合は、住宅金融支援機構の認めたものとする。

4.1.2 基本原則

枠組壁工法の建築物における基準(壁量計算等)、保有水平耐力計算等、又は限界耐力計算により、住宅性能表示制度「耐震等級(構造躯体の倒壊等防止)3」以上の耐震性能を確保することとする。

4.1.3 構造計算等

1. 3階建の住宅は、建築基準法及び住宅性能表示制度「耐震等級(構造躯体の倒壊等防止)」1-1(3)イ又はロに基づく構造計算により、構造耐力上の安全性を確保したうえで、仕様を決めるものとする。
2. 階数が2以下の住宅は、建築基準法及び住宅性能表示制度「耐震等級(構造躯体の倒壊等防止)」1-1(3)イ又はロに基づく構造計算、若しくは、へに基づく枠組壁工法の建築物における基準(壁量計算等)により、構造耐力上の安全性を確認したうえで、仕様を決めるものとする。

4.2 基礎

1. 平屋建又は2階建の基礎工事は、Ⅱ-3.4(平屋建又は2階建の基礎工事)による。
2. 3階建の基礎工事は、Ⅱ-15.2(基礎工事)による。

4.3 耐力壁

1. 平屋建又は2階建の耐力壁は、Ⅱ-4.10.1(耐力壁)による。
2. 3階建の耐力壁は、Ⅱ-15.5.1(耐力壁)による。

4.4 床組等

1. 平屋建又は2階建の床組等は、Ⅱ-4.9(平屋建又は2階建の床枠組(最下階以外の床枠組))及びⅡ-4.12(平屋建又は2階建の小屋組)による。
2. 3階建の水平構面は、Ⅱ-15.4(床枠組)及びⅡ-15.6(小屋組)による。

4.5 接合部

たて枠上下端の接合部に必要とする引張力が、当該部分の引張耐力を超えていないことを、周囲の耐力壁の配置等を考慮して確認したうえで、仕様を決めるものとする。

4.6 横架材及び基礎

小屋組、床組、基礎、その他の構造耐力上主要な部分の部材の種別、寸法、量及び間隔については、構造計算等により、常時又は積雪時に作用する固定荷重及び積載荷重、並びに積雪時に建築物に作用する積雪荷重による力が、上部構造及び基礎を通じて適切に地盤に伝わり、かつ、地震力及び風圧力に対し上部構造から伝達される引張力に対して、基礎の耐力が十分であることを確かめること。

5. バリアフリー性に関する基準（高齢者等配慮対策等級4）に係る仕様

5.1 一般事項

5.1.1 総則

1. フラット35Sにおけるバリアフリー性に関する基準（高齢者等配慮対策等級4）に適合する住宅の仕様は、この項による。
2. 本項におけるアンダーライン「____」の付された項目事項は、フラット35Sにおけるバリアフリー性に関する基準（高齢者等配慮対策等級4）に係る仕様であるため、当該部分の仕様以外とする場合は、住宅金融支援機構の認めたものとする。
3. 「日常生活空間」とは、高齢者等の利用を想定する一の主たる玄関、便所、浴室、脱衣室、洗面所、寝室（以下、「特定寝室」という。）、食事室及び特定寝室の存する階（接地階を除く。）にあるバルコニー、特定寝室の存する階にあるすべての居室並びにこれらを結ぶ一の主たる経路をいう。

5.2 部屋の配置

5.2.1 部屋の配置

部屋の配置は、次の1又は2のいずれかによる。
1. ☐ 特定寝室がある階には、便所及び浴室を配置する。
2. ☐ 次のイ又はロに適合するホームエレベーターを設置し、かつ、特定寝室がある階に便所を配置する。
   - イ．出入口の有効幅員を、750 mm以上とする。
   - ロ．通路等から直進して入ることができるよう設置し、出入口の有効幅員を650 mm以上とする。

5.3 住戸内の段差の解消

5.3.1 段差の解消

1. 日常生活空間内の床を、段差のない構造（仕上がりで5 mm以下の段差が生じるものを含む。以下、本項において同じ。）とする。ただし、次のイ〜ハに掲げる段差にあっては、この限りではない。
   - イ．玄関の出入口の段差で、くつずりと玄関外側の高低差を20 mm以下とし、かつ、くつずりと玄関土間の高低差を5 mm以下としたもの
   - ロ．勝手口その他屋外に面する開口（玄関を除く。以下、本項において「勝手口等」という。）の出入口及び上がり框の段差
   - ハ．浴室の出入口の段差で、20 mm以下の単純段差
2. 日常生活空間内の玄関の上がり框については、1にかかわらず、次のイ〜ニまでに掲げる段差を設けることができるものとする。踏み段を設ける場合、踏み段は1段とし、奥行は300 mm以上、幅は600 mm以上とする。
   - イ．当該玄関が接地階以外にある場合の、玄関の上がり框の段差で、110 mm（踏み段を設ける場合は360 mm）以下としたもの
   - ロ．当該玄関が接地階にある場合の、玄関の上がり框の段差で、180 mm（踏み段を設ける場合は360 mm）以下としたもの
   - ハ．当該玄関が接地階以外にあり、踏み段を設ける場合、土間と踏み段との段差及び踏み段と上がり框の段差で、110 mm以下としたもの
   - ニ．当該玄関が接地階にあり、踏み段を設ける場合、土間と踏み段との段差及び踏み段と上がり框の段差で、180 mm以下としたもの
3. 日常生活空間内の居室の部分の床のうち、次のイ〜ホのすべてに適合するものとその他の部分の床との間には、1にかかわらず、300 mm以上450 mm以下の段差を設けることができるものとする。
   - イ．介助用車いすの移動の妨げとならない位置であること

ロ．面積が 3 m² 以上 9 m²（当該居室の面積が 18 m² 以下の場合、当該面積の 1/2）未満であること

ハ．当該部分の面積の合計が、当該居室の面積の 1/2 未満であること

ニ．間口（工事を伴わない撤去等により確保できる部分の長さを含む。）が 1,500 mm以上であること

ホ．その他の部分の床より高い位置にあること

4. 接地階を有する住宅の日常生活空間内のバルコニーの出入口には、次のイ〜ホに掲げる段差を設けることができるものとする。踏み段を設ける場合、踏み段は 1 段とし、奥行は 300 mm 以上、幅は 600 mm 以上、かつ、当該踏み段とバルコニーの端との距離を 1,200 mm 以上とする（以下、本項において踏み段については同じ。）。

    イ．180 mm 以下の単純段差

    ロ．250 mm 以下の単純段差（手すりを設置した場合に限る。）

    ハ．踏み段を設ける場合、360 mm 以下の単純段差とし、バルコニーと踏み段との段差及び踏み段と框との段差を、180 mm 以下の単純段差としたもの

    ニ．屋内側及び屋外側の高さが、180 mm 以下のまたぎ段差（手すりを設置した場合に限る。）

    ホ．踏み段を設ける場合、屋内側の高さが 180 mm 以下で、屋外側の高さが 360 mm 以下のまたぎ段差とし、バルコニーと踏み段との段差及び踏み段と框との段差を、180 mm 以下の単純段差としたもの（手すりを設置した場合に限る。）

5. 接地階を有しない住宅の日常生活空間内のバルコニーの出入口には、次のイ又はロに掲げる段差を設けることができるものとする。

    イ．180 mm 以下の単純段差

    ロ．踏み段を設ける場合、360 mm 以下の単純段差とし、バルコニーと踏み段との段差及び踏み段と框との段差を、180 mm 以下の単純段差としたもの

6. 日常生活空間外の床を、段差のない構造とする。ただし、次のイ〜へに掲げる段差にあっては、この限りではない。

    イ．玄関の出入口の段差

    ロ．玄関の上がり框の段差

    ハ．勝手口等の出入口及び上がり框の段差

    ニ．バルコニーの出入口の段差

    ホ．浴室の出入口の段差

    へ．室内又は室の部分の床とその他の部分の床の 90 mm 以上の段差

5.3.2 床枠組

床枠組は、Ⅲ-4.3.2（床枠組）による。

5.3.3 床板張り

床板張りは、Ⅲ-4.3.3（床板張り）による。

5.4 住戸内階段

5.4.1 住戸内階段の勾配

1. 日常生活空間内の住戸内階段の勾配及び踏み面と蹴上げの寸法は、次のイ及びロによる。ただし、ホームエレベーターが設置されている場合は、2 による。

    イ．階段の勾配（R/T）を、6/7 以下とする。

    ロ．踏み面（T）と蹴上げ（R）の関係を、550 mm ≦ T+2R ≦ 650 mm とする。

2. 日常生活空間外の住戸内階段及び日常生活空間内の住戸内階段（ホームエレベーターが設置されている場合に限る。）の勾配及び踏み面と蹴上げの寸法は、次のイ〜ハによる。ただし、階段の曲がり部分について、その形状が、Ⅲ-4.4.1（住戸内階段の勾配）のハ（イ）、（ロ）又は（ハ）に該当する場合は、この限りではない。

    イ．階段の勾配（R/T）を、22/21 以下とする。

　　ロ．踏み面(T)を、195 mm 以上とする。

　　ハ．踏み面(T)と蹴上げ(R)の関係を、550 mm ≦ T+2R ≦ 650 mm とする。

5.4.2 住戸内階段の構造

1. 住戸内階段の形状は、直階段又は折れ階段とし、中間には踊り場を設ける。

2. 日常生活空間内の住戸内階段は、回り階段等、安全上問題があると考えられる形式
   とせず、かつ、最上段の通路等へのくい込み部分及び最下段の通路等への突出部分
   を設けない。ただし、ホームエレベーターが設置されている場合にあっては、この
   限りではない。

3. 住戸内階段の蹴込みは、次のイ及びロによる。ただし、ホームエレベーターが設置
   されている場合にあっては、この限りではない。

　　イ．日常生活空間内の住戸内階段の蹴込みは 30 mm 以下とし、蹴込み板を設ける。

　　ロ．日常生活空間外の住戸内階段の蹴込みは、30 mm 以下とする。

5.5 手すり

5.5.1 手すりの設置箇所

1. 住戸内階段については、次のイ～ハによる。

　　イ．住戸内階段には、手すりを設置する。

　　ロ．設置高さは、踏み面の先端からの高さを 700 mm から 900 mm の位置とする。

　　ハ．勾配が 45° を超える場合にあっては、両側に手すりを設置する(ホームエレベー
　　　　ターが設けられており、又は当該階段が日常生活空間外にあり、かつ、Ⅲ-4.4.1
　　　　(住戸内階段の勾配)のイ～ハ及びⅢ-4.4.2(住戸内階段の構造)の2に掲げる基準
　　　　に適合している場合を除く。)。

2. 日常生活空間内の浴室には、浴槽出入りのための手すりを設置する。

3. 日常生活空間内の便所には、立ち座りのための手すりを設置する。

4. 日常生活空間内の玄関には、上がり框部の昇降及び靴の着脱のための手すりを設置
   する。

5. 日常生活空間内の脱衣室には、衣服の着脱のための手すりを設置する。

6. バルコニーには、転落防止のための手すりを、次のイ～ハのいずれかにより設置す
   る。ただし、外部の地面、床等からの高さが 1 m 以下の範囲、又は開閉できない窓、
   その他転落のおそれのないものについては、この限りではない。

　　イ．□ 腰壁、その他足掛かりとなるおそれのある部分(以下、本項において「腰壁等」
　　　　という。)の高さが、650 mm 以上 1,100 mm 未満の場合、床面から 1,100 mm 以
　　　　上の高さに達するように設置する。

　　ロ．□ 腰壁等の高さが 300 mm 以上 650 mm 未満の場合、腰壁等から 800 mm 以上
　　　　の高さに達するように設置する。

　　ハ．□ 腰壁等の高さが 300 mm 未満の場合、床面から 1,100 mm 以上の高さに達す
　　　　るように設置する。

7. 2 階以上の窓には、転落防止のための手すりを、次のイ～ハのいずれかにより設置
   する。ただし、外部の地面、床等からの高さが 1 m 以下の範囲、又は開閉できない
   窓、その他転落のおそれのないものについては、この限りではない。

　　イ．□ 窓台、その他足掛かりとなるおそれのある部分 (以下、本項において「窓台
　　　　等」という。)の高さが、650 mm 以上 800 mm 未満の場合、床面から 800 mm (3
　　　　階以上の窓は 1,100 mm)以上の高さに達するように設置する。

　　ロ．□ 窓台等の高さが 300 mm 以上 650 mm 未満の場合、窓台等から 800 mm 以上
　　　　の高さに達するように設置する。

　　ハ．□ 窓台等の高さが 300 mm 未満の場合、床面から 1,100 mm 以上の高さに達す
　　　　るように設置する。

8. 廊下及び階段(高さ 1 m 以下の階段を除く。)のうち、片側又は両側が壁となっていな
   い部分には、開放されている側に転落防止のための手すりを、次のイ又はロのいず

れかにより設置する。ただし、外部の地面、床等からの高さが1m以下の範囲、又は開閉できない窓、その他転落のおそれのないものについては、この限りではない。

  イ．□腰壁等の高さが650 mm以上800 mm未満の場合、床面（階段にあっては踏み面の先端）から800 mm以上の高さに達するように設置する。

  ロ．□腰壁等の高さが650 mm未満の場合、腰壁等から800 mm以上の高さに達するように設置する。

9. 転落防止のための手すりの手すり子で、床面（階段にあっては踏み面の先端）及び腰壁等又は窓台等（腰壁等又は窓台等の高さが650 mm未満の場合に限る。）からの高さが、800 mm以内の部分に存するものの相互の間隔は、内のり寸法で110 mm以下とする。

5.5.2 手すりの取付け等

手すりの取付け等は、Ⅲ-4.5.2(手すりの取付け等)による。

5.5.3 手すり取付け下地

手すり取付け下地は、Ⅲ-4.5.3(手すり取付け下地)による。

5.6 廊下及び出入口の幅員

5.6.1 廊下及び出入口の幅員の確保

1. 日常生活空間内の通路の有効な幅員は、780 mm（柱等の箇所にあっては750 mm）以上とする。

2. ホームエレベーター（出入口の有効幅員が750 mm以上（通路等から直進して入ることができる場合は、650 mm以上）のものに限る。）を設置する場合にあっては、当該ホームエレベーターと日常生活空間とを結ぶ経路内の通路の有効な幅員は、780 mm（柱等の箇所にあっては750 mm）以上とする。

3. 出入口の幅員については、次による。

  イ．浴室を除く日常生活空間内の出入口の有効幅員（玄関以外の出入口については、工事を伴わない撤去等により確保できる部分の長さを含む。）は、750 mm以上とする。

  ロ．日常生活空間内の浴室の出入口の有効幅員は、650 mm以上とする。

5.6.2 内壁下地

内壁下地は、Ⅲ-4.6.2(内壁下地)による。

5.7 寝室、便所及び浴室

5.7.1 寝室、便所及び浴室の規模

1. 特定寝室の面積は、内のり寸法で12 m²以上とする。

2. 日常生活空間内の便所は腰掛け式とし、その規模は、次のイ又はロのいずれかによる。

  イ．□短辺（軽微な改造により確保できる部分の長さを含む。）を、内のり寸法で1,100 mm以上とし、長辺（軽微な改造により確保できる部分の長さを含む。）を、内のり寸法で1,300 mm以上とする。

  ロ．□便器の前方及び側方について、便器と壁との距離（ドアの開放により確保できる部分又は軽微な改造により確保できる部分の長さを含む。）を500 mm以上とする。

3. 日常生活空間内の浴室は、短辺を内のり寸法で1,400 mm以上とし、面積を内のり寸法で2.5 m²以上とする。

5.8 その他の配慮

5.8.1 温熱環境

温熱環境については、Ⅲ-4.8.1(温熱環境)による。

5.8.2 設備

設備については、Ⅲ-4.8.2(設備)による。

5.8.3 床・壁等の仕上げ

床・壁等の仕上げについては、Ⅲ-4.8.3(床・壁等の仕上げ)による。

5.8.4 屋外通路の高低差処理

屋外通路の高低差処理については、Ⅲ-4.8.4(屋外通路の高低差処理)による。

6.耐久性・可変性に関する基準（長期優良住宅）に係る仕様

6.1 一般事項

6.1.1 総則

1. フラット35Sにおける耐久性・可変性に関する基準（長期優良住宅）に適合する住宅の仕様は、この項による。
2. 本項において、アンダーライン「＿＿＿」が付された項目事項は、フラット35Sにおける耐久性・可変性に関する基準（長期優良住宅）に係る仕様であるため、当該部分の仕様以外とする場合は、長期優良住宅の認定を取得できる仕様とする。

6.1.2 適用

1. 本項の適用となる住宅は、長期優良住宅の普及の促進に関する法律（平成20年法律第87号）第7条の規定により認定の通知を受けた長期優良住宅建築等計画に基づき建築された住宅であるものとする。
2. 構造躯体等の劣化対策は、本章6.2（構造躯体等の劣化対策）による。
3. 耐震性は、本章6.3.2.1（基本原則）及び本章6.3.2.2（構造計算等）、又は本章6.3.3（免震）による。
4. 可変性は、本章6.4（可変性）による。
5. 維持管理・更新の容易性は、本章6.5（維持管理・更新の容易性）による。
6. 省エネルギー対策は、本章6.6（省エネルギー対策）による。
7. 維持保全計画等については、本章6.7（その他）による。

6.2 構造躯体等の劣化対策

6.2.1 基礎工事

1. 基礎工事において布基礎とする場合は、Ⅱ-3.4.2（布基礎）の2による。
2. 基礎工事において、べた基礎又は基礎ぐいを用いる場合は、Ⅱ-3.4.3（べた基礎・基礎ぐい）の2による。

6.2.2 床下地面の防蟻措置

床下地面の防蟻措置は、Ⅱ-4.6.1（適用）による。ただし、基礎断熱工法を用いる場合は、Ⅱ-3.5.5（床下防湿・防蟻措置）による。

6.2.3 床下換気

床下換気は、Ⅱ-3.4.9（床下換気）の1による。

6.2.4 床下防湿

床下防湿は、Ⅱ-3.4.13（床下防湿）の1のイ又は2のイによる。

6.2.5 点検口の設置

1. 区分された床下空間（人通口等により接続されている場合は、接続されている床下空間を1の部分とみなす。）ごとに点検口を設ける。
2. 区分された小屋裏空間（人通口等により接続されている場合は、接続されている小屋裏空間を1の部分とみなす。）ごとに点検口を設ける。

6.2.6 床下空間高さ

床下空間の有効高さを330mm以上とする。ただし、浴室の床下等当該床下空間の有効高さを、330mm未満とすることがやむを得ないと認められる部分で、当該部分の点検を行うことができ、かつ、当該部分以外の床下空間の点検に支障をきたさない場合にあっては、この限りでない。

6.2.7 木部の防腐・防蟻措置

6.2.7.1 土台の防腐・防蟻措置
土台の防腐・防蟻措置は、Ⅱ-4.4.1(土台の防腐・防蟻措置)による。

6.2.7.2 外壁の枠組の防腐・防蟻措置
地面から高さが1m以内の外壁の枠組(土台及び室内側に露出した部分を除く。)の防腐・防蟻措置(北海道及び青森県にあっては防腐措置のみ。)は、Ⅲ-5.5.2(外壁の枠組の防腐・防蟻措置)による。

6.2.7.3 外壁下地材の防腐・防蟻措置
地面から高さが1m以内の木質系外壁下地材(土台及び室内側に露出した部分を除く。)の防腐・防蟻措置(北海道及び青森県にあっては防腐措置のみ。)は、Ⅲ-5.5.3(外壁下地材の防腐・防蟻措置)による。

6.2.8 浴室等の防水措置
浴室及び脱衣室の壁の枠組等(室内に露出した部分を含む。)及び床組(浴室又は脱衣室が地上2階以上の階にある場合は、下地材を含む。)並びに浴室の天井の防水措置については、Ⅲ-5.7(浴室等の防水措置)による。

6.2.9 小屋裏換気
小屋裏換気は、Ⅱ-4.13(小屋裏換気・軒裏換気)による。

6.3 耐震性

6.3.1 一般事項
耐震性に関する仕様は、本章6.3.2(耐震)又は本章6.3.3(免震)のいずれかによる。

6.3.2 耐震

6.3.2.1 基本原則
1. 枠組壁工法の建築物における基準(壁量計算等)、又は保有水平耐力計算等による場合は、住宅性能表示制度「耐震等級(構造躯体の倒壊等防止)2」以上の耐震性能を確保することとする。
2. 限界耐力計算による場合は、以下のいずれかとする。
   - イ. 限界耐力計算の基準に適合していること。ただし、地上部分の各階の安全限界変形(建築基準法施行令第82条の5第5号イに規定する安全限界変形をいう。以下、同じ。)の当該階の高さに対する割合が、木造である階にあっては、それぞれ1/40以下とすること。
   - ロ. 木造の建築物にあっては、各階の変形(平成12年建設省告示第1457号第9の建築物に生じる水平力と当該水平力により建築物に生ずる変位の関係を満たすものとする。)について、各階の安全限界変形をそれぞれ75%以下とした変形を、当該各階の安全限界変形と読み替えて、限界耐力計算の基準に適合すること。
   - ハ. 住宅性能表示制度「耐震等級(構造躯体の倒壊等防止)2又は3」の基準に適合すること。ただし、建築基準法施行令第82条の5第5号ハの表に規定するGsの数値については、平成12年建設省告示第1457号第10第1項の規定により計算し、地上部分の各階の安全限界変形の当該階の高さに対する割合が、木造である階にあっては、それぞれ1/30以下とすること。

6.3.2.2 構造計算等
1. 3階建の住宅は、建築基準法及び住宅性能表示制度「耐震等級(構造躯体の倒壊等防止)」1-1(3)イ又はロに基づく構造計算により、構造耐力上の安全性を確保したうえで、仕様を決めるものとする。
2. 階数が2以下の住宅は、建築基準法及び住宅性能表示制度「耐震等級(構造躯体の倒壊等防止)」1-1(3)イ又はロに基づく構造計算、若しくは、ヘに基づく枠組壁工法の建築物における基準(壁量計算等)により、構造耐力上の安全性を確認したうえで、

仕様を決めるものとする。

6.3.2.3 基礎の構造等
　　　基礎の構造等は、Ⅲ-2.2(基礎)による。

6.3.2.4 耐力壁
　　　耐力壁は、Ⅲ-2.3(耐力壁)による。

6.3.2.5 床組等
　　　床組等は、Ⅲ-2.4(床組等)による。

6.3.2.6 接合部
　　　接合部は、Ⅲ-2.5(接合部)による。

6.3.2.7 横架材及び基礎
　　　横架材及び基礎は、Ⅲ-2.6(横架材及び基礎)による。

6.3.3 免震

6.3.3.1 基礎の構造
　　　基礎の構造は、Ⅲ-3.2.1(一般事項)による。

6.3.3.2 基礎ぐい
　　　基礎ぐいは、Ⅲ-3.2.2(基礎ぐい)による。

6.3.3.3 べた基礎
　　　べた基礎は、Ⅲ-3.2.3(べた基礎)による。

6.3.3.4 免震層
　　　免震層は、Ⅲ-3.3(免震層)による。

6.3.3.5 上部構造
　　　上部構造は、Ⅲ-3.4(上部構造)による。

6.3.3.6 下部構造
　　　下部構造は、Ⅲ-3.5(下部構造)による。

6.3.3.7 維持管理等に関する事項
　　　免震建築物の維持管理等に関する事項は、Ⅲ-3.6(維持管理等に関する事項)による。

6.4 可変性

6.4.1 躯体天井高
　　　連続建て及び重ね建ての躯体天井高は、2,650 mm以上とする。

6.5 維持管理・更新の容易性

6.5.1 適用
　　　本章6.5.3(共用配管(ガス管を除く))及び本章6.5.4(共用排水管)は、共同住宅等に適用する。

6.5.2 専用配管(ガス管を除く)
　　　専用配管は、次による。
　　1. 専用配管は、壁、柱、床、はり及び基礎の立上り部分を貫通する場合を除き、コンクリート内に埋め込まない。
　　2. 地中に埋設された専用配管の上には、コンクリート(建物の外部に存する土間床コンクリート及び建物の構造躯体に影響を及ぼさないものは除く。)を打設しない。ただし、法令(条例を含む。)の規定により、凍結のおそれがあるとして配管を地中に埋設する場合は、打設することができる。
　　3. 専用の排水管(継手及びヘッダーを含む。)の内面が、排水管内の清掃に支障を及ぼさないように凹凸がなく、かつ、当該排水管にたわみ、抜け、その他変形が生じないように設置する。
　　4. 専用の排水管には、掃除口を設置するか、又は清掃が可能な措置を講じたトラップを設置すること。ただし、便所の排水管が当該便所に隣接する排水ます又は共用立

管に接続する場合は、この限りでない。

5. 設備機器と専用配管の接合部並びに専用配管のバルブ及びヘッダー（以下、「主要接合部等」という。）、又は排水管の掃除口を仕上材等により隠ぺいする場合には、主要接合部等を点検するために必要な開口、又は清掃を行うために必要な開口を当該仕上材等に設ける。

6. 共同住宅等にあっては、住戸の専用配管を他住戸等の専用部分に設置しない。

6.5.3 共用配管（ガス管を除く）

共同住宅等の共用配管等は、次による。

1. 共用配管は、壁、柱、床、はり又は基礎の立上り部分を貫通する場合を除き、コンクリート内に埋め込まない。

2. 地中に埋設された共用配管の上には、コンクリート（建物の外部に存する土間床コンクリート及び建物の構造躯体に影響を及ぼさないものは除く。）を打設しない。ただし、法令（条例を含む。）の規定により、凍結のおそれがあるとして配管を地中に埋設する場合は、打設することができる。

3. 共用の排水管には、共用立管にあっては最上階又は屋上、最下階及び3階以内おきの中間階又は15 m以内ごとに、横主管にあっては15 m以内ごと、かつ、管の曲りが連続すること、管が合流すること等により管の清掃に支障が生じやすい部分がある場合にあっては支障なく清掃が行える位置に、掃除口を設けられていることとする。

4. 専用配管と共用配管の接合部及び共用配管のバルブ（以下、「主要接合部等」という。）、又は排水管の掃除口を仕上材等で隠ぺいする場合には、主要接合部等を点検するために必要な開口、又は掃除口による清掃を行うために必要な開口を設ける。

5. 共用の排水管（継手及びヘッダーを含む。）の内面が、排水管内の清掃に支障を及ぼさないように凹凸がなく、かつ、当該排水管にたわみ、抜け、その他変形が生じないように設置する。

6. 横主管を設置する場合においては、当該配管はピット若しくは1階床下空間内、又はピロティ等の共用部分に設け、かつ、人通口、その他当該配管に人が到達できる経路（専用部分に立ち入らないで到達できるものとする。）を設ける。

7. 共用配管の設置は、次のいずれかとする。
   - イ．□専用部分に立ち入らないで補修できる位置（共用部分、住棟外周部、バルコニー、その他これに類する部分をいう。）に露出して設ける。
   - ロ．□専用部分に立ち入らないで補修が行える開口をもつパイプスペース内に設ける。
   - ハ．□区画された竪穴であるパイプスペース内に設置し、維持管理の円滑な実施のために必要な措置を講じる。

6.5.4 共用排水管

共同住宅等の共用排水管は、次による。

1. 共用排水管は、壁、柱、床、はり又は基礎の立上り部分を貫通する場合を除き、コンクリート内に埋め込まない。

2. 地中に埋設された共用排水管の上には、コンクリート（建物の外部に存在する土間床コンクリート及び建物に影響を及ぼさないものは除く。）を打設しない。ただし、法令（条例を含む。）の規定により、凍結のおそれがあるとして配管を地中に埋設する場合は、打設することができる。

3. 横主管を設置する場合においては、当該排水管はピット若しくは1階床下空間内、又はピロティ等の共用部分に設け、かつ、人通口、その他当該配管に人が到達できる経路（専用部分に立ち入らないで到達できるものに限り、共用部分の仕上材等の軽微な除去を伴い到達できるものを含む。）を設ける。

4. 共用排水管の設置は、次のいずれかとする。

イ．□専用部分に立ち入らないで更新できる位置(共用部分、住棟外周部、バルコニー、その他これに類するものをいう。)に露出して設ける。

ロ．□専用部分に立ち入らないで更新が行える開口をもつパイプスペース内に設ける(共用部分の仕上材等の軽微な除去を伴い、更新できる場合を含む。)。

ハ．□パイプスペース(間仕切り等で独立した区画となっているもの)内に設置し、維持管理の円滑な実施のために必要な措置を講じる。

5. 共用排水管は、次のイ又はロのいずれかの更新措置を講じたものとする。

イ．□将来、既存の位置に新たな排水管を設置する場合の措置は、次による。

(イ) 共用排水管の切断工事を軽減する措置を講じ、かつ、共用排水管がコンクリートの床等を貫通する部分に、共用排水管の撤去の際のはつり工事を軽減する措置を講じる。

(ロ) 排水管の接続替えを容易に行うための措置を講じる。

(ハ) 共用排水管の撤去、接続替え、その他更新のための空間を確保する。

ロ．□将来、新たな共用排水管を設置する場合の措置は、次による。

(イ) 共用排水管の近傍等に、別に新たな共用排水管を設置することができる空間、スリーブ等を設ける。

(ロ) イの(ロ)及び(ハ)による。

6.6 省エネルギー対策

省エネルギー対策は、Ⅲ-1-1 (省エネルギー性に関する基準① (断熱等性能等級4) に係る仕様)による。

6.7 その他

6.7.1 維持保全の期間

建築後の住宅の維持保全の期間は、30年以上とする。

6.7.2 維持保全計画

長期優良住宅建築等計画には、次の事項が定められていること。

イ．構造耐力上主要な部分、雨水の浸入を防止する部分及び給水又は排水の設備について、点検の対象となる部分の仕様に応じた点検の項目及び時期を定める。

ロ．イの点検の時期が、それぞれ住宅の建築の完了又は直近の点検、修繕若しくは改良から10年を超えないものとする。

ハ．点検の結果を踏まえ、必要に応じて、調査、修繕又は改良を行うこと。

ニ．地震時及び台風時に、臨時点検を実施すること。

ホ．住宅の劣化状況に応じて、維持保全の方法について見直しを行うこと。

ヘ．長期優良住宅建築等計画の変更があった場合に、必要に応じて維持保全の方法を変更すること。

6.7.3 まちなみ・景観への配慮

良好な景観の形成その他の地域における居住環境の維持及び向上に配慮するものとする。なお、地区計画、景観計画、条例等によるまちなみ等の計画、建築協定、景観協定等の区域内にある場合は、これらの内容に適合させることとする。

6.7.4 住戸床面積

1. 住戸床面積は、次による。

イ．一戸建住宅は、床面積の合計を75 m^{2}以上とする。

ただし、国土交通省令に基づき所管行政庁が55 m^{2}を下回らない範囲内で別に面積を定める場合には、その面積以上とする。

ロ．共同住宅等は、一戸の床面積の合計を55 m^{2}以上とする。

ただし、国土交通省令に基づき所管行政庁が40 m^{2}を下回らない範囲内で別に

　　　　面積を定める場合には、その面積以上とする。
2. 住戸床面積は、住戸の少なくとも一の階の床面積が、40 m^2（階段部分の面積を除く。）
　　以上とする。

付 録

地域の区分は、断熱等性能等級、一次エネルギー消費量等級、認定低炭素住宅、性能向上計画認定住宅に共通。

地域の区分	都道府県名	市　　町　　村
1	北海道	夕張市、士別市、名寄市、伊達市(旧大滝村に限る。)、留寿都村、喜茂別町、愛別町、上川町、美瑛町、南富良野町、占冠村、下川町、美深町、音威子府村、中川町、幌加内町、猿払村、浜頓別町、中頓別町、枝幸町(旧歌登町に限る。)、津別町、訓子府町、置戸町、佐呂間町、遠軽町、滝上町、興部町、西興部村、雄武町、上士幌町、中札内村、更別村、幕別町(旧忠類村に限る。)、大樹町、豊頃町、足寄町、陸別町、標茶町、弟子屈町、鶴居村、別海町、中標津町
2	北海道	札幌市、小樽市、旭川市、釧路市、帯広市、北見市、岩見沢市、網走市、留萌市、苫小牧市、稚内市、美唄市、芦別市、江別市、赤平市、紋別市、三笠市、根室市、千歳市、滝川市、砂川市、歌志内市、深川市、富良野市、登別市、恵庭市、伊達市(旧伊達市に限る。)、北広島市、石狩市、北斗市、当別町、新篠津村、木古内町、七飯町、鹿部町、森町、八雲町(旧八雲町に限る。)、長万部町、今金町、せたな町、島牧村、寿都町、黒松内町、蘭越町、ニセコ町、真狩村、京極町、倶知安町、共和町、岩内町、泊村、神恵内村、積丹町、古平町、仁木町、余市町、赤井川村、南幌町、奈井江町、上砂川町、由仁町、長沼町、栗山町、月形町、浦臼町、新十津川町、妹背牛町、秩父別町、雨竜町、北竜町、沼田町、鷹栖町、東神楽町、当麻町、比布町、東川町、上富良野町、中富良野町、和寒町、剣淵町、増毛町、小平町、苫前町、羽幌町、初山別村、遠別町、天塩町、枝幸町(旧枝幸町に限る。)、豊富町、礼文町、利尻町、利尻富士町、幌延町、美幌町、斜里町、清里町、小清水町、湧別町、大空町、豊浦町、壮瞥町、白老町、厚真町、洞爺湖町、安平町、むかわ町、日高町、平取町、新冠町、浦河町、様似町、えりも町、新ひだか町、音更町、士幌町、鹿追町、新得町、清水町、芽室町、広尾町、幕別町(旧幕別町に限る。)、池田町、本別町、浦幌町、釧路町、厚岸町、浜中町、白糠町、標津町、羅臼町
	青森県	平川市(旧碇ヶ関村に限る。)
	岩手県	八幡平市(旧安代町に限る。)、葛巻町、岩手町、西和賀町、九戸村
	秋田県	小坂町
	福島県	檜枝岐村、南会津町(旧舘岩村、旧伊南村、旧南郷村に限る。)
	栃木県	日光市(旧栗山村に限る。)
	群馬県	嬬恋村、草津町、片品村
	長野県	塩尻市(旧楢川村に限る。)、川上村、南牧村、南相木村、北相木村、軽井沢町、木祖村、木曽町(旧開田村に限る。)
3	北海道	函館市、室蘭市、松前町、福島町、知内町、八雲町(旧熊石町に限る。)、江差町、上ノ国町、厚沢部町、乙部町、奥尻町
	青森県	青森市、弘前市、八戸市、黒石市、五所川原市、十和田市、三沢市、むつ市、つがる市、平川市(旧尾上町、旧平賀町に限る。)、平内町、今別町、蓬田村、外ヶ浜町、西目屋村、藤崎町、大鰐町、田舎館村、板柳町、鶴田町、中泊町、野辺地町、七戸町、六戸町、横浜町、東北町、六ヶ所村、おいらせ町、大間町、東通村、風間浦村、佐井村、三戸町、五戸町、田子町、南部町、階上町、新郷村
	岩手県	盛岡市、花巻市、久慈市、遠野市、二戸市、八幡平市(旧西根町、旧松尾村に限る。)、一関市(旧大東町、旧藤沢町、旧千厩町、旧東山町、旧室根村に限る。)、滝沢市、雫石町、紫波町、矢巾町、住田町、岩泉町、田野畑村、普代村、軽米町、野田村、洋野町、一戸町
	宮城県	七ヶ宿町
	秋田県	能代市(旧二ツ井町に限る。)、横手市、大館市、湯沢市、鹿角市、大仙市、北秋田市、仙北市、上小阿仁村、藤里町、美郷町、羽後町、東成瀬村
	山形県	新庄市、長井市、尾花沢市、南陽市、西川町、朝日町、大江町、大石田町、金山町、最上町、舟形町、真室川町、鮭川村、戸沢村、高畠町、川西町、小国町、飯豊町
	福島県	二本松市(旧東和町に限る。)、下郷町、只見町、南会津町(旧田島町に限る。)、北塩原村、磐梯町、猪苗代町、柳津町、三島町、金山町、昭和村、鮫川村、平田村、小野町、川内村、葛尾村、飯舘村
	栃木県	日光市(旧足尾町に限る。)
	群馬県	上野村、長野原町、高山村、川場村
	石川県	白山市(旧白峰村に限る。)
	山梨県	北杜市(旧小淵沢町に限る。)、笛吹市(旧芦川村に限る。)、忍野村、山中湖村、鳴沢村、小菅村、丹波山村
	長野県	上田市(旧真田町、旧武石村に限る。)、岡谷市、小諸市、大町市、茅野市、佐久市、小海町、佐久穂町、御代田町、立科町、長和町、富士見町、原村、辰野町、平谷村、売木村、上松町、王滝村、木曽町(旧木曽福島町、旧日義村、旧三岳村に限る。)、麻績村、生坂村、朝日村、筑北村、白馬村、小谷村、高山村、山ノ内町、野沢温泉村、信濃町、小川村、飯綱町
	岐阜県	飛騨市、郡上市(旧高鷲町に限る。)、下呂市(旧小坂町、旧馬瀬村に限る。)、白川村
	奈良県	野迫川村
	広島県	廿日市市(旧吉和村に限る。)

地域の区分	都道府県名	市　　　町　　　村
4	青森県	鯵ヶ沢町、深浦町
	岩手県	宮古市、大船渡市、北上市、一関市(旧一関市、旧花泉町、旧川崎村に限る。)、陸前高田市、釜石市、奥州市、金ケ崎町、平泉町、大槌町、山田町
	宮城県	石巻市、塩竈市、気仙沼市、白石市、名取市、角田市、岩沼市、登米市、栗原市、東松島市、大崎市、蔵王町、大河原町、村田町、柴田町、川崎町、丸森町、亘理町、松島町、七ヶ浜町、利府町、大和町、大郷町、富谷市、大衡村、色麻町、加美町、涌谷町、美里町、女川町、南三陸町
	秋田県	秋田市、能代市(旧能代市に限る。)、男鹿市、由利本荘市、潟上市、三種町、八峰町、五城目町、八郎潟町、井川町、大潟村
	山形県	山形市、米沢市、鶴岡市、酒田市(旧八幡町、旧松山町、旧平田町に限る。)、寒河江市、上山市、村山市、天童市、東根市、山辺町、中山町、河北町、大蔵村、白鷹町、三川町、庄内町、遊佐町
	福島県	会津若松市、白河市、須賀川市、喜多方市、二本松市(旧二本松市、旧安達町、旧岩代町に限る。)、田村市、伊達市、本宮市、桑折町、国見町、川俣町、大玉村、鏡石町、天栄村、西会津町、会津坂下町、湯川村、会津美里町、西郷村、泉崎村、中島村、矢吹町、棚倉町、矢祭町、塙町、石川町、玉川村、浅川町、古殿町、三春町
	茨城県	城里町(旧七会村に限る。)、大子町
	栃木県	日光市(旧日光市、旧今市市、旧藤原町に限る。)、那須塩原市、塩谷町、那須町
	群馬県	高崎市(旧倉渕村に限る。)、桐生市(旧黒保根村に限る。)、沼田市、神流町、南牧村、中之条町、東吾妻町、昭和村、みなかみ町
	埼玉県	秩父市(旧大滝村に限る。)
	東京都	檜原村、奥多摩町
	新潟県	小千谷市、十日町市、村上市、魚沼市、南魚沼市、阿賀町、湯沢町、津南町、関川村
	石川県	白山市(旧河内村、旧吉野谷村、旧鳥越村、旧尾口村に限る。)
	福井県	池田町
	山梨県	甲府市(旧上九一色村に限る。)、富士吉田市、北杜市(旧明野村、旧須玉町、旧高根町、旧長坂町、旧大泉村、旧白州町に限る。)、甲州市(旧大和村に限る。)、道志村、西桂町、富士河口湖町
	長野県	長野市、松本市、上田市(旧上田市、旧丸子町に限る。)、諏訪市、須坂市、伊那市、駒ヶ根市、中野市、飯山市、塩尻市(旧塩尻市に限る。)、千曲市、東御市、安曇野市、青木村、下諏訪町、箕輪町、飯島町、南箕輪村、中川村、宮田村、松川町、高森町、阿南町、阿智村、根羽村、下條村、天龍村、泰阜村、豊丘村、大鹿村、南木曽町、大桑村、山形村、池田町、松川村、坂城町、小布施町、木島平村、栄村
	岐阜県	高山市、中津川市(旧長野県木曽郡山口村、旧坂下町、旧川上村、旧加子母村、旧付知町、旧福岡町、旧蛭川村に限る。)、本巣市(旧根尾村に限る。)、郡上市(旧八幡町、旧大和町、旧白鳥町、旧明宝村、旧和良村に限る。)、下呂市(旧萩原町、旧下呂町、旧金山町に限る。)、東白川村
	愛知県	豊田市(旧稲武町に限る。)、設楽町(旧津具村に限る。)、豊根村
	兵庫県	香美町(旧村岡町、旧美方町に限る。)
	奈良県	奈良市(旧都祁村に限る。)、五條市(旧大塔村に限る。)、曽爾村、御杖村、黒滝村、天川村、川上村
	和歌山県	高野町
	鳥取県	若桜町、日南町、日野町
	島根県	飯南町、吉賀町
	岡山県	津山市(旧阿波村に限る。)、真庭市(旧湯原町、旧美甘村、旧川上村、旧八束村、旧中和村に限る。)、新庄村、西粟倉村、吉備中央町
	広島県	庄原市(旧総領町、旧西城町、旧東城町、旧口和町、旧高野町、旧比和町に限る。)、安芸太田町、世羅町、神石高原町
	愛媛県	新居浜市(旧別子山村に限る。)、久万高原町
	高知県	いの町(旧本川村に限る。)、梼原町
5	宮城県	仙台市、多賀城市、山元町
	秋田県	にかほ市
	山形県	酒田市(旧酒田市に限る。)
	福島県	福島市、郡山市、いわき市、相馬市、南相馬市、広野町、楢葉町、富岡町、大熊町、双葉町、浪江町、新地町
	茨城県	水戸市、土浦市(旧新治村に限る。)、石岡市、結城市、下妻市、常総市、常陸太田市、高萩市、北茨城市、笠間市、取手市、牛久市、つくば市、ひたちなか市、常陸大宮市、那珂市、筑西市、坂東市、稲敷市、かすみがうら市、桜川市、行方市、鉾田市、つくばみらい市、小美玉市、茨城町、大洗町、城里町(旧常北町、旧桂村に限る。)、東海村、美浦村、阿見町、河内町、八千代町、五霞町、境町、利根町

地域の区分	都道府県名	市　町　村
5	栃木県	宇都宮市、栃木市、鹿沼市、小山市、真岡市、大田原市、矢板市、さくら市、那須烏山市、下野市、上三川町、益子町、茂木町、市貝町、芳賀町、壬生町、野木町、高根沢町、那珂川町
	群馬県	桐生市(旧新里村に限る。)、渋川市、富岡市、安中市、みどり市、榛東村、吉岡町、下仁田町、甘楽町、板倉町
	埼玉県	秩父市(旧秩父市、旧吉田町、旧荒川村に限る。)、飯能市、日高市、毛呂山町、越生町、滑川町、嵐山町、小川町、川島町、吉見町、鳩山町、ときがわ町、横瀬町、皆野町、長瀞町、小鹿野町、東秩父村、美里町、神川町、寄居町
	千葉県	印西市、富里市、栄町、神崎町
	東京都	青梅市、羽村市、あきる野市、瑞穂町、日の出町
	神奈川県	山北町、愛川町、清川村
	新潟県	新潟市、長岡市、三条市、柏崎市、新発田市、加茂市、見附市、燕市、糸魚川市、妙高市、五泉市、上越市、阿賀野市、佐渡市、胎内市、聖籠町、弥彦村、田上町、出雲崎町、刈羽村、粟島浦村
	富山県	富山市、高岡市、魚津市、氷見市、滑川市、黒部市、砺波市、小矢部市、南砺市、射水市、舟橋村、上市町、立山町、入善町、朝日町
	石川県	七尾市、輪島市、珠洲市、加賀市、羽咋市、かほく市、白山市(旧美川町、旧鶴来町に限る。)、能美市、川北町、津幡町、内灘町、志賀町、宝達志水町、中能登町、穴水町、能登町
	福井県	大野市、勝山市、あわら市、坂井市、永平寺町、南越前町、若狭町
	山梨県	甲府市(旧中道町に限る。)、都留市、山梨市、大月市、韮崎市、南アルプス市、北杜市(旧武川村に限る。)、甲斐市、笛吹市(旧春日居町、旧石和町、旧御坂町、旧一宮町、旧八代町、旧境川村に限る。)、上野原市、甲州市(旧塩山市、旧勝沼町に限る。)、中央市、市川三郷町、早川町、身延町、富士川町
	長野県	飯田市、喬木村
	岐阜県	大垣市(旧上石津町に限る。)、中津川市(旧中津川市に限る。)、美濃市、瑞浪市、恵那市、郡上市(旧美並村に限る。)、土岐市、関ケ原町、坂祝町、富加町、川辺町、七宗町、八百津町、白川町、御嵩町
	静岡県	御殿場市、小山町、川根本町
	愛知県	設楽町(旧設楽町に限る。)、東栄町
	三重県	津市(旧美杉村に限る。)、名張市、いなべ市(旧北勢町、旧藤原町に限る。)、伊賀市
	滋賀県	大津市、彦根市、長浜市、栗東市、甲賀市、野洲市、湖南市、高島市、東近江市、米原市、日野町、竜王町、愛荘町、豊郷町、甲良町、多賀町
	京都府	福知山市、綾部市、宮津市、亀岡市、京丹後市、南丹市、宇治田原町、笠置町、和束町、南山城村、京丹波町、与謝野町
	大阪府	豊能町、能勢町
	兵庫県	豊岡市、西脇市、三田市、加西市、丹波篠山市、養父市、丹波市、朝来市、宍粟市、加東市、猪名川町、多可町、市川町、神河町、上郡町、佐用町、新温泉町(旧温泉町に限る。)
	奈良県	生駒市、宇陀市、山添村、平群町、吉野町、大淀町、下市町、十津川村、下北山村、上北山村、東吉野村
	和歌山県	田辺市(旧龍神村に限る。)、かつらぎ町(旧花園村に限る。)、日高川町(旧美山村に限る。)
	鳥取県	倉吉市、智頭町、八頭町、三朝町、南部町、江府町
	島根県	益田市(旧美都町、旧匹見町に限る。)、雲南市、奥出雲町、川本町、美郷町、邑南町、津和野町
	岡山県	津山市(旧津山市、旧加茂町、旧勝北町、旧久米町に限る。)、高梁市、新見市、備前市、真庭市(旧北房町、旧勝山町、旧落合町、旧久世町に限る。)、美作市、和気町、鏡野町、勝央町、奈義町、久米南町、美咲町
	広島県	府中市、三次市、庄原市(旧庄原市に限る。)、東広島市、廿日市市(旧佐伯町に限る。)、安芸高田市、熊野町、北広島町
	山口県	下関市(旧豊田町に限る。)、萩市(旧むつみ村、旧福栄村に限る。)、美祢市
	徳島県	三好市、上勝町
	愛媛県	大洲市(旧肱川町、旧河辺村に限る。)、内子町(旧小田町に限る。)
	高知県	本山町、大豊町、土佐町、大川村、いの町(旧吾北村に限る。)、仁淀川町
	福岡県	東峰村
	熊本県	八代市(旧泉村に限る。)、阿蘇市、南小国町、小国町、産山村、高森町、南阿蘇村、山都町、水上村、五木村
	大分県	佐伯市(旧宇目町に限る。)、由布市(旧湯布院町に限る。)、九重町、玖珠町
	宮崎県	椎葉村、五ヶ瀬町
6	茨城県	日立市、土浦市(旧新治村を除く。)、古河市、龍ケ崎市、鹿嶋市、潮来市、守谷市、神栖市
	栃木県	足利市、佐野市
	群馬県	前橋市、高崎市(旧倉渕村を除く。)、桐生市(旧桐生市に限る。)、伊勢崎市、太田市、館林市、藤岡市、玉村町、明和町、千代田町、大泉町、邑楽町

地域の区分	都道府県名	市　町　村
6	埼玉県	さいたま市、川越市、熊谷市、川口市、行田市、所沢市、加須市、本庄市、東松山市、春日部市、狭山市、羽生市、鴻巣市、深谷市、上尾市、草加市、越谷市、蕨市、戸田市、入間市、朝霞市、志木市、和光市、新座市、桶川市、久喜市、北本市、八潮市、富士見市、三郷市、蓮田市、坂戸市、幸手市、鶴ヶ島市、吉川市、ふじみ野市、白岡市、伊奈町、三芳町、上里町、宮代町、杉戸町、松伏町
	千葉県	千葉市、銚子市、市川市、船橋市、木更津市、松戸市、野田市、茂原市、成田市、佐倉市、東金市、旭市、習志野市、柏市、市原市、流山市、八千代市、我孫子市、鴨川市、鎌ケ谷市、君津市、富津市、浦安市、四街道市、袖ケ浦市、八街市、白井市、南房総市、匝瑳市、香取市、山武市、いすみ市、大網白里市、酒々井町、多古町、東庄町、九十九里町、芝山町、横芝光町、一宮町、睦沢町、長生村、白子町、長柄町、長南町、大多喜町、御宿町、鋸南町
	東京都	東京23区、八王子市、立川市、武蔵野市、三鷹市、府中市、昭島市、調布市、町田市、小金井市、小平市、日野市、東村山市、国分寺市、国立市、福生市、狛江市、東大和市、清瀬市、東久留米市、武蔵村山市、多摩市、稲城市、西東京市
	神奈川県	横浜市、川崎市、相模原市、平塚市、鎌倉市、小田原市、茅ヶ崎市、逗子市、秦野市、厚木市、大和市、伊勢原市、海老名市、座間市、南足柄市、綾瀬市、葉山町、寒川町、大磯町、二宮町、中井町、大井町、松田町、開成町、箱根町、真鶴町、湯河原町
	石川県	金沢市、白山市(旧松任市に限る。)、小松市、野々市市
	福井県	福井市、敦賀市、小浜市、鯖江市、越前市、越前町、美浜町、高浜町、おおい町
	山梨県	甲府市(旧甲府市に限る。)、南部町、昭和町
	岐阜県	岐阜市、大垣市(旧大垣市、旧墨俣町に限る。)、多治見市、関市、羽島市、美濃加茂市、各務原市、可児市、山県市、瑞穂市、本巣市(旧本巣市、旧真正町、旧糸貫町に限る。)、海津市、岐南町、笠松町、養老町、垂井町、神戸町、輪之内町、安八町、揖斐川町、大野町、池田町、北方町
	静岡県	浜松市、熱海市、三島市、富士宮市、島田市、掛川市、袋井市、裾野市、湖西市、伊豆市、菊川市、伊豆の国市、西伊豆町、函南町、長泉町、森町
	愛知県	名古屋市、岡崎市、一宮市、瀬戸市、半田市、春日井市、豊川市、津島市、碧南市、刈谷市、豊田市(旧稲武町を除く。)、安城市、西尾市、蒲郡市、犬山市、常滑市、江南市、小牧市、稲沢市、新城市、東海市、大府市、知多市、知立市、尾張旭市、高浜市、岩倉市、豊明市、日進市、田原市、愛西市、清須市、北名古屋市、弥富市、みよし市、あま市、長久手市、東郷町、豊山町、大口町、扶桑町、大治町、蟹江町、飛島村、阿久比町、東浦町、南知多町、美浜町、武豊町、幸田町
	三重県	津市(旧津市、旧久居市、旧河芸町、旧芸濃町、旧美里村、旧安濃町、旧香良洲町、旧一志町、旧白山町に限る。)、四日市市、伊勢市、松阪市、桑名市、鈴鹿市、尾鷲市、亀山市、鳥羽市、いなべ市(旧員弁町、旧大安町に限る。)、志摩市、木曽岬町、東員町、菰野町、朝日町、川越町、多気町、明和町、大台町、玉城町、度会町、大紀町、南伊勢町、紀北町
	滋賀県	近江八幡市、草津市、守山市
	京都府	京都市、舞鶴市、宇治市、城陽市、向日市、長岡京市、八幡市、京田辺市、木津川市、大山崎町、久御山町、井手町、精華町、伊根町
	大阪府	大阪市、堺市、岸和田市、豊中市、池田市、吹田市、泉大津市、高槻市、貝塚市、守口市、枚方市、茨木市、八尾市、泉佐野市、富田林市、寝屋川市、河内長野市、松原市、大東市、和泉市、箕面市、柏原市、羽曳野市、門真市、摂津市、高石市、藤井寺市、東大阪市、泉南市、四條畷市、交野市、大阪狭山市、阪南市、島本町、忠岡町、熊取町、田尻町、太子町、河南町、千早赤阪村
	兵庫県	神戸市、姫路市、尼崎市、明石市、西宮市、洲本市、芦屋市、伊丹市、相生市、加古川市、赤穂市、宝塚市、三木市、高砂市、川西市、小野市、南あわじ市、淡路市、たつの市、稲美町、播磨町、福崎町、太子町、香美町(旧村岡町、旧美方町を除く。)、新温泉町(旧浜坂町に限る。)
	奈良県	奈良市(旧都祁村を除く。)、大和高田市、大和郡山市、天理市、橿原市、桜井市、五條市(旧大塔村を除く。)、御所市、香芝市、葛城市、三郷町、斑鳩町、安堵町、川西町、三宅町、田原本町、高取町、明日香村、上牧町、王寺町、広陵町、河合町
	和歌山県	海南市、橋本市、有田市、田辺市(旧本宮町に限る。)、紀の川市、岩出市、紀美野町、かつらぎ町(旧花園村を除く。)、九度山町、湯浅町、広川町、有田川町、日高町、由良町、日高川町(旧川辺町、旧中津村に限る。)、上富田町、北山村
	鳥取県	鳥取市、米子市、境港市、岩美町、湯梨浜町、琴浦町、北栄町、日吉津村、大山町、伯耆町
	島根県	松江市、浜田市、出雲市、益田市(旧益田市に限る。)、大田市、安来市、江津市、海士町、西ノ島町、知夫村、隠岐の島町
	岡山県	岡山市、倉敷市、玉野市、笠岡市、井原市、総社市、瀬戸内市、赤磐市、浅口市、早島町、里庄町、矢掛町
	広島県	広島市、呉市、竹原市、三原市、尾道市、福山市、大竹市、廿日市市(旧佐伯町、旧吉和村を除く。)、江田島市、府中町、海田町、坂町、大崎上島町
	山口県	宇部市、山口市、萩市(旧萩市、旧川上村、旧田万川町、旧須佐町、旧旭村に限る。)、防府市、下松市、岩国市、光市、長門市、柳井市、周南市、山陽小野田市、周防大島町、和木町、上関町、田布施町、平生町、阿武町

地域の区分	都道府県名	市町村
6	徳島県	徳島市、鳴門市、吉野川市、阿波市、美馬市、勝浦町、佐那河内村、石井町、神山町、那賀町、牟岐町、松茂町、北島町、藍住町、板野町、上板町、つるぎ町、東みよし町
	香川県	全ての市町
	愛媛県	今治市、八幡浜市、西条市、大洲市(旧大洲市、旧長浜町に限る。)、伊予市、四国中央市、西予市、東温市、上島町、砥部町、内子町(旧内子町、旧五十崎町に限る。)、伊方町、松野町、鬼北町
	高知県	香美市、馬路村、いの町(旧伊野町に限る。)、佐川町、越知町、日高村、津野町、四万十町、三原村、黒潮町
	福岡県	北九州市、大牟田市、久留米市、直方市、飯塚市、田川市、柳川市、八女市、筑後市、大川市、行橋市、豊前市、中間市、小郡市、筑紫野市、春日市、大野城市、宗像市、太宰府市、古賀市、福津市、うきは市、宮若市、嘉麻市、朝倉市、みやま市、糸島市、那珂川市、宇美町、篠栗町、須恵町、久山町、水巻町、岡垣町、遠賀町、小竹町、鞍手町、桂川町、筑前町、大刀洗町、大木町、広川町、香春町、添田町、糸田町、川崎町、大任町、赤村、福智町、苅田町、みやこ町、吉富町、上毛町、築上町
	佐賀県	全ての市町
	長崎県	佐世保市、松浦市、対馬市、雲仙市(旧小浜町に限る。)、東彼杵町、川棚町、波佐見町、佐々町
	熊本県	八代市(旧坂本村、旧東陽村に限る。)、人吉市、荒尾市、玉名市、山鹿市、菊池市、合志市、美里町、玉東町、南関町、和水町、大津町、菊陽町、西原村、御船町、益城町、甲佐町、錦町、多良木町、湯前町、相良村、山江村、球磨村、あさぎり町
	大分県	大分市(旧野津原町に限る。)、別府市、中津市、日田市、臼杵市、津久見市、竹田市、豊後高田市、杵築市、宇佐市、豊後大野市、由布市(旧挾間町、旧庄内町に限る。)、国東市、姫島村、日出町
	宮崎県	小林市、えびの市、高原町、西米良村、諸塚村、美郷町、高千穂町、日之影町
	鹿児島県	伊佐市、湧水町
7	千葉県	館山市、勝浦市
	東京都	大島町、利島村、新島村、神津島村、三宅村、御蔵島村、八丈町、青ヶ島村
	神奈川県	横須賀市、藤沢市、三浦市
	静岡県	静岡市、沼津市、伊東市、富士市、磐田市、焼津市、藤枝市、下田市、御前崎市、牧之原市、東伊豆町、河津町、南伊豆町、松崎町、清水町、吉田町
	愛知県	豊橋市
	三重県	熊野市、御浜町、紀宝町
	大阪府	岬町
	和歌山県	和歌山市、御坊市、田辺市(旧龍神村、旧本宮町を除く。)、新宮市、美浜町、印南町、みなべ町、白浜町、すさみ町、那智勝浦町、太地町、古座川町、串本町
	山口県	下関市(旧豊田町を除く。)
	徳島県	小松島市、阿南市、美波町、海陽町
	愛媛県	松山市、宇和島市、新居浜市(旧新居浜市に限る。)、松前町、愛南町
	高知県	高知市、室戸市、安芸市、南国市、土佐市、須崎市、宿毛市、土佐清水市、四万十市、香南市、東洋町、奈半利町、田野町、安田町、北川村、芸西村、中土佐町、大月町
	福岡県	福岡市、志免町、新宮町、粕屋町、芦屋町
	長崎県	長崎市、島原市、諫早市、大村市、平戸市、壱岐市、五島市、西海市、雲仙市(旧小浜町を除く。)、南島原市、長与町、時津町、小値賀町、新上五島町
	熊本県	熊本市、八代市(旧八代市、旧千丁町、旧鏡町に限る。)、水俣市、宇土市、上天草市、宇城市、天草市、長洲町、嘉島町、氷川町、芦北町、津奈木町、苓北町
	大分県	大分市(旧野津原町を除く。)、佐伯市(旧宇目町を除く。)
	宮崎県	宮崎市、都城市、延岡市、日南市、日向市、串間市、西都市、三股町、国富町、綾町、高鍋町、新富町、木城町、川南町、都農町、門川町
	鹿児島県	鹿児島市、鹿屋市、枕崎市、阿久根市、出水市、指宿市、西之表市、垂水市、薩摩川内市、日置市、曽於市、霧島市、いちき串木野市、南さつま市、志布志市、南九州市、姶良市、三島村、十島村、さつま町、長島町、大崎町、東串良町、錦江町、南大隅町、肝付町、中種子町、南種子町、屋久島町
8	東京都	小笠原村
	鹿児島県	奄美市、大和村、宇検村、瀬戸内町、龍郷町、喜界町、徳之島町、天城町、伊仙町、和泊町、知名町、与論町
	沖縄県	全ての市町村

注) この表に掲げる区域は、令和元年5月1日における行政区画によって表示されたものとする。
　　ただし、括弧内に記載する区域は、平成13年8月1日における旧行政区画によって表示されたものとする。

BNくぎを使用する場合のくぎ打ち表

緊結する部分		くぎの種類	くぎの本数	くぎの間隔	
端根太と床根太または側根太		BN90	3本	—	
床根太と土台または頭つなぎ		BN75	3本	—	
		BN65	4本	—	
端根太または側根太と土台または頭つなぎ		BN75	—	地階を除く階数が3である建築物の1階	18 cm以下
				上記以外の階	36 cm以下
床の枠組と床材		BN50	—	1枚の床材につき外周部分は10 cm以下、その他の部分は15 cm以下	
たて枠と上枠または下枠		BN90	3本	—	
		BN75	4本	—	
		BN65	5本	—	
下枠と床の枠組		BN90	—	地階を除く階数が3である建築物の1階	17 cm以下
				上記以外の階	34 cm以下
上枠と頭つなぎ		BN90	—	34 cm以下	
たて枠とたて枠またはまぐさ受け		BN75	—	20 cm以下	
壁の枠組と筋かい		BN65	下枠、たて枠及び上枠3本	—	
壁の枠組と壁材	壁材が構造用合板、パーティクルボード、ハードボード、構造用パネル、硬質木片セメント板、ラスシートまたは告示第2第3号の規定により国土交通大臣が認める材料である場合	BN50	—	1枚の壁材につき外周部分は7.5 cm以下、その他の部分は15 cm以下	
	壁材が製材である場合	BN50	下枠、たて枠及び上枠3本	—	
たる木と天井根太		BN90	5本	—	
		BN75	5本	—	
たる木とむな木		BN75	5本	—	
たる木、天井根太またはトラスと頭つなぎ		BN75	3本	—	
		BN65	4本	—	
たる木またはトラスと屋根下地		BN50	—	1枚の屋根下地につき外周部分は10 cm以下、その他の部分は20 cm以下	

この表において、BN90、BN75、BN65及びBN50は、それぞれ、JIS A5508（くぎ）に定めるBN90、BN75、BN65及びBN50をいう。